le Tirage en croix du Tarot de Marseille

ISBN : 978-2-73391-504-2

355 rue de la Montagne noire, 31750 Escalquens
www.grancher.com
grancher@piktos.fr

ÉMILIE PORTE

le Tirage en croix du Tarot de Marseille

GRANCHER
ÉDITIONS

Table des matières

CHAPITRE IV

Les interprétations

PRÉAMBULE

Le tarot de Marseille : une école de liberté

Le tarot de Marseille, cet étonnant livre d'images, nous invite à des découvertes toujours renouvelées sur nous-mêmes comme sur le monde qui nous entoure.

Parmi les multiples approches de ce jeu, le tirage en croix, développé dans cet ouvrage, est l'un des plus utilisés. Mais son apparente simplicité – il n'utilise que quatre cartes – cache beaucoup de subtilité et nécessite une certaine maîtrise du tarot. C'est pourquoi j'ai désiré proposer une approche pratique et accessible à tous, puisqu'il suffit de faire un tirage et de se reporter aux textes associés pour en obtenir l'interprétation.

Dans une première partie, ce livre vous familiarisera avec les vingt-deux arcanes majeurs dans leur dimension symbolique et concrète. Vous y trouverez des clefs pour acquérir une autonomie d'interprétation, qui pourra s'appliquer à d'autres types de tirage, et approfondir votre compréhension du tarot.

Une seconde partie vous offre tous les éléments d'interprétation en fonction du domaine – vie familiale, sentimentale et sociale, travail, finances, forme et santé – sur lequel porte votre question.

Le tirage en croix donne un aperçu des nombreux tirages qui peuvent être élaborés à partir de ce riche matériau symbolique. En gagnant en aisance avec les arcanes majeurs, vous pourrez compléter votre tirage en recouvrant certaines lames par des arcanes mineurs ou des cartes issues d'autres jeux. N'hésitez pas à affiner et à enrichir votre interprétation au gré de vos inspirations. Créer vos propres tirages vous permettra également de mieux vous approprier ce tarot.

Si vous débutez, sachez qu'une pratique régulière est gage de rapides progrès. Effectuez des tirages sur des sujets divers, notez-les puis comparez-les aux événements de votre vie : cela vous apportera plus de fluidité dans la lecture des cartes et affinera vos perceptions.

Après avoir acquis les bases des arcanes majeurs, apprenez à écouter vos intuitions. C'est en intégrant aux tirages vos expériences et votre vision du monde que vous ferez les meilleures interprétations.

Au cours d'une vie, nombre d'événements ne semblent pas relever du hasard. Heureux ou dérangeants, ils incitent à s'interroger sur ses attitudes et ses choix de vie. C'est pourquoi le tarot de Marseille, comme les autres pratiques divinatoires, gagne à n'être pas uniquement abordé sous l'angle de la prédiction. Par la subtilité de son approche, il permet aussi de comprendre comment des événements prennent place dans le parcours personnel d'un individu et quels en sont les enjeux et les enseignements.

Ainsi ce jeu peut-il être considéré comme un outil de connaissance de soi, proposant de dépasser ses conditionnements pour approcher l'essence de son être. En cela, le tarot de Marseille est un outil de conquête de liberté, offrant la possibilité d'être enfin soi-même et en harmonie avec le monde qui nous entoure.

Les lames du tarot de Marseille ouvrent sur un monde de lumière. À l'image du Bateleur, ce voyageur du tarot, nous vous incitons à vous élancer à votre tour sur ce chemin d'évolution personnelle.

CHAPITRE I

Le tarot de Marseille

UN TRÉSOR VENU D'ITALIE

Les premiers documents se référant aux jeux de cartes en Europe apparaissent aux alentours de 1370, mais il n'est question de *trionfi* (triomphes), l'ancien nom du tarot, qu'à partir du début du XVe siècle. Ses premières manifestations ont été localisées en Italie du Nord, à la cour de Milan ou à celle de Ferrare.

La gravure, sur bois puis sur cuivre, permet des productions en série et favorise le développement de ce jeu qui essaime à travers l'Italie, puis se répand en France et en Suisse au cours des XVIe et XVIIe siècles. C'est à cette époque que s'impose le terme italien *tarocchi* qui donnera le français « tarot ». Sa structure est toujours à peu près identique, elle comporte vingt-deux figures allégoriques et cinquante-six cartes réparties en quatre couleurs (ou enseignes) dites italiennes : Bâton, Deniers, Épée et Coupe.

Le tarot de Marseille, utilisé dans cet ouvrage, désigne une forme particulière de tarot français, qui présente la particularité de nommer les cartes. L'abondance de la production des cartiers marseillais est vraisemblablement à l'origine de son appellation.

L'une des variantes du tarot de Marseille est le tarot de Besançon, où **la Papesse** et **le Pape** sont remplacés par **Junon** et **Jupiter,** probablement sous la pression d'autorités religieuses. Durant la Révolution française, un décret ordonne de supprimer les attributs royaux sur les cartes. Les rois deviennent des *génies*, les reines des *libertés* et les valets des égalités. L'Impératrice devient la *Grande Mère*…

Ces jeux, qui servent d'abord à divertir, prennent une dimension occulte au XVIIIe siècle. Un cartomancien du nom d'Etteilla pose les bases de l'interprétation divinatoire des cartes. Persuadé à tort de l'origine égyptienne du tarot, il élabore son propre jeu, dérivé du tarot de Marseille, et jouit alors d'un renom considérable.

Ce mouvement s'amplifie au XIXe siècle, période particulièrement ouverte à l'ésotérisme. Le tarot est alors exclusivement utilisé dans une optique divinatoire et délivre des arrêts péremptoires.

Au fur et à mesure se dessine une évolution qui conduit vers une interprétation plus nuancée. Sous l'influence de la psychologie et de la psychanalyse, de nombreux courants d'interprétation utilisent la symbolique des cartes pour établir un contact avec l'inconscient du consultant.

En favorisant une compréhension intime de son fonctionnement, le tarot incite l'être à s'impliquer et à devenir acteur de son existence. Avec cette aide précieuse de connaissance de soi, les attitudes et les choix de vie les plus justes peuvent se mettre en place. La vie s'allège.

DES IMAGES CHARGÉES DE SYMBOLES

Le tarot de Marseille présenté ici comporte des illustrations naïves aux couleurs franches. Avec son imagerie médiévale, il est imprégné de culture chrétienne, mais les symboles qu'il recèle sont empreints d'une force universelle.

Ce jeu est composé de soixante-dix-huit cartes, également appelées « lames » ou « arcanes ». Celles-ci se décomposent en vingt-deux arcanes majeurs, cartes uniques qui représentent des personnages ou des scènes symboliques, complétés par cinquante-six arcanes mineurs. Ces derniers sont répartis en quatre familles qui sont les Bâtons, les Deniers, les Épées et les Coupes. Leur rôle est de compléter les arcanes majeurs en délivrant des indications concrètes ou plus détaillées.

Cet ouvrage traite uniquement des arcanes majeurs, qui constituent le cœur du jeu et dont la puissance symbolique distille un message profond et subtil.

Les arcanes majeurs sont numérotés et se suivent en décrivant le voyage initiatique d'un débutant, **le Bateleur.** Seul **le Mat** n'est associé à aucun numéro : cet électron libre échappe à toute classification.

Le Bateleur, en phase d'apprentissage dans la lame I, expérimente successivement les notions incarnées par chacune des lames, jusqu'à rencontrer la plénitude de la carte **XXI, le Monde.**

Le tarot de Marseille est un miroir de la vie : il présente une synthèse de toutes les expériences humaines, dans les domaines matériel, sensible ou spirituel. Ses représentations allégoriques proposent des clefs de compréhension de l'existence. Chaque lame symbolise un palier à franchir, un moment à traverser, une expérience à accueillir pleinement. L'évolution du **Bateleur** fait écho au cheminement de l'individu ; le tarot devient un outil de prise de conscience et de connaissance de soi.

Le langage mystérieux qui parcourt le tarot de Marseille associe une image à un concept. Les symboles, passerelles entre le visible et l'invisible, sont régis par la loi de l'analogie qui permet d'établir des correspondances multiples. Dans ce système qui explore l'âme humaine et les expériences de vie, chaque arcane est associé à une notion dont on peut décliner la signification.

Par exemple, la lame de **l'Impératrice** est en liaison avec le monde des idées, l'intelligence et la communication. Si elle évoque la médiation et l'échange, elle peut également représenter la dispersion et l'instabilité. Ce symbolisme particulièrement riche fait du tarot un outil de référence pour aborder le monde de la divination aussi bien que celui de la connaissance de soi.

SE FAMILIARISER AVEC LE TAROT DE MARSEILLE

Observer les lames du tarot et s'en imprégner permet d'appréhender plus aisément le langage qui lui est propre. Outre la signification associée à chaque carte et développée un peu plus loin, il est intéressant de repérer certains éléments qui permettent de se familiariser avec sa logique d'ensemble. Les symboles contenus dans les illustrations sont des appuis précieux pour passer de l'autre côté du miroir.

Chaque lame du tarot possède une énergie qui lui est propre et n'est *a priori* ni bonne ni mauvaise. Tout est affaire de circonstance ou de place dans le tirage : le concept qu'elle représente peut être interprété positivement ou négativement. Par exemple, l'autorité devient de la tyrannie ou la souplesse se transforme en versatilité.

Les textes qui sont délivrés dans cet ouvrage donnent des indications et évoquent des ambiances en se basant sur le symbolisme des images. Mais la sensibilité et la réceptivité aux cartes se développent aisément par une pratique régulière. Après une étape de familiarisation, rien ne vous empêche de créer vous-même votre propre système, en associant une image à un concept selon des critères personnels.

Voici quelques repères qui permettent de cerner, par la simple observation, l'essence des lames (attention ! un symbole ne doit pas être interprété seul, mais replacé dans un contexte) :

- **L'Empereur** ne représente pas systématiquement un homme, et **la Papesse** n'évoque pas toujours une femme. Les lames symbolisent avant tout une personnalité ou un comportement en phase avec leur symbolisme, sans distinction de sexe.

- L'attitude du personnage figurant sur une lame en dit long. Debout, il est actif ; il apparaît plus réfléchi quand il est assis. Agenouillé, il est en prière ou en position de soumission. Monté sur un cheval, il suit ses pulsions et libère son énergie.

- Suivez la direction qu'un personnage imprime à son regard ou son corps. S'il va vers sa droite, il se projette vers l'avenir, tandis qu'en se tournant vers la gauche, il se réfère au passé ou se nourrit de son expérience.

- La partie supérieure d'une carte évoque l'intellect et la spiritualité. Sa partie inférieure est reliée au matériel, au monde concret, au corps.

- Observez les couleurs dominantes d'une lame, remarquez celles qui entourent un personnage ou composent son vêtement. Le rouge, qui personnifie la vie, est dynamique et audacieux ; le bleu, apaisant, est associé à la spiritualité ; le jaune correspond à l'intelligence et à la clarté d'esprit ; le blanc évoque la pureté ; le noir parle de fin et de transformation ; le vert représente la régénération et la guérison. Enfin, la couleur chair symbolise les valeurs terrestres, l'incarnation.

Les quatre éléments qui organisent le monde apparaissent régulièrement dans ce jeu. Il s'agit du Feu (activité et énergie), de la Terre (matérialité et stabilité), de l'Air (intellect et communication) et de l'Eau (affectivité et réceptivité). Ils sont particulièrement reconnaissables sur la première lame, **le Bateleur (I)** – où ils sont respectivement symbolisés par un bâton, un denier, une épée et une coupe –, ainsi que sur la dernière carte numérotée, **le Monde (XXI)** – où ce quaternaire est représenté par le lion, le taureau, l'ange et l'aigle.

CHAPITRE II

Le tirage en croix

RÉUSSISSEZ TOUS VOS TIRAGES

La disponibilité, l'écoute, le respect de l'autre et de soi, sont essentiels à un tirage de qualité. L'ambiance doit être calme et détendue. Certains ouvrages recommandent de faire brûler de l'encens, d'étaler exclusivement les cartes sur un tapis violet ou d'enlever tout objet métallique alentour… l'expérience montre que chacun doit concevoir le rituel qui lui convient le mieux. Toutefois, il est bon de noter que la présence d'une bougie favorise la concentration et qu'il est plus pratique d'étaler les cartes sur un support uni.

Le tarot propose, suggère et avertit. Considérez-le comme un outil en perpétuelle évolution, qui peut ouvrir sur une réflexion et orienter une action.

Si vous faites un tirage pour une autre personne, exprimez ce que vous ressentez avec des mots choisis et ne vous laissez pas influencer par ses attentes. Il est tout à fait possible de tirer les cartes pour soi à condition d'éviter les sujets trop brûlants, porteurs de subjectivité. Si c'est le cas, il est préférable de faire appel à un tiers neutre.

Il est inutile de poser plusieurs fois de suite la même question, des tirages trop fréquents vident les cartes de leur substance symbolique. Si une réponse ne vous convient pas, l'acharnement n'y changera rien. Vous devez accepter de faire face à la réalité qui vous est dévoilée.

Un tirage peu clair en apparence, s'il a été effectué dans des conditions correctes, mérite d'être noté et mis de côté. Il n'est pas rare que sa signification apparaisse plus tard, avec du recul et plus d'objectivité. Cette technique permet également de faire rapidement de sensibles progrès.

Pour permettre une interprétation de qualité, une question doit être formulée clairement et d'une façon positive. *« Vais-je réussir à mon examen ? »* est préférable à tous les points de vue à *« Vais-je échouer à mon concours ? »*.

Indiquer un délai (*« Vais-je obtenir ma mutation dans les trois mois à venir ? »*) permet également d'obtenir un résultat plus précis.

Pour procéder à un tirage, il convient de s'assurer que les cartes sont toutes droites avant de les brasser, calmement et en se concentrant sur la question, puis de les étaler face cachée. Ensuite, sans hâte, les cartes sont extraites du jeu une à une, en nombre nécessaire, et disposées (toujours cachées) dans l'ordre choisi. Elles peuvent alors être retournées, l'interprétation va commencer.

Quel que soit le tirage choisi, la somme des lames en présence offre une synthèse intéressante. Si celle-ci excède 21, il convient d'additionner les chiffres qui la composent. Par exemple, la synthèse de **l'Hermite** (VIIII) et du **Soleil** (XVIIII) donne 28. La somme de 2 et 8 donne 10 qui correspond à **la Roue de Fortune** (X).

Si une carte semble trop défavorable ou peu claire, il est conseillé de la recouvrir par une autre lame. Il peut s'agir d'un autre arcane majeur, d'une lame mineure (pour des précisions concrètes) ou d'une carte provenant d'un autre jeu.

Une bonne interprétation tient compte des valeurs de chacune des lames, mais également de l'ambiance dégagée par l'ensemble du tirage. Vous trouverez ci-dessous quelques indications permettant de mieux cerner les énergies véhiculées par les arcanes.

- Lames de puissance et de volonté : **l'Empereur, le Chariot, la Force, le Diable** et **le Soleil.**

- Lames de fragilité ou d'ambiguïté : **la Papesse, l'Amoureux, le Pendu, l'Étoile** et **la Lune.**

- Lames de changement : **la Roue de Fortune, l'Arcane sans Nom, la Maison Dieu, le Jugement** et **le Mat.**

- Lames de secret ou de dissimulation : **la Papesse, l'Amoureux, l'Hermite** et **la Lune.**

- Lames de victoire : **le Chariot, le Soleil** et **le Monde.**

- Lames de chance : **Tempérance, l'Étoile, le Soleil** et **le Monde.**

- Lames de rapidité : **le Bateleur, l'Impératrice, le Chariot, la Roue de Fortune, la Maison Dieu**, **le Jugement** et **le Mat.**

- Lames de lenteur : **la Papesse, l'Empereur, l'Hermite, le Pendu** et **la Lune.**

LE TIRAGE EN CROIX

Il existe de nombreux tirages, mais le tirage en croix présente l'avantage d'associer la profondeur d'analyse à une certaine simplicité d'approche. Il permet également de répondre à une question précise, pour peu qu'elle soit correctement formulée.

Avec le tirage en croix, il est important de formuler des interrogations directes afin d'éviter toute confusion. Si vous hésitez entre louer ou acheter une maison, il est préférable de faire deux tirages distincts (« Ai-je intérêt à louer une maison ? » et « Acheter une maison me sera-t-il profitable ? ») qui vous permettront d'évaluer les avantages et les inconvénients de chacune des options.

Le tirage en croix utilise quatre cartes disposées comme suit :

Ce livre propose, pour chaque position d'une des vingt-deux lames dans ce tirage et en fonction du thème choisi, un texte qui détaille une ambiance ou un état d'esprit et présente un éventail de situations possibles. À vous de percevoir celle qui vous correspond le mieux, en prenant garde de ne pas choisir systématiquement l'interprétation la plus difficile. Vous pourrez également vous inspirer de ces textes pour affiner vos perceptions et les développer.

Si un sujet qui vous préoccupe n'y est pas directement abordé, reportez-vous à la présentation des arcanes majeurs. Un canevas d'interprétation est proposé pour chacun d'eux, vous permettant d'élaborer votre propre réponse.

Il est important de noter que les lames qui composent un tirage ne sont pas indépendantes, mais s'influencent mutuellement. Une bonne interprétation permet d'aborder un tirage comme un ensemble cohérent qui raconte une histoire et aboutit naturellement à la réponse.

Voici la signification des arcanes dans leurs positions respectives :

❖ La **première lame** représente tout ce qui est favorable à la question posée et peut l'aider à se concrétiser. Elle parle de circonstances propices ou évoque le potentiel du consultant, ses acquis, ses qualités et ses forces à ce moment précis et par rapport à la question.

L'arcane qui s'y trouve doit être interprété dans une acception positive, même si la carte semble difficile (**le Pendu** ou **la Maison Dieu,** par exemple). C'est *le pour*.

Certaines lames puissantes, comme **la Justice**, **l'Arcane sans Nom** ou **la Maison Dieu,** signifient qu'une question en apparence anodine cache une problématique plus aiguë. Il convient donc d'être vigilant.

L'Amoureux signale souvent une certaine confusion chez le consultant, il peut s'avérer nécessaire de reformuler la question.

❖ La **seconde lame** montre ce qui s'oppose au consultant et contrarie ses désirs. Il peut s'agir de circonstances défavorables, d'un problème concret, de l'opposition d'une personne à ses projets et de tout blocage extérieur ou intérieur.

Elle évoque l'obstacle à franchir ou l'opposition dont il faut tenir compte, les tentations dont il faut se garder, les erreurs de choix ou de comportement à éviter. Elle incite à la vigilance et invite parfois à relativiser l'objectif initial.

Cette carte doit être interprétée négativement, même si elle semble favorable (**le Soleil** ou **le Monde,** par exemple). C'est *le contre*.

Ces deux premières lames vous permettent d'apprécier les ambiances en présence et leurs énergies respectives. Par exemple, si **le Diable** fait face à **la Force,** le rapport semble équitable : le combat est à armes égales. En revanche, **le Pendu** favorable à une question peut sembler bien faible s'il est face à **la Force** qui s'oppose aux désirs du consultant.

Si les lames comportent des personnages, il est important de considérer leurs attitudes. Notez s'ils s'observent ou se tournent le dos. Regardent-ils dans la même direction ou l'un se détourne-t-il de l'autre ? Ce type d'approche est très utile dans le cas d'un tirage relationnel.

Par ailleurs, les lames armées (**la Justice, la Roue de Fortune, l'Arcane sans Nom** et **le Diable**) présentent une certaine agressivité. Il convient d'en tenir compte si elles apparaissent en position 2.

❖ La **troisième lame** conseille sur la meilleure attitude à adopter face à la situation, et particulièrement pour dépasser la problématique introduite par la seconde lame. Il convient d'utiliser le potentiel positif de la carte, par exemple en mobilisant la capacité d'acceptation et de dévouement du **Pendu** ou la volonté de transformation radicale de **l'Arcane sans Nom.** C'est *le conseil.*

Cet arcane peut aussi parfois donner des indications sur des interventions extérieures susceptibles de faire avancer la situation.

❖ La **quatrième lame** indique le résultat de la question et ses conséquences. Elle est l'aboutissement de l'évolution décrite par les trois premières lames et doit être appréciée en fonction de l'ensemble du tirage. C'est *la réponse.*

Un résultat favorable ne dispense pas de produire des efforts pour y parvenir. Si le résultat est défavorable, il est utile d'en tirer des conclusions. Une réponse négative peut être interprétée comme l'opportunité de remettre en question ses choix, ses attitudes et parfois ses attentes. Elle invite à approcher autrement un problème ou à prendre un nouveau départ pour aller dans une direction plus appropriée.

Tout est évolutif, c'est pourquoi il n'existe pas de réponse absolue. Néanmoins, certaines cartes délivrent une réponse très ambiguë. Dans ce cas, il est préférable de rajouter une lame qui sera également extraite du jeu et interprétée comme une information complémentaire.

Si celle-ci vous semble également défavorable, vous pouvez continuer jusqu'à obtenir une lame plus rassurante. Une telle démarche ne change pas la réponse, mais apporte une notion de temps. Une succession de cartes difficiles intensifie les problèmes.

❖ Enfin, il est possible d'ajouter une **cinquième lame** qui sera placée au centre du tirage. Elle est obtenue par la somme des nombres associés aux quatre lames, comme expliqué précédemment (voir « Réussissez tous vos tirages », page 16). C'est la quintessence du tirage, elle en englobe la totalité et en offre une synthèse. Si la lame obtenue apparaît déjà dans le tirage, sa signification en est renforcée.

Pour l'interpréter, vous pouvez vous référer aux textes de la quatrième lame, mais sans oublier qu'il s'agit d'une synthèse et non d'une réponse ponctuelle.

CHAPITRE III

Les vingt-deux arcanes majeurs

I. LE BATELEUR

Le Bateleur ouvre le jeu. Il entame un périple qui lui permettra d'expérimenter tous les autres arcanes jusqu'à l'épanouissement final, symbolisé par **le Monde.** C'est un début enthousiaste, à l'image de ce personnage spontané et souriant, confiant dans sa destinée.

Le jeune homme tient un bâton d'une main et un denier de l'autre. Sur sa table figurent, entre autres, des épées et des coupes. Il apparaît ainsi entouré des quatre objets symbolisant les quatre familles d'arcanes mineurs.

L'habit du **Bateleur** est joyeusement bariolé : toutes les couleurs du jeu y figurent, mais elles ne sont pas encore ordonnées. Il arbore également un chapeau en forme de huit couché, image de l'infini. Avec cet arcane, tout est possible. **Le Bateleur** réussira-t-il à concrétiser un tel potentiel ? Le choix lui appartient, car cette lame parle de libre arbitre.

Le Bateleur favorise : les débutants, les apprentis, les précurseurs et les innovateurs dans tous les domaines, ceux qui exercent un métier requérant habileté, rapidité, autonomie, goût du risque et esprit d'entreprise.

Le Bateleur en position 1 (favorable à la question)

C'est le début d'un événement positif. La situation est favorable aux actions innovantes et aux prises d'initiatives. Vous apparaissez enthousiaste, prêt à faire des expérimentations et à jongler avec les diverses opportunités que vous propose la vie.

Le Bateleur en position 2 (défavorable à la question)

Un projet débute mal, vous êtes trop inexpérimenté ou n'avez pas tous les éléments en main. Vous ne tirez pas parti de votre expérience, vous ne voyez pas le potentiel d'une personne ou d'une situation, l'immaturité et la dispersion compromettent une réussite. Un sujet n'est pas maîtrisé, l'énergie est gaspillée en initiatives malheureuses.

Le Bateleur en position 3 (le conseil)

C'est le moment de découvrir votre potentiel, d'utiliser vos capacités et vos talents personnels. Prenez des initiatives, allez de l'avant, entamez un apprentissage. Soyez spontané et n'ayez pas peur de débuter ou d'innover.

Le Bateleur en position 4 (la réponse)

Vous avez le potentiel nécessaire pour réussir. Tous les éléments sont réunis en votre faveur : à vous d'agir pour parvenir à une réalisation concrète.

Potentialités, dons, spontanéité, jeunesse, initiative, libre arbitre, indépendance, souplesse, espièglerie, habileté, vivacité, énergie, vitalité, enthousiasme, optimisme, esprit d'entreprise, début, apprentissage, disponibilité, ouverture, audace, innovation.

Immaturité, inexpérience, inconsistance, irréflexion, agitation, dispersion, instabilité, inconstance, nervosité, précipitation, impatience, maladresse, insouciance, imprudence, inconscience, arrivisme, vantardise, escroquerie.

II. LA PAPESSE

La Papesse, assise et enveloppée d'un manteau bleu, semble passive et introvertie. Des voiles l'entourent d'une aura de mystère. Pourtant, sa robe rouge évoque une puissante activité intérieure, et son regard, tourné vers sa droite, la montre ouverte à l'avenir.

Son énergie semble être totalement associée au livre qu'elle tient sur ses genoux. Elle ne regarde pas cet ouvrage, sa sensibilité intuitive suffit pour accéder à la connaissance intérieure. Avec cette lame, l'introspection mène au savoir. Le personnage s'ouvre à une compréhension universelle, ce que confirme sa tiare à trois niveaux représentant le corps, l'esprit et l'âme.

Outre le secret, **la Papesse** évoque également la gestation, ce travail intense qui se produit au fond de l'être, mais dont les effets tardent à apparaître.

Si cette carte sort en réponse dans un tirage, il est généralement préférable de la recouvrir, car elle demeure toujours un peu mystérieuse.

La Papesse favorise : les thérapeutes ; les obstétriciens ; les conseillers dans tous les domaines ; les religieux ; les bibliothécaires ; les étudiants en philosophie, en psychologie, en sciences occultes et en spiritualité ainsi que tous ceux qui exercent un métier nécessitant le secret.

La Papesse en position 1 (favorable à la question)

Sous des apparences discrètes, l'activité est intense. Vous utilisez habilement votre connaissance intuitive de la vie et du monde qui vous entoure. La maturité, la sagesse et la patience servent vos desseins. Une évolution positive s'amorce en secret.

La Papesse en position 2 (défavorable à la question)

Vous n'avez pas accès à toutes les informations sur une situation. Le silence, l'hypocrisie et les non-dits font naître des malentendus. Un problème se développe en secret. Vos projets sont contrariés par l'égoïsme, la timidité ou l'indifférence.

La Papesse en position 3 (le conseil)

Faites preuve de patience, soyez à l'écoute de votre intuition et ne vous pressez pas d'agir. Vos projets doivent mûrir et se développer en toute discrétion. Prenez le temps d'étudier et de méditer, demandez conseil à une personne d'expérience.

La Papesse en position 4 (la réponse)

Un secret n'est pas encore révélé, une évolution se produit lentement et discrètement : ne comptez pas sur un aboutissement rapide. Une lame supplémentaire vous en dira plus. Si elle est favorable, c'est une réussite discrète, porteuse d'expérience et de sagesse. Sinon, un savoir est mal utilisé, des éléments restent cachés ou sont dévoilés à mauvais escient, une situation stagne.

Sagesse, sagacité, perception, profondeur, connaissance intuitive, prémonition, activité intérieure, patience, gestation, vérité cachée, savoir occulte, secret, réflexion, attente, discrétion, modestie, pudeur, foi, pureté d'intention.

Dissimulation, hypocrisie, mensonge, déloyauté, complot, intrigue, mollesse, paresse, fatigue, inertie, passivité, fermeture, abstinence, indifférence, amour caché, oubli, égoïsme, isolement, claustration, timidité, ignorance, dévalorisation.

III. L'IMPÉRATRICE

Assise sur un trône, elle arbore couronne, sceptre et blason, qui sont des insignes du pouvoir. Le chiffre *trois* symbolise le règne de l'intellect, par analogie avec l'élément Air. Comme **la Papesse, l'Impératrice** désire savoir, mais sa connaissance est mentale, extérieure, tournée vers une compréhension objective. Cette grande communicatrice est ouverte et curieuse de tout, elle aime faire des rencontres et échanger des idées. Sa présence favorise la conception de projets variés qui traduisent le dynamisme de la pensée.

L'Impératrice fait preuve d'une indéniable autorité intellectuelle. Son esprit est mobile et souple, ouvert à l'abstraction. Elle regarde vers sa gauche, car elle s'inspire de son expérience, mais aussi parce qu'elle est tournée vers son compagnon, **l'Empereur**.

L'Impératrice favorise : les étudiants, les intellectuels, les personnes qui développent des concepts abstraits, les chargés d'affaires, les responsables de communication, les responsables de marketing, les publicitaires, les avocats, les conférenciers, les acteurs, les journalistes, les écrivains, les éditeurs, les médiateurs et tous ceux qui exercent une profession mêlant l'intelligence à l'aisance relationnelle.

L'Impératrice en position 1 (favorable à la question)

Tout ce qui concerne la communication, les mouvements, les échanges et les contacts est favorisé. C'est une période de dynamisme intellectuel, vous adoptez et faites circuler des idées nouvelles. Des projets variés s'amorcent, vous suivez avec bonheur des études ou une formation.

L'Impératrice en position 2 (défavorable à la question)

Des projets sont retardés, la communication fonctionne mal, les informations sont erronées. La dispersion, le manque de fiabilité trahissent une difficulté à s'investir, les échanges sont agressifs, maladroits ou fuyants.

L'inconstance et la nervosité compromettent des associations ou des contrats.

L'Impératrice en position 3 (le conseil)

Communiquez, parlez, écrivez et exprimez votre pensée. Utilisez votre intelligence et votre logique pour étayer vos raisonnements et usez de votre charme pour convaincre. Faites des projets et prenez des contacts, laissez-vous guider par votre curiosité et vos envies. En cas de conflit, tentez une médiation.

L'Impératrice en position 4 (la réponse)

Elle permet une mise en route rapide de tous les projets. Cette lame parle d'une réussite relationnelle et intellectuelle, valorise l'intelligence créatrice. Elle est favorable aux échanges, aux écrits et à tous les types de communication.

Communication, sens du contact, échanges, mise en relation, médiation, convivialité, culture, intelligence, objectivité, curiosité, clarté d'esprit, lucidité, logique, abstraction, dynamisme intellectuel, esprit de synthèse, études, projets, autorité souple, esprit, humour, flirts.

Versatilité, dispersion, éparpillement, désorganisation, instabilité, inconstance, futilité, superficialité, caprice, négligence, indifférence, insensibilité, fausse information, erreur de jugement, agressivité verbale, malhonnêteté intellectuelle, manipulation mentale.

IIII. L'EMPEREUR

L'Empereur brandit son sceptre d'une main ferme, montrant une autorité qui n'entend pas être discutée. Le chiffre *quatre* associé à cette lame évoque l'équilibre et la stabilité.

Après le pouvoir intellectuel détenu par **l'Impératrice,** le pouvoir matériel de cet arcane s'organise et se construit dans la durée. **L'Empereur** apprécie l'ordre, qui lui permet de mener à bien ses réalisations et de bénéficier du confort qui en résulte.

Le personnage a les jambes croisées, signe de fermeture. Sa main à la ceinture évoque un geste de possession. **L'Empereur** est plus lent et moins souple que **l'Impératrice,** dont il concrétise les projets. Avec son intelligence pratique, il représente une force de réalisation.

C'est un être responsable qui respecte les traditions. Il pérennise l'existant et assume également un rôle de protection.

L'Empereur favorise les personnes exerçant un pouvoir au sein de la société (acteurs politiques, responsables d'entreprise, notables…). Il protège les professionnels du bâtiment et de l'immobilier, les ingénieurs, les chargés de projets, les économistes, les responsables de la conservation du patrimoine et tous ceux qui exercent un métier aux revenus confortables, nécessitant organisation et sens concret.

L'Empereur en position 1 (favorable à la question)

Signe de volonté et de détermination par rapport à la question. Vous apparaissez réaliste et organisé, capable de concrétiser un projet. Votre expérience et votre maturité vous confèrent de l'autorité et le sens des responsabilités.

L'Empereur en position 2 (défavorable à la question)

La situation est bloquée, vous êtes face à une opposition puissante. La routine, l'entêtement et la rigidité s'opposent à toute évolution ; l'approche d'une situation est uniquement matérielle, une adaptation est difficile. La tyrannie et la dureté conduisent à des abus de pouvoir.

L'Empereur en position 3 (le conseil)

Ne vous pressez pas, réfléchissez et organisez-vous avant d'agir. Un projet doit être conçu pour durer, il faut l'échafauder sur des bases solides. Si vous rencontrez des obstacles sur votre chemin, restez ferme et tenace, ne vous découragez pas. Abordez la vie dans ses aspects les plus concrets, faites preuve d'autorité si c'est nécessaire ou demandez l'appui d'une personne influente.

L'Empereur en position 4 (la réponse)

Très favorable à la réussite matérielle, à la stabilité et au confort. Le rythme est lent, mais les projets se concrétisent durablement. Vous réalisez vos objectifs, vous avez confiance en vous, votre position est solide.

Solidité, stabilité, maîtrise, volonté, réalisation, construction, concrétisation, réalisme, pragmatisme, organisation, concentration, détermination, protection, autorité, fermeté, puissance de travail, sécurité matérielle, tradition, habitude, maturité, expérience, respectabilité.

Blocage, lenteur, force d'inertie, immobilisme, routine, inadaptabilité, rigidité, intransigeance, entêtement, paternalisme, autoritarisme, tyrannie, despotisme, abus de pouvoir, dureté, fermeture, utilitarisme, matérialisme.

V. LE PAPE

Le chiffre *cinq* propose de sortir de l'enfermement induit par le carré associé au *quatre* de **l'Empereur,** la lame précédente. C'est une évolution notable qui nécessite un effort personnel. **Le Pape,** personnage bienveillant, est entouré de disciples auxquels il dispense sa bénédiction. À son image, cette lame évoque l'apaisement, la pacification et même la guérison. Elle instaure un lien de qualité entre les individus, comme entre le Ciel et le monde terrestre, et peut aussi proposer une réconciliation avec soi-même.

Le Pape transmet la connaissance. C'est un guide qui s'appuie sur son expérience et sur ses convictions morales pour dispenser son enseignement. Cet arcane est inscrit dans la vie sociale, dont il respecte les valeurs, et peut représenter un contrat ou toute signature officielle.

Il incarne également la philosophie et la spiritualité au sens le plus large, sans être particulièrement relié au personnage religieux à proprement parler.

Le Pape favorise : les personnes qui exercent une autorité morale, les enseignants de haut niveau, les religieux, les maîtres spirituels, les prédicateurs éclairés, les visionnaires, les initiés, les philosophes, les médiateurs, les conseillers, les thérapeutes et tous ceux qui exercent un métier lié à la connaissance de l'être humain.

Le Pape en position 1 (favorable à la question)

La période est évolutive, et vous bénéficiez d'une certaine protection. La conciliation, la disponibilité et la bienveillance facilitent les relations, vous transmettez vos connaissances ou recevez un enseignement de qualité. Votre action s'inscrit dans le respect de la légalité et des valeurs de la société, les contrats sont favorisés. La spiritualité remplit un rôle positif dans votre question.

Le Pape en position 2 (défavorable à la question)

Votre évolution rencontre des obstacles, les oppositions sont souvent d'ordre social, moral ou religieux. Une connaissance est dévoyée ou se retourne contre vous, vous vous heurtez au sectarisme et à l'hypocrisie, certains conseils sont malavisés. La rancœur et l'intolérance dénouent des liens, les contrats sont dénoncés. Les mystifications et les erreurs sont fréquentes, la spiritualité est mal comprise ou mal utilisée.

Le Pape en position 3 (le conseil)

Placez-vous dans une dynamique d'évolution, en vous appuyant sur votre expérience et votre sens moral. Assumez vos responsabilités, respectez les valeurs de la société avec discernement, envisagez sérieusement la signature d'un contrat. Soyez bienveillant et transmettez généreusement vos connaissances. Si c'est nécessaire, acceptez qu'une personne de qualité vous guide et vous conseille. Ouvrez-vous à une approche spirituelle de l'existence.

Le Pape en position 4 (la réponse)

Votre situation connaît une évolution positive. Vos projets bénéficient d'une protection, ils sont légalisés et régularisés ; un important contrat est signé. Une réconciliation ou la résolution d'un problème apporte un soulagement. L'ambiance est bienveillante et altruiste, vous rassemblez du monde autour de vous, d'importantes connaissances sont transmises. Vous découvrez votre vocation ou vous vous ouvrez à une spiritualité de qualité.

Évolution, progression personnelle, spiritualité, protection, bénédiction, guérison, pacification, réconciliation, pardon, écoute, disponibilité, sagesse, raison, maturité, bienveillance, bonté, calme, expérience, guidance, conseil, transmission, enseignement, union, alliance, accord, contrat, légalisation.

Régression, stagnation, erreur, imposture, hypocrisie, mystification, manipulation, conseils malavisés ou intéressés, sectarisme, dogmatisme, pudibonderie, tartufferie, intolérance, égoïsme, désunion, rupture de contrat, divorce.

VI. L'AMOUREUX

À l'image du personnage central tiraillé entre deux femmes, **l'Amoureux** représente le déchirement intérieur d'un être face à l'épreuve du choix. Avec cette lame, il est demandé de se centrer, d'unifier ses propres contradictions pour atteindre l'harmonie qui naît de l'équilibre.

L'Amoureux est une lame de responsabilité personnelle. Son défi d'évolution est de dépasser la tentation de la passivité pour acquérir son libre arbitre et prendre sa vie en main.

Cette carte où figurent plusieurs personnages parle de contacts, de rencontres et d'associations. Elle évoque également tout ce qui a trait à la beauté, à la sensibilité et aux douceurs de la vie.

Le jeune homme est visé par la flèche de Cupidon, dieu de l'Amour. Le bon choix est dicté par un cœur sincère. Plutôt positive dans un tirage d'ordre affectif, cette lame garde son indécision dans d'autres domaines : si elle apparaît en résultat, il est alors préférable de la recouvrir.

L'Amoureux favorise : les médiateurs ; les négociateurs ; les diplomates ; les conseillers conjugaux ; les chargés de rencontres matrimoniales ; les responsables d'associations ou d'activités collectives ; les créatifs ; les spécialistes du raffinement et de l'art de vivre ; les professionnels de l'art, de l'esthétique, de la beauté et de la mode…

L'Amoureux en position 1 (favorable à la question)

Il valorise l'affectivité et l'harmonie relationnelle. La sensibilité et le sens artistique sont sollicités. Cette lame évoque de douces rencontres, des activités collectives et des associations. Des sollicitations multiples pressent de faire un choix. Parfois, l'Amoureux, lame un peu confuse, invite à formuler plus clairement la question.

L'Amoureux en position 2 (défavorable à la question)

Le manque d'assurance, les doutes et les incertitudes déstabilisent. Il est difficile de faire un choix, l'influençabilité et l'instabilité font perdre de vue ses objectifs. Les comportements sont désordonnés et velléitaires, l'extrême sensibilité empêche d'être objectif. Il est difficile de résister à la tentation.

L'Amoureux en position 3 (le conseil)

Ne restez pas seul, sortez, associez-vous, rencontrez les gens que vous aimez. Privilégiez l'harmonie relationnelle, assumez votre sensibilité, soyez diplomate sans être faible. Acceptez qu'un certain flou règne sur la situation, combinez plusieurs actions ou plusieurs relations, ne vous sentez pas obligé de faire un choix immédiatement. Si c'est nécessaire, suivez la voie du cœur et prenez conscience que la réponse est en vous.

L'Amoureux en position 4 (la réponse)

Si la question est d'ordre affectif, la réponse est favorable sans être totalement stable. Dans un autre domaine, plusieurs orientations sont possibles. Pour en savoir plus et dissiper les incertitudes, il est préférable d'ajouter une autre carte.

Choix heureux, libre arbitre, équilibre, harmonie, échange, discussion, négociation, rencontre, contacts, association, groupe, affection, amitié, attirance, charme, romantisme, amour, désir, sensibilité, esthétisme, beauté, art, créativité, inspiration.

Indécision, irrésolution, hésitation, incertitude, tiraillement, confusion, doute, influençabilité, erreur de choix, déséquilibre, déstabilisation, inquiétude, instabilité, versatilité, caprice, manipulation, rivalité, infidélité, éparpillement, irresponsabilité, dilettantisme, lâcheté.

VII. LE CHARIOT

Après bien des hésitations, **l'Amoureux** a enfin défini son objectif, et **le Chariot** s'y dirige avec rapidité. Le personnage central est déterminé. Il se dresse avec assurance dans son véhicule et guide ses chevaux, symbole des instincts, sans utiliser de rênes ; sa détermination et son courage suffisent.

Le conducteur et les deux animaux regardent vers leur droite, c'est-à-dire vers l'avenir. Toute la volonté de l'individu est mobilisée vers un but, sa puissance est maîtrisée, **le Chariot** peut triompher des difficultés et parvenir au succès. Mais si les pulsions ne sont pas canalisées, l'énergie se retourne contre lui, provoquant échecs et accidents.

Le Chariot favorise : les dirigeants d'entreprise ; les entrepreneurs ; les décideurs ; les sportifs ; les militaires ; les personnes qui exercent un métier itinérant ou une profession nécessitant combativité, indépendance, sens des initiatives, goût du risque et de la compétition.

Le Chariot en position 1 (favorable à la question)

Vous définissez clairement vos objectifs et rassemblez toute votre volonté pour les atteindre. Votre puissante énergie vous permet d'avancer rapidement dans vos projets. Vous abordez une situation avec beaucoup d'assurance, vous allez droit au but, vous êtes autonome et efficace. Les déplacements sont favorisés.

Le Chariot en position 2 (défavorable à la question)

L'orgueil et l'imprudence risquent d'entraîner des accidents de parcours. Les réactions sont incontrôlées, vous faites une sortie de route, un manque de souplesse empêche de rattraper les erreurs de direction. Violence, colère et autoritarisme font obstacle à vos projets.

Le Chariot en position 3 (le conseil)

Ne perdez pas de temps, définissez nettement vos objectifs et lancez-vous sans hésiter dans la bagarre. Ayez confiance en vous, affirmez votre volonté et croyez en votre réussite. Soyez autonome et mobile.

Le Chariot en position 4 (la réponse)

Il apporte le succès ou une victoire rapide. Vous allez de l'avant avec confiance, vos projets avancent vite et dans la bonne direction. L'énergie est à son comble, l'activité est intense et les initiatives bien maîtrisées. Les déplacements vous sont favorables.

Énergie, dynamisme, rapidité, action, ardeur combative, volonté, maîtrise, assurance, indépendance, compétence, progrès, avancement, conquête, réussite, succès, triomphe, liberté, sport, mobilité, déplacement, voyage.

Imprudence, danger, opportunisme, arrivisme, orgueil, despotisme, autoritarisme, colère, violence, révolte, erreur de direction, hyperactivité, surmenage, risques inutiles, manque de contrôle, inconduite, accident, blocage, échec.

VIII. LA JUSTICE

Si le personnage hiératique tient un glaive et une balance, symboles de la justice humaine, cet arcane représente aussi une justice supérieure, à laquelle nul ne peut échapper. À l'image de **la Papesse,** la femme assise vêtue d'un manteau bleu peut sembler immobile, mais la robe rouge indique une activité intérieure. **La Justice** est à la recherche de la vérité.

Le chiffre *huit,* qui incite à l'effort de transformation, exige aussi de la rigueur morale et un comportement juste. Avec cette lame, chacun doit faire face à sa vérité, en toute objectivité. La responsabilité personnelle est fortement engagée, car l'être récolte la conséquence de ses actes.

Cet arcane évoque également le respect des règles qui régissent l'équilibre de tout système, qu'il soit physique, corporel ou social. Dans une approche plus concrète, **la Justice** incarne la loi, l'administration et toutes les instances officielles.

La Justice favorise : les personnes chargées d'arbitrer, d'administrer ou d'organiser ; celles qui s'emploient à faire respecter la loi et l'ordre ; les fonctionnaires et tous les professionnels qui œuvrent au service de L'État, du gouvernement et de la loi.

La Justice en position 1 (favorable à la question)

Votre question révèle la nécessité d'un bilan, d'un éclaircissement. Vous vous comportez de façon réaliste et responsable, une situation ou une attitude est sans ambiguïté. L'honnêteté et la fidélité sont de rigueur, vous aspirez à un traitement équitable. Une officialisation est en cours.

La Justice en position 2 (défavorable à la question)

Elle évoque une situation d'injustice, d'incompréhension ou de malhonnêteté. L'abus de pouvoir, l'intolérance et la bureaucratie vous pèsent. Une situation est inéquitable, on vous entraîne dans un jeu de chicaneries. Le rapport à la loi et à l'administration est tendu, ce n'est pas le meilleur moment pour signer des papiers officiels.

La Justice en position 3 (le conseil)

Regardez la réalité en face, il est temps de faire un bilan objectif de la situation comme de votre comportement. Faites preuve d'organisation, de rigueur et d'honnêteté. Soyez juste envers vous-même comme à l'égard de votre entourage. Adoptez un comportement responsable, une attitude équilibrée. En cas de litige, le recours à un conciliateur officiel ou à une procédure de justice peut s'avérer nécessaire.

La Justice en position 4 (la réponse)

Vous récoltez ce que vous avez semé, et la vie vous incite à assumer vos responsabilités. Ajouter une carte supplémentaire permettra de déterminer s'il s'agit d'un rééquilibrage heureux et du succès d'une démarche légale, ou bien de froideur, de litiges et de complications.

Équité, légalité, justice, impartialité, bilan, réalisme, lucidité, respect des hiérarchies, responsabilité, fidélité, intégrité, loyauté, droiture, honnêteté, raison, ordre, discipline, exactitude, organisation, rigueur, équilibre, conciliation, perfection, moralité, procès gagné.

Injustice, partialité, intolérance, sclérose, rigidité, insensibilité, inhumanité, maniaquerie, bureaucratie, illégalité, malhonnêteté, corruption, déséquilibre, irresponsabilité, perte d'un procès, condamnation.

VIIII. L'HERMITE

Un homme âgé avance lentement, appuyé sur un bâton. Sur son dos voûté repose une capuche rouge, lourde du poids des ans et riche de son expérience. Le chiffre *neuf* associé à la carte est significatif de la fin d'un cycle.

Ce sage tient une lanterne, petite lumière de la connaissance à laquelle on n'accède que par la grâce d'une recherche authentique. On ne voit pas les jambes du personnage : son voyage est intérieur. Isolé dans son ample manteau, il part à la découverte de lui-même, dans le calme et le recueillement.

L'Hermite véhicule les valeurs de prudence, de persévérance et de patience. Se confronter aux réalités de la vie favorise la compréhension de l'âme humaine et l'enrichissement intérieur. Avec l'épreuve du temps, la connaissance s'unit à l'expérience pour aboutir à une discrète réussite.

L'Hermite favorise : les étudiants en cycle long, les universitaires et les chercheurs de haut niveau, les experts, les historiens, les archéologues, les archivistes, les philosophes, les psychologues, les théologiens, les ecclésiastiques, les gérontologues, les thérapeutes du corps et de l'esprit, et tous ceux qui exercent des professions exigeant calme et solitude.

L'Hermite en position 1 (favorable à la question)

Un ralentissement s'avère favorable, le temps et l'expérience jouent pour vous. Votre maturité et votre exigence favorisent des choix judicieux, vous vous concentrez sur l'essentiel. Vous avancez de façon autonome, lentement mais sûrement. Simplicité et discrétion sont vos meilleurs atouts.

L'Hermite en position 2 (défavorable à la question)

Vos projets prennent du retard, un excès de prudence empêche de saisir certaines occasions, la tristesse s'installe, la lassitude guette. La froideur décourage l'expression des sentiments, l'entêtement complique les échanges. Le poids du passé empêche d'aller de l'avant.

L'Hermite en position 3 (le conseil)

Prenez du recul, isolez-vous, renoncez à ce qui n'est pas indispensable. Ne cherchez pas à aller trop vite, privilégiez la prudence et la réflexion. Acceptez que le temps et les efforts soient nécessaires pour atteindre vos objectifs. Prenez vos responsabilités, appuyez-vous sur votre expérience et sur les enseignements du passé, ne comptez que sur vous-même.

L'Hermite en position 4 (la réponse)

Il favorise les études, les recherches et les activités d'introspection sur le long terme, ainsi que les prises de responsabilités. Dans les autres domaines, les résultats se font attendre, la patience et la persévérance sont indispensables. Une carte supplémentaire dira s'il s'agit d'une réussite retardée ou d'une conduite d'échec.

Expérience, maturité, patience, sagesse, réflexion, approfondissement, prudence, sélectivité, indépendance, discrétion, solitude, efforts, exigence, sobriété, austérité, abstinence, dépouillement, rigueur, maîtrise, volonté, contrôle, sang-froid, persévérance, endurance, ténacité, études longues, recherche, respect du passé.

Isolement, abandon, tristesse, lenteur, retard, atermoiements, blocage, frein, obstacle, fermeture, repli, méfiance, froideur, incommunicabilité, misanthropie, rigidité, austérité, avarice, entêtement, dogmatisme, routine, ennui, frustration, découragement, pessimisme.

X. La Roue de Fortune

Munie de l'expérience de **l'Hermite, la Roue de Fortune** repart sur un nouveau cycle. Sur cette carte très mobile, de curieux personnages s'accrochent à une roue pourvue d'une manivelle. L'un d'eux s'élève, un second est assis et semble momentanément stabilisé dans une forme d'aboutissement, enfin le troisième descend. Il remet en jeu ses acquis et repart pour la période suivante. Avec **la Roue de Fortune,** rien n'est définitif.

Dans le cycle de la vie, les problématiques non résolues se représentent toujours à l'individu. Accepter de tirer parti de ses expériences favorise une prise de conscience. Cette compréhension permet d'éviter de tourner en rond en reproduisant les mêmes erreurs et en subissant les mêmes souffrances.

Avec cette lame, une intervention du destin produit un changement soudain, qui peut être positif ou déplaisant en fonction du contexte.

La Roue de Fortune favorise : les sportifs, les aventuriers, les voyageurs, les joueurs, les spéculateurs, les entrepreneurs, les commerciaux et tous ceux dont la profession nécessite de rebondir rapidement.

La Roue de Fortune en position 1 (favorable à la question)
Votre situation évolue rapidement et favorablement. Vous êtes ouvert aux changements qui s'amorcent. Vous bougez et entamez une nouvelle phase de vie avec enthousiasme.

La Roue de Fortune en position 2 (défavorable à la question)

Vous avez tendance à tourner en rond, à recommencer les mêmes erreurs. Vous connaissez des hauts et des bas, la chance n'est pas de votre côté. La situation est instable, un déplacement vous est défavorable.

La Roue de Fortune en position 3 (le conseil)

Soyez ouvert aux changements que vous propose le destin, sachez voir les opportunités qui s'offrent à vous. Acceptez d'entamer un nouveau cycle. Saisissez votre chance au vol, montrez-vous enthousiaste et mobile.

La Roue de Fortune en position 4 (la réponse)

Les événements s'accélèrent, le destin s'en mêle, vous abordez un nouveau cycle. Une carte supplémentaire en donnera la tonalité qui pourra être agréable ou plus difficile.

Évolution rapide, chance, rencontre déterminante, avancement, promotion, mobilité, déplacement, alternance, découverte, aide providentielle, manne financière, liberté d'action, détermination, dynamisme, curiosité, enjouement, ambition, disponibilité, expérimentation.

Instabilité, rupture d'équilibre, agitation, surmenage, stress, emballement, dispersion, négligence, inconstance, erreurs répétées, cyclothymie, opportunisme, obsession, indisponibilité, blocage, involution, stagnation, régression, malchance.

XI. La Force

Une femme détendue maintient la gueule d'un lion sans effort apparent. Le roi des animaux incarne ici les instincts, la libido. Par ce geste, **la Force** montre que le courage et la force de caractère permettent de canaliser les pulsions.

Le chapeau du personnage est surmonté d'une couronne qui valorise le pouvoir mental et spirituel, source du discernement. Reconnaître et accepter ses instincts comme ses émotions permet de les utiliser à bon escient. Ainsi, l'esprit s'allie à la matière sans la nier.

Le sang-froid, la volonté, la capacité à s'imposer naturellement et à dominer les événements confèrent une inébranlable puissance personnelle. Avec **la Force,** l'être est capable d'affronter les situations les plus difficiles. Sa lutte peut aussi se porter sur des idéaux vastes et généreux.

Cet arcane puissant et magnétique évoque une activité intense, un grand pouvoir de réalisation. Il parle également des plaisirs des sens et d'une sexualité équilibrée.

La Force favorise : les personnalités influentes, les responsables de haut niveau, les professionnels de la sexualité, les personnes en poste dans des pays instables ou dangereux, et toutes celles dont le métier exige de la combativité et un engagement total.

La Force en position 1 (favorable à la question)

Vous déployez assurance et fermeté face à la situation. C'est un moment d'activité intense, votre sang-froid et votre sens des responsabilités vous permettent de tout affronter. Vous appréciez les sensations fortes et les plaisirs que vous offre la vie.

La Force en position 2 (défavorable à la question)

Le manque de contrôle, l'emportement et l'agressivité aggravent une situation. Une autorité excessive ou mal gérée entraîne des affrontements pénibles, vous devez faire face à des rapports de force. L'adversité est puissante, vos instincts vous dominent, vous choisissez les mauvais combats.

La Force en position 3 (le conseil)

Mobilisez votre sang-froid et votre discernement, et sachez que vous avez la force nécessaire pour faire face à la situation. Montez-vous autonome et responsable : ne renoncez pas, mais ne vous crispez pas sur vos positions. Luttez si c'est nécessaire, mais sans violence, et assumez vos désirs.

La Force en position 4 (la réponse)

La réussite est acquise. L'énergie est puissante et maîtrisée, la vie vous offre ses plaisirs, vos projets aboutissent heureusement. La volonté et le sang-froid ont raison des difficultés.

Assurance, maîtrise, sang-froid, contrôle, autorité, volonté, indépendance, audace, action, conquête, énergie, vitalité, courage, force de caractère, puissance physique, assurance, détermination, réalisation, réussite, passion, ardeur, sexualité puissante.

Violence, emportement, impatience, irritabilité, agressivité, brutalité, jalousie, possessivité, autoritarisme, tyrannie, abus de pouvoir, arrivisme, orgueil, inflexibilité, inhumanité, insensibilité, débauche.

XII. LE PENDU

Dans cette carte d'immobilité apparente, le personnage est pendu par un pied, les mains derrière le dos. **Le Pendu** traverse une étape d'attente incontournable. Il sait qu'il est inutile de se débattre et qu'il doit profiter de cette expérience de retrait pour entamer une réflexion intérieure. Durant cette période, il a tout loisir de développer ses qualités d'écoute et de compassion.

Sa position peu confortable évoque une posture de yoga. Elle symbolise également le repli sur soi qui préfigure une nouvelle naissance.

Cet arcane est peu favorable aux valeurs matérielles ; il signale des blocages et invite au renoncement, voire au sacrifice. L'être est fragilisé et vulnérable, mais il traverse un moment idéal de retournement de ses propres valeurs. L'étape initiatique du **Pendu** favorise une évolution spirituelle ; une nouvelle liberté se prépare lentement.

Le Pendu favorise : les professionnels du service et de l'assistance ; les spécialistes des dépendances ; les philosophes ; les psychologues ; les religieux contemplatifs ; les créatifs ; les artistes ; les poètes et tous ceux qui s'inscrivent dans des démarches altruistes, philanthropiques, humanitaires et spirituelles.

Le Pendu en position 1 (favorable à la question)

Vous êtes immobilisé ; une situation est bloquée, mais vous comprenez que cette période est nécessaire à votre évolution. Vous vous remettez en confiance entre les mains de la providence. Vous êtes en position d'écoute et de réceptivité, vous

vous dévouez aux autres avec bonheur. Un enrichissement spirituel est proposé.

Le Pendu en position 2 (défavorable à la question)

Vous êtes impuissant face à une situation, rien n'avance malgré vos efforts, vous vous découragez, vous manquez de réalisme, un projet est retardé ou annulé. La fragilité, la dépendance et un peu de déprime vous empêchent d'aller de l'avant. Le quotidien vous enchaîne, vous vous sacrifiez pour rien, des épreuves vous épuisent.

Le Pendu en position 3 (le conseil)

Même si la période est difficile, ne vous perdez pas en luttes inutiles. Lâchez prise, acceptez ce qui est, prenez le temps de réfléchir à ce que vous traversez et changez votre regard sur la situation. Montrez-vous disponible et dévoué, ouvrez-vous aux valeurs spirituelles.

Le Pendu en position 4 (la réponse)

Il est favorable sur un plan spirituel, mais ne permet pas pour l'instant un aboutissement satisfaisant dans le domaine matériel. Il faut attendre ou renoncer, une carte supplémentaire en dira plus long.

Acceptation, attente, transition, réceptivité, disponibilité, écoute, initiation passive, lâcher-prise, abandon, repos, philanthropie, dévouement, don de soi, désintéressement, renoncement, sacrifice, sacerdoce, intuition, vision, télépathie, foi, prière, spiritualité.

Impuissance, résignation, reddition, soumission, découragement, laisser-aller, ennui, victimisation, dépression, paresse, limitation, blocage, emprisonnement, dépendance, confusion, irréalisme, fragilité, vulnérabilité, impressionnabilité, fuite, folie, schizophrénie.

XIII. L'ARCANE SANS NOM (OU ARCANE XIII)

Seule carte du jeu qui n'est pas nommée, cet arcane marque une étape. Il signale la fin d'une période, d'un mode de vie ou d'une façon de penser.

La lame de la faux est rouge, couleur active. Une énergie puissante accompagne ce changement fondamental. **L'Arcane sans Nom** n'hésite pas à procéder à une élimination radicale afin de mieux revivifier l'avenir.

La colonne vertébrale du squelette est un épi de blé, symbole de vie quand il est fauché. Se transformer, se détacher du passé est douloureux, mais ouvre sur des lendemains prometteurs.

Avec cet arcane radical, quelque chose doit se terminer pour renaître sous une forme supérieure. Il faut accepter que rien ne soit plus jamais comme avant, et s'impliquer activement dans cette métamorphose.

L'Arcane sans Nom favorise : les chirurgiens ; les radiologues ; les responsables de plans sociaux ; ceux qui exercent des métiers liés à la mort (pompes funèbres, assureurs, spirites…), à l'inconscient (psychothérapeutes, psychanalystes…) et à la transformation (chimistes, cuisiniers…) ; les conseillers de vie et tous ceux qui accompagnent les gens dans une réorientation.

L'Arcane sans Nom en position 1 (favorable à la question)
Vous vous dégagez de vos illusions et de tout ce qui vous encombre, vous vivez une transformation radicale positive. Vous achevez un cycle, l'arrêt d'une situation vous soulage, une mort initiatique ouvre sur une libération.

L'Arcane sans Nom en position 2 (défavorable à la question)

Vous subissez un échec, une perte difficile, un deuil réel ou symbolique. C'est la fin douloureuse d'une histoire, d'une situation ou d'une espérance.

L'Arcane sans Nom en position 3 (le conseil)

Ne résistez pas, accompagnez activement et lucidement le changement en cours. Acceptez de traverser une transformation personnelle, éliminez radicalement ce qui vous entrave.

L'Arcane sans Nom en position 4 (la réponse)

C'est la fin d'un cycle, votre situation connaît une mutation radicale. Une carte supplémentaire précisera s'il s'agit d'une transformation heureuse, qui marque l'arrêt nécessaire d'une situation, ou d'une fin douloureuse. Dans tous les cas, un renouveau s'amorce.

Fin de cycle, transformation, métamorphose, changement de vie, initiation, mutation, remise en question, fin de soucis, détachement, libération, dépouillement, héritage.

Perte, échec, séparation, rupture, intransigeance, angoisse, peur, découragement, tristesse, déprime, divorce, licenciement, fatalité, coupure, danger, deuil physique ou symbolique.

XIIII. TEMPÉRANCE

Un ange déverse un fluide entre un vase bleu et un vase rouge. Les ondes circulent librement, à l'image d'un échange réussi. L'ange gardien assume un rôle protecteur et médiateur, il concilie deux univers, le rouge actif et le bleu réceptif. Les relations sont paisibles, la communication est ouverte et sincère, l'amitié est favorisée.

Le mot *tempérance* est synonyme de « modération ». L'attitude de l'ange est souple et équilibrée. Sa chevelure est bleue, indiquant un esprit intuitif dynamisé par la fleur rouge qui la surmonte. Le sol fertile et les vases symbolisent la fécondité, ils évoquent aussi une créativité harmonieuse.

Tempérance se rapporte également aux capacités curatives de la nature. Cet arcane favorise la guérison et la régénération par un équilibrage des énergies.

Tempérance protège : les pacificateurs, les diplomates, les chargés de communication, ceux qui exercent une profession en lien avec les ondes, les musiciens, les cinéastes, les créatifs dans tous les domaines, les naturopathes, les magnétiseurs, les radiesthésistes…

Tempérance en position 1 (favorable à la question)

L'ange gardien vous offre sa protection. La souplesse engendre la détente, les échanges sont fluides, les relations apparaissent harmonieuses et sereines ; les projets avancent favorablement, à leur rythme. Tous les espoirs sont permis.

Tempérance en position 2 (défavorable à la question)

Un projet est retardé, la communication circule mal, les échanges sont compliqués, l'incompréhension ou l'indifférence s'installent. Le manque d'implication et le lymphatisme nuisent aux affaires en cours.

Tempérance en position 3 (le conseil)

Vous devez communiquer, vous adapter et faire circuler l'information. Restez calme et modéré, proposez des arrangements sans vous renier, cultivez les douceurs de l'amitié. Gardez-vous des excès en tout genre et ressourcez-vous au contact de la nature.

Tempérance en position 4 (la réponse)

L'ambiance est agréable, une amitié vous rassérène, un projet évolue à son rythme, les échanges sont favorisés, un arrangement est trouvé. Vous vous sentez protégé et régénéré, vos espoirs se réalisent, vous retrouvez votre tranquillité d'esprit.

Équilibre, harmonie, souplesse, détente, confiance, protection, sérénité, modération, communication, échanges, humanisme, bienveillance, solidarité, sympathie, pacification, diplomatie, réconciliation, intuition dynamique, invention, beauté, art, créativité, convalescence, guérison, régénération, médecine naturelle.

Incommunicabilité, indifférence, désengagement, désunion, passivité, paresse, ennui, lymphatisme, perte d'une protection, influençabilité, irréflexion, imprévoyance, inconstance, discorde, stérilité artistique ou physique.

XV. LE DIABLE

Le Diable, androgyne, regarde en face. Mais il louche, opposant sa vision déformée à l'objectivité de la Justice. Ses ailes de chauve-souris rappellent qu'il est un ange déchu. Dans cet arcane, la couleur chair est très valorisée, mettant l'accent sur le corps et les valeurs matérielles.

La ceinture du **Diable** est rouge, évoquant la passion et l'énergie sexuelle. Ce personnage déterminé puise sa vitalité dans ses instincts les plus profonds. Il se montre dominateur et autoritaire, capable d'audace pour défendre ses intérêts. Mais les deux diablotins enchaînés à son socle symbolisent le risque de dépendance à une autre personne, à ses propres pulsions…

Cette lame parle aussi de magnétisme et de dons occultes. L'intelligence pénétrante peut être utilisée à des fins manipulatrices, et cet arcane ne pèche pas par excès de moralité. La puissance du **Diable** doit être maîtrisée.

Le Diable favorise : les personnes en position de pouvoir ; les banquiers ; les financiers ; les militaires ; les chirurgiens ; les membres d'organisations secrètes ; les occultistes ; les hypnotiseurs ; les magnétiseurs ; les professionnels de la sexualité et tous ceux qui exercent une activité nécessitant audace, détermination et goût du combat.

Le Diable en position 1 (favorable à la question)

Vous êtes très déterminé et déployez audace, volonté et ruse pour atteindre vos objectifs. Vous savez gérer les rapports de force, mais votre magnétisme peut aussi vous rendre très persuasif. Vous jouissez passionnément des plaisirs de la vie.

Le Diable en position 2 (défavorable à la question)

Prenez garde à ne pas tomber dans un piège et méfiez-vous du pouvoir sous toutes ses formes. L'ambiance est agressive, la manipulation et la malhonnêteté sont à craindre. Un adversaire peut se révéler redoutable, une passion vous enchaîne, l'argent constitue un obstacle à un projet.

Le Diable en position 3 (le conseil)

Osez, prenez des risques, assumez vos instincts sans vous embarrasser de scrupules excessifs. Défendez vos intérêts matériels et ne craignez pas les rapports de force, l'audace paiera. Acceptez d'être en position dominante, mais méfiez-vous d'une aide qui pourrait vous placer en position de subordination.

Le Diable en position 4 (la réponse)

Il est excellent pour les questions matérielles. Les ambitions sont atteintes de haute lutte, vous bénéficiez d'un certain pouvoir. Il subsiste toutefois des doutes sur l'honnêteté de l'entourage. L'accent est mis sur la passion ; tirer une carte supplémentaire renseignera sur sa qualité, épanouissante ou destructrice.

Instinct, magnétisme, charisme, autorité, pouvoir, énergie, volonté, détermination, audace, activité, force, passion, sexualité puissante, flair, habileté, astuce, réussite matérielle, luxe, richesse, occultisme.

Manipulation, malhonnêteté, malignité, perversion, asservissement, malveillance, critiques, ruse, intrigue, escroquerie, piège, épreuve, danger, autoritarisme, orgueil, agressivité, intolérance, tyrannie, vengeance, fanatisme, égoïsme, avidité, cynisme, problème matériel.

XVI. La Maison Dieu

Une langue de feu s'abat sur une tour qu'elle décapite. Deux personnages en tombent, la tête la première, sous une pluie de boules multicolores. Cette image évoque l'histoire de la tour de Babel rapportée dans la Bible : quand les humains voulurent construire un édifice aussi haut que les cieux, Dieu châtia leur orgueil en les dispersant.

La Maison Dieu a valeur d'avertissement. Une ambition démesurée et la mauvaise évaluation de ses capacités peuvent mener à un échec brutal.

Le feu foudroie l'arrogant sans prévenir. Il déclenche un bouleversement douloureux, qui peut se révéler salutaire s'il s'accompagne d'une prise de conscience. L'éclair provoque la révélation, l'illumination. Une idée géniale surgit, une libération fait sauter un carcan, la vérité jaillit enfin. Parfois, une nouvelle surprenante, même favorable, induit un stress. Dans tous les cas, la perte des repères déstabilise profondément.

La Maison Dieu favorise : les professionnels de l'immobilier et du bâtiment ; les spécialistes du sauvetage, de l'assistance et de l'assurance (restaurateurs, pompiers, urgentistes…) ; les artificiers ; les inventeurs et tous ceux qui exercent une activité aux retombées révolutionnaires.

La Maison Dieu en position 1 (favorable à la question)

Un choc, une déstabilisation, un échec vous apportent un bouleversement salutaire. Vous tenez compte d'un avertissement ; un blocage est en train de sauter, une prise de conscience est en cours.

La Maison Dieu en position 2 (défavorable à la question)
La situation est chaotique, le ciel vous tombe sur la tête. Un échec cuisant, une brutale désillusion, l'écroulement de projets trop ambitieux doivent inciter à une remise en question.

La Maison Dieu en position 3 (le conseil)
Exprimez-vous, libérez votre colère, abandonnez-vous au coup de foudre, accueillez une illumination, laissez jaillir les idées ; modifiez radicalement vos structures mentales, professionnelles ou familiales. Ne soyez pas là où on vous attend. En cas de choc, restez souple.

La Maison Dieu en position 4 (la réponse)
Un choc important se révèle destructeur ou salutaire selon la lame qui suit.

Choc heureux, surprise, prise de conscience, révélation, illumination, coup de foudre, imprévu, impulsion, libération, bouleversement salutaire, découverte soudaine, idée géniale, innovation, défi, changement de structure, déménagement.

Violence, cassure, faillite, échec brutal, accident, rupture, stress, choc, destruction, écroulement, foudroiement, perte, licenciement, expulsion, désillusion, explosion, cambriolage, orgueil, démesure, prétention, mégalomanie, instabilité, crise de nerfs.

XVII. L'ÉTOILE

Sous un ciel étoilé, une jeune femme apparaît nue, dans toute sa pureté. Malgré son apparente vulnérabilité, elle semble détendue, en communion avec la nature qui l'entoure. Elle a foi en sa bonne étoile, qui la guide et la protège.

Le personnage répand le contenu de ses vases dans l'eau et sur la terre. L'association de ces deux éléments évoque la fécondité, l'inspiration créatrice qui ne se tarit pas.

L'Étoile est confiante, un peu passive. Elle est accroupie en signe de soumission ou de respect envers les divinités de la nature. Ses cheveux sont bleus, couleur réceptive, signe d'une intuition subtile qui peut se révéler subjective si le sens des réalités fait défaut.

L'ambiance de cette lame est douce et harmonieuse. L'optimisme règne, tous les espoirs sont permis.

L'Étoile encourage les vocations artistiques et créatives. Elle favorise les professionnels de l'art du raffinement, de la mode et de l'esthétique (parfumeurs, coiffeurs, décorateurs…), les herboristes, les fleuristes, les naturopathes, les spécialistes de la fécondité, les voyants, les devins et tous ceux qui exercent un métier d'écoute et d'intuition.

L'Étoile en position 1 (favorable à la question)

La situation est favorable : la chance vous sourit, votre intuition est de bon conseil, vous avez confiance en votre bonne étoile. Vous êtes détendu ; l'ambiance est harmonieuse, empreinte de beauté et de délicatesse.

L'Étoile en position 2 (défavorable à la question)

Vous perdez le sens du réel et connaissez des désillusions. La naïveté, la mollesse, la timidité ou la négligence retardent vos projets. La chance n'est pas de votre côté, méfiez-vous de vos intuitions et pressentiments. Prenez garde au narcissisme.

L'Étoile en position 3 (le conseil)

Votre bonne étoile veille sur vous, suivez vos intuitions, mettez-vous en lien avec la magie de la nature et soyez confiant. Entourez-vous de beauté, d'affection et d'harmonie. De bonnes nouvelles vous incitent à rester optimiste.

L'Étoile en position 4 (la réponse)

Vous bénéficiez d'une protection : la providence est à vos côtés, et vos espérances se réalisent à leur rythme. Les relations sont harmonieuses, vos pressentiments sont fiables, votre créativité est fluide. Un échec apparent s'avère une bénédiction. Toutefois, cette lame étant un peu fragile, il est souvent préférable de tirer une carte supplémentaire.

Chance, protection, secours céleste, confiance, espoir, foi, affection, satisfaction, harmonie, douceur, détente, innocence, sensibilité, beauté, art, sens esthétique, inspiration, idéal, guide, vocation, prémonition, pressentiment, intuition, disponibilité, écoute.

Malchance, perte d'une protection, retard, insouciance, narcissisme, naïveté, irréalisme, désorientation, fragilité, vulnérabilité, paresse, négligence, lymphatisme, mollesse, mauvaise intuition, déception, trahison, passivité, soumission, fatalisme.

XVIII. LA LUNE

Ce luminaire nous plonge dans le monde nocturne propice aux rêves, à l'exaltation de l'imaginaire et aux angoisses. **La Lune** réveille des sentiments archaïques enfouis en chacun de nous.

L'eau stagnante du bassin clos recèle une écrevisse, symbole de l'inconscient. Cette image évoque la mémoire de la vie fœtale ou d'existences antérieures, ainsi que la nostalgie d'une enfance idéale. Les tours symbolisent un foyer aux routines rassurantes. Dans une approche traditionnelle de la société, la lune, qui valorise également la sensibilité et l'imagination, est associée au monde féminin.

Cet arcane favorise la croissance et le développement. Il représente aussi les groupes, le public, la foule et, par extension, la popularité.

La nuit, créatrice d'illusions, confère instabilité et ambiguïté à cette lame. Si elle apparaît en réponse à une question sans relation avec son symbolisme, il est donc préférable de la recouvrir.

La Lune favorise : les commerçants ; les personnes qui exercent une profession créative en contact avec le public ; les historiens ; les généalogistes ; les spécialistes de la mémoire, de la fécondité et de l'obstétrique ; les professionnels de la vie domestique, du foyer, de la famille et de l'enfance ; ceux qui exercent un emploi lié à l'alimentation et à la nutrition, en relation avec l'eau et les liquides, ainsi que les voyants et les médiums.

La Lune en position 1 (favorable à la question)

Le passé exerce une influence positive, votre imagination et votre intuition sont des atouts pour la situation. Vous vous sentez en sécurité au sein d'une famille ou d'un groupe, vous bénéficiez d'une excellente popularité. Des événements importants sont en gestation et évoluent favorablement.

La Lune en position 2 (défavorable à la question)

Le trouble et la mélancolie menacent, les illusions engendrent des déceptions. Les doutes vous assaillent, vos émotions vous dépassent ; une personne est routinière, passive, lunatique ou fuyante. Votre passé, votre enfance ou votre famille vous empêche de grandir. Une trahison ou une rivalité secrète instaure une situation ambiguë. Des mensonges et des bavardages vous nuisent.

La Lune en position 3 (le conseil)

Acceptez votre sensibilité, soyez à l'écoute de votre intuition et de votre imagination. Adaptez-vous et soignez votre popularité. Trouvez un environnement qui soit protecteur sans être étouffant, allez vers le monde de l'enfance, investissez-vous dans votre foyer. Plonger dans le passé vous aidera à mieux vivre le présent.

La Lune en position 4 (la réponse)

Elle valorise l'imagination et la sensibilité, mais est peu performante sur le plan strictement matériel – hormis pour les questions associées au symbolisme de la lune (foyer, enfants, popularité…).

Une lame supplémentaire favorable évoque la croissance et le développement de projets, un environnement protecteur, une relation équilibrée au passé et à l'enfance. Si la carte est difficile ou renforce l'ambiguïté, elle parle d'incertitude, de stagnation, de tromperie, d'illusion, de dangers latents ou d'une influence négative du passé. Les choses ne sont pas mûres pour soi ou autour de soi.

Réceptivité, imagination, créativité, gestation, féminité, maternité, fécondité, prolificité, famille, génération, foyer, habitudes, racines, enfance, souvenirs, passé, folklore, légende, mémoire, rêves, intuition, visions, médiumnité, sensibilité, charme, adaptabilité, popularité, foule, commerce.

Chimère, illusion, confusion, trouble, incertitude, inconscience, irresponsabilité, crédulité, superstition, déception, sensiblerie, immaturité, manipulation affective, régression, passivité, mélancolie, inquiétude, ambiguïté, lunatisme, versatilité, tromperie, mensonge, bavardage, rumeur, calomnie, impopularité, fermeture, communautarisme.

XVIIII. LE SOLEIL

L'astre solaire à son zénith dissipe de sa clarté toutes les incertitudes de **la Lune**. Dans la maturité de son rayonnement, **le Soleil** regarde en face, signe de lucidité et d'objectivité. Une lecture traditionnelle l'associe au monde masculin.

Le jaune de la conscience et le rouge de l'énergie évoquent une personnalité lucide et confiante, inscrite dans la vie sociale. L'autorité s'exerce naturellement, la chaleur et la vitalité sont dispensées avec générosité.

Avec cette lame lumineuse, portée par la noblesse d'âme, la réussite est assurée. Protégé par un muret, un couple d'enfants est uni dans un geste d'affection. L'amour est au centre de cet arcane qui figure une union heureuse.

Le Soleil conforte les positions prestigieuses dans la société (magistrat, banquier, figure politique, dirigeant, entrepreneur…), favorise les personnes célèbres et encourage les enseignants, les éducateurs, les médecins, les responsables d'agences matrimoniales, les conseillers conjugaux, les artistes, les créateurs, les professionnels du spectacle, de la beauté et du luxe…

Le Soleil en position 1 (favorable à la question)

Vous allez de l'avant avec confiance et enthousiasme, votre assurance fait tourner les situations à votre avantage. Vous faites preuve de charisme et de générosité, les contacts sont chaleureux. La vie vous offre plénitude, abondance et bien-être. Votre cœur rayonne.

Le Soleil en position 2 (défavorable à la question)

L'orgueil aveugle et cache les vrais problèmes, vous vous laissez éblouir par les apparences, les erreurs de jugement ne sont pas rares. Vous vous laissez aller à des excès, vous contrôlez mal votre susceptibilité. Une puissante autorité s'oppose à vos desseins, un succès vous échappe.

Le Soleil en position 3 (le conseil)

Ayez confiance en vous, mettez vos atouts et vos réalisations en valeur. Assumez vos ambitions, libérez votre charisme ou demandez la protection d'une autorité. Exprimez votre affection, montrez-vous loyal et généreux. Profitez des petits luxes que vous offre la vie.

Le Soleil en position 4 (la réponse)

La réponse est positive : votre réussite est visible, vous réalisez vos désirs, vos talents sont reconnus. La situation s'éclaire, la chance est de votre côté, votre créativité s'exprime totalement. Vous vous épanouissez, vous connaissez le bonheur.

Succès, réussite, prospérité, honneurs, optimisme, conquête, courage, assurance, volonté, autorité, charisme, protection, générosité, noblesse, loyauté, fidélité, franchise, intégrité, objectivité, maturité, entente, chaleur, affection, paternité, fraternité, amour, mariage, rayonnement, plénitude, bonheur, créativité.

Orgueil, vanité, arrogance, prétention, bluff, cabotinage, dédain, colère, despotisme, intolérance, aveuglement, inconscience, erreur de jugement, illusion, susceptibilité, narcissisme, affectation, égoïsme, égocentrisme, stérilité.

XX. LE JUGEMENT

Sur cet arcane évocateur du Jugement dernier, un ange souffle dans sa trompette pour transmettre le message divin. Une vérité va être dévoilée, elle devra être entendue et acceptée. Plus concrètement, une nouvelle imprévue change l'ordre des choses. Un contact inattendu ou une rencontre étonnante fait radicalement évoluer une situation.

Cette lame de révélation invite à la lucidité. Son énergie foudroyante réveille et régénère, apporte des inspirations géniales. **Le Jugement,** qui présente une forte composante sociale et publique, peut conférer une notoriété soudaine.

Les trois êtres représentés sur l'image sont nus, dans leur vérité première. L'un d'eux émerge d'une tombe. Il tourne le dos au passé et renaît, après avoir connu la transformation fondamentale de la mort. Cet arcane parle de libération, de régénération et de guérison. L'espoir est possible.

Le Jugement préfigure une nouvelle étape. Il convient de rajouter une carte pour déterminer la qualité du changement.

Le Jugement favorise : les inventeurs, les artistes d'avant-garde, les précurseurs et les novateurs dans tous les domaines, les spécialistes des techniques modernes de communication et des nouvelles technologies, ceux qui exercent un métier à composante sociale et publique (spectacle, relations publiques, journalisme, politique, marketing…).

Le Jugement en position 1 (favorable à la question)

Un événement rapide modifie agréablement votre position, vous êtes disponible et ouvert à un renouveau. Vous êtes lucide et inspiré, une situation s'éclaircit, une révélation modifie votre regard sur un sujet, vous vous libérez d'un joug.

Le Jugement en position 2 (défavorable à la question)

De mauvaises nouvelles, des surprises désagréables, un jugement défavorable ou un changement inattendu vous déstabilisent. Des calomnies vous blessent, des tiers se mêlent de vos affaires. Vous n'écoutez pas les conseils, l'excitation et le manque de réflexion nuisent à vos projets.

Le Jugement en position 3 (le conseil)

Des idées géniales peuvent surgir, la vie vous envoie des indications… écoutez-les. Agissez rapidement, saisissez les opportunités et ouvrez-vous au changement. Sentez-vous libre d'innover, prenez des initiatives, dites ce que vous avez à dire. Si vous souffrez d'une situation ambiguë, provoquez une explication qui lèvera les doutes.

Le Jugement en position 4 (la réponse)

Un événement brusque modifie vos orientations de vie. Une lame supplémentaire en dira plus sur la qualité de ce changement. Si elle est favorable, la réponse est rapide et positive : vous connaissez une amélioration, une victoire, un renouvellement après une crise. Sinon, une nouvelle déplaisante vous déstabilise.

Renouveau, révélation, surprise, rapidité, nouveauté, coup de foudre, renaissance, réhabilitation, verdict satisfaisant, régénération, guérison, disponibilité, lucidité, libération, inspiration, invention, innovation, prophétie, ouverture, spontanéité, enthousiasme, sociabilité, renommée, notoriété.

Choc, mauvaise nouvelle, désillusion, déstabilisation, changement forcé, crise, litige, jugement défavorable, rumeur, calomnie, scandale, aveuglement, stress, agitation, nervosité, surexcitation, délire, inconscience, exaltation, émotions collectives, fanatisme.

XXI. LE MONDE

Le Monde est une carte d'aboutissement. Elle couronne les efforts du **Bateleur** qui a franchi toutes les étapes de son évolution. Les éléments associés aux objets qu'il découvrait dans la première lame du jeu structurent la carte en une composition équilibrée. L'ange représente L'Épée (Air), l'aigle évoque la Coupe (Eau), le lion symbolise le Bâton (Feu) et le bœuf, le Denier (Terre).

Le personnage central est entouré d'une guirlande de lauriers tressés, à la fois récompense et protection, dont la forme en amande figure une totalité, une unité harmonieuse. Il tient d'une main une baguette, symbole masculin, et de l'autre un coquillage, symbole féminin, indiquant une belle complémentarité.

Cet arcane d'accomplissement parle d'échanges avec des univers inconnus ou mal connus, ouvre sur l'étranger. Il évoque une ouverture à la différence et la capacité à trouver sa place au sein de la société. Il peut aussi représenter une naissance, une venue au monde.

Le Monde favorise : ceux qui occupent une position influente ; les personnes bien intégrées dans la société ; les récipiendaires d'un diplôme, d'un prix ou d'une décoration ; les artistes reconnus ; les chargés de relations publiques et tous ceux qui exercent un métier lié au voyage et à l'étranger (agences de tourisme, responsables d'hôtel, journalistes internationaux, diplomates, négociateurs, expatriés, chargés d'import-export…).

Le Monde en position 1 (favorable à la question)

Votre attitude est ouverte et équilibrée, vous êtes à votre place, vous vous épanouissez. Les relations sont plaisantes, les rapports avec l'étranger sont privilégiés. Vos efforts sont récompensés, un cycle a été accompli et connaît un aboutissement positif.

Le Monde en position 2 (défavorable à la question)

Vous ne trouvez pas votre place, vous vous sentez exclu ou enfermé. La dispersion, la mondanité ou l'éloignement fait obstacle à vos désirs. Tout le monde est contre vous, des difficultés semblent insurmontables. Un projet lié à l'étranger connaît des revers.

Le Monde en position 3 (le conseil)

Voyagez, voyez du monde, ouvrez-vous à des pensées et à des cultures différentes. Récoltez sans fausse modestie les fruits de votre expérience et de votre compétence, exprimez librement votre créativité et votre raffinement. Visez un épanouissement personnel sans négliger vos ambitions, savourez vos réussites et célébrez les bonheurs de la vie.

Le Monde en position 4 (la réponse)

Le succès est complet, vos désirs sont exaucés, les questions concernant l'étranger sont particulièrement favorisées. Vos efforts sont récompensés, vos qualités sont reconnues par la société. Vous connaissez le bien-être et l'épanouissement.

Aboutissement, épanouissement, succès, apothéose, récompense, reconnaissance sociale, honneurs, valorisation, ambition, optimisme, ouverture, disponibilité, sociabilité, aisance, compétence, créativité, fécondité, réalisation d'un idéal, voyage lointain, équilibre personnel ou social, raffinement, subtilité.

Insuccès, malchance, obstacle, blocage, isolement, enfermement, mise à l'écart, exclusion, isolement, embarras, timidité, incommunicabilité, incompréhension, déséquilibre, stérilité, voyage retardé ou annulé, illusions, amplification des difficultés, arrivisme, snobisme, mondanités, superficialité.

LE MAT

Seule lame non numérotée, **le Mat** échappe au jeu. De partout et de nulle part, sans passé ni avenir, il rompt les amarres et s'élance dans une quête irrépressible.

Le personnage marche avec détermination, mais sait-il où il va ? Le chien qui s'accroche à lui ne le détourne pas de sa route.

Son balluchon semble vide, c'est un voyageur sans bagages, détaché des biens de ce monde.

Le Mat porte un vêtement de bouffon, garni de grelots, et arbore une curieuse coiffure. Vagabond, génie, bouffon ou poète, il passe pour un fou aux yeux des ignorants. Libre et ennemi de toute règle, ce personnage se moque du jugement social. Il défie les normes et prend tous les risques, ne se référant qu'à lui-même.

Liberté ou errance, folie ou sagesse… cet arcane de l'extrême ne connaît pas de nuances. Dans son besoin d'ailleurs, **le Mat** s'élance vers l'infini des voyages au long cours.

Avec cette lame puissante, les pulsions conduisent au meilleur comme au pire. Délivrance ou débâcle, une carte supplémentaire en dira plus sur l'évolution du tirage.

Le Mat favorise : les anticonformistes, les dissidents, ceux qui œuvrent en marge de la société, les défenseurs de la tolérance et des libertés, les aventuriers, les explorateurs, les grands reporters, les personnes en poste dans des pays troublés, les psychiatres, les mystiques, les gourous et tous ceux qui exercent des métiers de défis et à risque.

Le Mat en position 1 (favorable à la question)

La période est instable, mais favorable aux projets aventureux ou aux grands voyages. Vous vous libérez de contraintes, vous quittez un environnement oppressant, vous abordez des expériences inédites, vous partez sur les routes, vous changez de vie sans crainte de l'avenir.

Le Mat en position 2 (défavorable à la question)

Il évoque la déstabilisation, le rejet, la fuite, l'abandon, le gaspillage, l'irresponsabilité et l'errance. Tout se dérègle, les actions inconsidérées se retournent contre leur auteur. Un voyage au loin est annulé ou dangereux.

Le Mat en position 3 (le conseil)

Refusez les contraintes inutiles, rompez vos chaînes et saisissez la chance au vol. Soyez fidèle à vous-même, ne cherchez pas à être raisonnable, découvrez le plaisir d'être libre. Larguez les amarres, partez vers l'inconnu.

Le Mat en position 4 (la réponse)

Il faut compléter la réponse par une autre lame pour savoir s'il s'agit d'heureuses retrouvailles avec la liberté (vous quittez une situation inutilement contraignante) ou d'une perte de repères. Dans ce second cas, vous vivez mal d'être livré à vous-même, vous connaissez insécurité ou déroute. Il vous sera nécessaire de vous poser pour retrouver un équilibre.

Liberté, indépendance, anticonformisme, originalité, remise en question, courage, audace, insouciance, dissidence, intuition, illumination, découverte, créativité, passion, génie, folle sagesse, initiation, détachement, sublimation, transcendance, voyage lointain.

Perte de repères, épreuve, désarroi, déséquilibre, égarement, désorganisation, excentricité, provocation, marginalité, instabilité, irresponsabilité, irréflexion, inconscience, ignorance, fuite, rupture, abandon, rejet, errance, imprudence, gaspillage, irrationalité, immoralité, brusquerie, nervosité, violence, folie, néant.

CHAPITRE IV

Les interprétations

SENTIMENTS : VIE AFFECTIVE, FAMILIALE ET SOCIALE

I. Le Bateleur en position 1 (favorable à la question)

❖ *Vous êtes célibataire*

Ouvert à la possibilité d'une rencontre, vous suivez les élans de votre cœur en toute spontanéité. En amour comme en amitié, vous séduisez par votre enthousiasme et votre dynamisme.

L'amour est perçu comme un jeu, un défi à relever. Si une personne vous plaît, vous n'hésitez pas à prendre des initiatives et à marquer clairement votre intérêt. Votre cœur est toujours jeune, il bat au rythme d'émotions intenses et renouvelées.

Avec le Bateleur, tout est possible. Un coup de foudre vous ouvre de nouveaux horizons, vous vous lancez la tête la première dans une relation prometteuse, vous ressentez des sentiments inédits et découvrez une autre façon d'aimer.

Si vous sortez d'une histoire difficile, un nouveau départ sentimental s'offre à vous.

❖ *Vous êtes en couple*

Cette lame reflète l'enthousiasme des débuts. Une vie à deux peut commencer ou prendre une direction inédite.

Si le couple traversait une mauvaise passe, vous le regardez d'un œil neuf, adoptez une attitude dénuée de préjugés ou proposez à votre partenaire de prendre un nouveau départ.

Si vous abordez la vie à deux, découvrir d'autres facettes de la relation au quotidien vous ouvre de plaisantes perspectives. Une séduction enjouée et des rires partagés confèrent à votre entente une agréable jeunesse. Votre énergie et votre optimisme favorisent sa réussite.

Avec le Bateleur, des initiatives visent à redonner sa fraîcheur à la vie familiale. Emménagement, conception d'un enfant ou instauration de nouvelles règles de fonctionnement entre vous : tout est possible. Une rencontre peut également changer votre regard sur le couple.

II. La Papesse en position 1 (favorable à la question)

❖ *Vous êtes célibataire*

Votre attitude réservée ne facilite pas les rencontres. Les échanges ne sont ni faciles ni rapides, mais ce goût du retrait s'accompagne d'une capacité d'écoute sincère à l'égard de ceux que vous appréciez. Votre intuition vous souffle de judicieux conseils, pour vous-même comme pour les autres. Comme vous les dispensez sans insister, ils sont appréciés à leur juste valeur.

Avec la Papesse, les affections mûrissent lentement. Vous n'avez pas encore conscience de vos sentiments, ou ceux-ci ne sont pas révélés : les liens sont plutôt platoniques.

Une relation amoureuse ou un événement affectif heureux peuvent se préparer dans la plus grande discrétion. Une liaison doit rester cachée.

❖ *Vous êtes en couple*

Les sentiments restent secrets ou s'expriment avec discrétion, votre union se forme ou évolue à l'insu de tous, votre entente semble sereine et parfois platonique.

Vous restez toujours légèrement en retrait, abordant la relation avec beaucoup de pondération. Avec votre partenaire, vous faites preuve de patience et de compréhension. Vous prenez également plaisir à l'écouter et à le conseiller.

La Papesse évoque une union qui s'approfondit en silence, un projet de couple en gestation, la possibilité d'une grossesse.

Si la relation avec votre conjoint bat de l'aile, cette lame peut indiquer l'apaisement que vous procure une affection cachée.

III. L'Impératrice en position 1 (favorable à la question)

❖ *Vous êtes célibataire*

Vous séduisez par votre charme et la vivacité de votre esprit. Votre humour, votre gaieté et votre curiosité font l'unanimité. L'Impératrice facilite la vie sociale, vos amis vous recherchent, votre carnet de rendez-vous est souvent plein ! Vous échangez avec des gens intéressants et ouverts, qui apprécient votre intelligence et aiment discuter de sujets variés.

Les rencontres sont aisées, elles débutent de façon légère, souvent lors de sorties culturelles ou amicales. Vous êtes adepte du flirt, des amitiés amoureuses, mais l'Impératrice indique qu'une personne a particulièrement attiré votre attention. Une histoire peut débuter.

❖ *Vous êtes en couple*

Fuyant la routine, vous aspirez à une certaine fantaisie au sein du couple. Vous avez besoin de parler, de confronter vos idées et vos points de vue. Les échanges intellectuels vous stimulent.

L'Impératrice, lame d'indépendance, figure également une relation qui vous laisse libre de vos mouvements et de vos choix de vie.

Complice plus que passionné, votre couple s'ouvre volontiers à la vie sociale. Vous cultivez un réseau amical de qualité et partagez de nombreuses sorties ou des activités culturelles.

Toujours en ébullition, parfois un peu dispersés, vous formez d'agréables projets à deux qui dynamisent encore votre union.

IIII. L'Empereur en position 1 (favorable à la question)

❖ *Vous êtes célibataire*

Vous apparaissez comme une personne mûre et de bon sens. Vous prenez le temps de nouer des liens amicaux ou affectifs, privilégiant la solidité des relations. Cette lame vous dote d'une certaine assurance et du désir d'assumer des responsabilités familiales.

En amour, l'heure n'est pas à la passion, mais plutôt à la recherche d'une union stable où vous tiendriez un rôle protecteur. D'une nature sensuelle mais exigeante, vous ne multipliez pas les rencontres. Vous avez jeté votre dévolu sur une personne qui semble apte à vous offrir un foyer rassurant et confortable.

❖ *Vous êtes en couple*

Vous êtes un pilier du couple. Si vous n'êtes pas adepte des démonstrations affectives, vous placez au-dessus de tout la fiabilité et la solidité des sentiments. Votre partenaire peut compter sur vous et sait que vous avez à cœur d'assurer le confort matériel de la famille. Votre tempérament protecteur et votre aptitude à maintenir la stabilité du foyer légitiment votre autorité.

Le sens des valeurs concrètes et l'organisation du quotidien nouent des liens solides. La relation se veut durable, construite autour du respect et de la transmission des valeurs traditionnelles. Un projet mûrement réfléchi engage la famille sur le long terme.

V. Le Pape en position 1 (favorable à la question)

❖ *Vous êtes célibataire*

Vous n'êtes pas de ceux qui papillonnent ou s'engagent à la légère. Pour vous, l'amour est une valeur importante, qui mérite que l'on s'y investisse. Votre expérience ou votre maturité vous permet d'aborder le monde des sentiments avec discernement, et vous pouvez préférer vous tourner vers une entente plus spirituelle que physique.

Le Pape évoque également une attitude bienveillante et généreuse envers l'entourage. Votre goût pour la transmission et votre capacité à concilier, à fédérer et à prodiguer des conseils utiles vous attirent des amitiés sincères.

Avec cette lame, une rencontre importante peut vous inciter à envisager le mariage ou une reconnaissance officielle.

❖ *Vous êtes en couple*

De tempérament responsable, vous abordez la vie à deux avec le recul serein que donne une certaine sagesse. Loin des passions brûlantes, vous aspirez à une entente calme et sincère. Le devoir et le respect de l'autre ne sont pas des vains mots, vous mettez un point d'honneur à tenir vos engagements.

En cas de conflit, vous cherchez la conciliation et trouvez les mots qui apaisent. Votre expérience ou votre maturité vous incite à l'indulgence et vous permet de ne pas vous laisser entraîner dans les agitations émotionnelles.

Sous la houlette du Pape, lame d'officialisation, vous pouvez envisager une légalisation de votre relation ou une demande d'adoption.

VI. L'Amoureux en position 1 (favorable à la question)

❖ *Vous êtes célibataire*

Cette lame confirme le contexte affectif. Elle évoque de nombreux contacts, d'agréables émotions, amicales ou amoureuses. Votre vie relationnelle est plaisante, les échanges sont faciles et harmonieux.

Vous charmez ou vous vous laissez séduire, le sens esthétique joue un rôle important dans les relations sentimentales. Vous suivez les élans de votre cœur, mais la période n'est pas vraiment tournée vers l'exclusivité amoureuse.

Même si vous avez fait une rencontre romantique, vous pouvez céder à d'autres attirances. Simple béguin ou grand amour, cette carte d'hésitation vous montre face à un choix.

❖ *Vous êtes en couple*

L'Amoureux insiste sur le besoin d'harmonie au sein de la relation. Vous aspirez à des échanges plaisants, à des prises de décisions conjointes, dans une ambiance d'écoute et de tolérance.

Une sensibilité et un sens esthétique partagés vous réunissent, l'atmosphère est romantique.

Le couple apparaît inscrit dans un monde social et amical, les contacts avec l'extérieur sont favorisés. Cette lame incarne le rapport à l'engagement et invite à s'interroger sur ce sujet. Que désire votre cœur ? Une autre personne aurait-elle réussi à le toucher ? Dans ce cas, un dilemme affectif troublant révèle une dualité intérieure.

VII. Le Chariot en position 1 (favorable à la question)

❖ *Vous êtes célibataire*

Vous tenez à votre indépendance, mais les sentiments passionnés ne vous font pas peur. En amitié comme en amour, vous aimez maîtriser la situation. Votre charisme et votre énergie en imposent, et vous déployez beaucoup de volonté pour atteindre et séduire la personne qui vous plaît. Vous l'abordez franchement pour mieux la connaître, et vous ne vous laissez pas arrêter par d'éventuelles rebuffades.

Avec le Chariot, l'amour se vit intensément; vous accordez une grande importance à l'aspect physique d'une relation.

Une histoire semble bien partie : vous vous lancez à corps perdu dans une liaison qui vous enthousiasme, votre situation affective évolue rapidement.

❖ *Vous êtes en couple*

Vous êtes un élément moteur du couple, et votre grande énergie dynamise la vie familiale. Enthousiaste et volontaire, vous combattez la routine en lançant des projets d'envergure. Un déménagement, un voyage ou même un enfant peuvent insuffler un nouvel élan à votre union.

Vos objectifs de couple sont clairement définis, et les obstacles ne vous découragent pas. En échange, vous entendez faire respecter votre indépendance et conserver une certaine autorité. Avec le Chariot, la passion physique a toute sa place dans la relation et peut influer sur sa qualité.

Si votre entente traverse des turbulences, vous savez vous positionner clairement et prendre des décisions. Dans tous les cas, cette lame dynamique offre la possibilité d'une évolution rapide.

VIII. La Justice en position 1 (favorable à la question)

❖ *Vous êtes célibataire*

Votre question n'est pas anodine, car elle reflète la nécessité d'un bilan. Avec la Justice, le moment est venu d'aborder votre vie affective avec réalisme, en évaluant clairement ce que vous en attendez et ce que vous pouvez obtenir. En amitié comme en amour, vous appréciez l'honnêteté et la fiabilité.

Vous savez mettre les choses au clair, surtout si vous vous interrogez sur l'avenir d'une relation étouffante ou bancale. Si vous avez fait une rencontre importante ou vivez déjà une histoire d'amour, une officialisation est sérieusement envisagée. Vous avez la possibilité de vous investir dans une union stable, reconnue par la société.

❖ *Vous êtes en couple*

Votre question est importante, car elle invite à faire un bilan de votre couple. Avec la Justice, vous tenez à une union équilibrée dans laquelle la raison prime et où chacun trouve sa juste place. Vous vous engagez dans la vie à deux en assumant vos responsabilités et en respectant la plus rigoureuse honnêteté.

Cet arcane révèle un souci de clarté, en particulier devant la société. Vous envisagez de légaliser votre relation si cela n'a pas encore été fait, vous discutez d'un contrat de mariage équitable ou vous vous lancez dans un achat important. Vous prévoyez une grossesse ou entreprenez des démarches légales pour adopter.

Si vous n'êtes plus à votre place dans le couple, cette lame d'ordre signale la fin de la relation, une séparation est vécue positivement.

VIIII. L'Hermite en position 1 (favorable à la question)

❖ *Vous êtes célibataire*

Votre tempérament sélectif vous éloigne des échanges superficiels. En amour comme en amitié, vous ne vous pressez pas d'établir des liens, car vous privilégiez la qualité et la profondeur des sentiments.

Avec l'Hermite, vous avancez prudemment sur le chemin de l'affection. La solitude ne vous déplaît pas, et vous prenez le temps de réfléchir à ce que vous attendez d'une relation.

Loin des flirts et des mondanités, vous fréquentez volontiers des personnes plus âgées ou plus mûres que vous. Vous n'entamez une histoire d'amour que si elle vous semble sérieuse. Dans ce cas, vous vous y investissez durablement.

Si vous sortez d'une rupture difficile, vous éprouvez le besoin de faire le point avec vous-même, dans le calme et la solitude.

❖ *Vous êtes en couple*

Votre pudeur cache la profondeur de vos sentiments. Tout en préservant votre indépendance, vous vous investissez avec sérieux dans le couple. Avec l'Hermite, vous assumez discrètement vos responsabilités. Vous construisez une entente profonde et durable, mais peu ouverte sur le monde.

La relation semble plus intellectuelle que charnelle, les habitudes y jouent un rôle important. Vous pouvez présenter une importante différence d'âge ou de maturité avec votre partenaire.

Avec cette lame de patience, vos projets familiaux vous engagent sur le long terme. Vous y réfléchissez longuement avant de les initier.

L'Hermite signale parfois la nécessité d'un détachement ponctuel favorisant une prise de recul. Un renoncement peut être choisi et assumé de façon très positive.

X. La Roue de Fortune en position 1 (favorable à la question)

❖ *Vous êtes célibataire*

L'amour est une aventure toujours renouvelée. La période est propice aux exaltations sentimentales comme aux coups de foudre amicaux.

Vous entamez un nouveau cycle qui modifie votre approche des relations affectives. Votre rapport à l'amour évolue, vous vous libérez d'habitudes de fonctionnement pesantes. Si vous sortez d'une histoire difficile, vous savourez votre liberté retrouvée.

La Roue de Fortune offre des opportunités enthousiasmantes. Le hasard et l'imprévu vous sont propices. Une rencontre surprenante se profile, un sentiment peut vous entraîner vers des sommets passionnels.

❖ *Vous êtes en couple*

Il y a du nouveau dans votre couple. L'ambiance est tonique et spontanée : vous changez vos habitudes, des possibilités d'évolution dynamisent votre union. Vous profitez pleinement des moments passés en famille, sans vous emprisonner dans des projets à long terme.

Un événement positif et inattendu peut modifier votre relation : vous entamez un voyage à deux, un déménagement s'annonce, une grossesse imprévue vous réjouit.

Vous exprimez vos sentiments sans contrainte et aimez séduire votre partenaire – entre autres… Dans un contexte plus turbulent, une nouvelle rencontre vous incite à reconsidérer votre couple.

XI. La Force en position 1 (favorable à la question)

❖ *Vous êtes célibataire*

En amour comme en amitié, vous voulez garder la maîtrise de la situation. Votre force de caractère plaît et suscite des attachements passionnés.

Vous avez confiance en vos qualités de séduction et montrez beaucoup de détermination à vous faire apprécier de la personne qui vous attire.

La Force évoque des sentiments ardents, mais canalisés. Vous ne vous laissez pas déborder par vos passions et savez vous engager tout en préservant votre autonomie.

Une rencontre peut susciter des sensations intenses, une relation établie semble solide. Si la confiance est réciproque, vous y puisez une grande vitalité.

❖ *Vous êtes en couple*

Au sein du couple, votre attitude est responsable et volontaire. Vous maîtrisez vos réactions et savez vous faire respecter sans trop céder à la tentation des rapports de force. Vous aspirez à une confiance mutuelle et recherchez un lien puissant qui ne menace pas votre indépendance.

L'entente se veut autant physique que sentimentale. Elle peut se fonder sur des plaisirs partagés, des intérêts matériels ou d'ambitieux projets familiaux.

Si votre relation traverse une crise, vous ne vous laissez pas arrêter par les difficultés et œuvrez pour trouver des solutions efficaces. En cas de turbulences importantes, vous conservez le contrôle de la situation pour prendre les décisions qui s'imposent.

XII. Le Pendu en position 1 (favorable à la question)

❖ *Vous êtes célibataire*

Votre vision des relations est invitée à se transformer notablement pour aller vers plus de douceur et de lâcher-prise. En ce sens, une épreuve affective peut être accueillie comme un événement salutaire.

Vous êtes sensible aux émotions et aux désirs de votre entourage. Mais quoi qu'il arrive, votre intuition vous conseille de ne pas vous engager trop vite. Vous attendez de mûrir, de vous détacher d'une relation antérieure ou de dépasser certains blocages avant d'entamer une nouvelle histoire.

Vous cultivez un sentiment platonique ou un amour caché ; vous attendez en confiance que l'autre se libère pour vous ; un sacrifice amoureux est librement consenti.

Avec le Pendu, l'amour s'ouvre à l'humanité tout entière. Vous pouvez vous dévouer à des causes philanthropiques et humanitaires, laisser votre cœur se déployer dans une dimension spirituelle.

❖ *Vous êtes en couple*

L'amour ne repose pas sur des intérêts matériels. Vos sentiments sont désintéressés, et votre dévouement peut parfois aller jusqu'au sacrifice. Si vous êtes loin de la personne aimée, un puissant lien énergétique ou spirituel subsiste.

La période n'est pas propice à l'activité, sauf s'il s'agit de poursuivre à deux des desseins humanitaires ou spirituels. Vous acceptez que les projets familiaux soient en suspens, surtout s'ils concernent le domaine concret. En revanche, si un enfant est en route vous l'attendez avec confiance.

Si votre relation connaît des épreuves ou marque une pause nécessaire, le Pendu signale que vous traversez une phase importante de votre évolution. Vous avez l'occasion de réfléchir et de changer votre regard sur la vie de couple.

XIII. L'Arcane sans Nom en position 1 (favorable à la question)

❖ *Vous êtes célibataire*

Cette lame intense signale un changement amical ou affectif radical. C'est la fin d'un cycle : vous vous libérez de certaines illusions sentimentales, votre rapport à l'amour se modifie profondément. C'est une étape déstabilisante, mais formatrice.

Avec l'Arcane sans Nom, vous refusez de faire semblant et vous vous dirigez vers des relations authentiques, plus adaptées à votre personnalité.

Une rupture (subie ou décidée) est une magnifique occasion de progression personnelle. La personne que vous aimez se libère pour vous ; vous rompez avec un passé pénible afin de repartir sur des bases nouvelles ; une rencontre importante met fin à votre célibat.

❖ ***Vous êtes en couple***

Un cycle s'achève, une décision importante affecte votre avenir commun. Tout ce qui n'était pas approprié ni absolument sincère doit disparaître au profit d'échanges authentiques.

Vos projets familiaux subissent un changement radical, un événement modifie favorablement la vie de couple, vous gagnez en lucidité en renonçant à vos illusions sur l'autre et sur vous-même.

Une action forte relance votre relation : vous effacez le passé afin de repartir sur des bases plus saines ; vous cessez d'accepter l'inacceptable, vous prenez votre autonomie.

Une rupture – temporaire ou définitive selon le reste du tirage – peut être envisagée. Si elle vous est imposée, c'est une libération qui vous est offerte. Sinon, vous vous dégagez pour retrouver votre indépendance. Dans tous les cas, ces expériences intenses ouvrent sur une profonde évolution personnelle.

XIIII. Tempérance en position 1 (favorable à la question)

❖ ***Vous êtes célibataire***

C'est le règne de la communication heureuse. Tempérance évoque un vaste réseau amical et des rencontres plaisantes dans une ambiance détendue. Vous aimez échanger autour de sujets divers, votre attitude modérée et conciliante favorise la sérénité des débats.

Avec cette carte, pas de passion déchirante, mais plutôt une sympathie réciproque et une chaleureuse solidarité. Des idéaux culturels ou philanthropiques provoquent un rapprochement, mais Tempérance peut aussi représenter les liens subtils qui se tissent entre les êtres au-delà des références communes.

Une rencontre amicale peut évoluer vers une agréable entente amoureuse. Des amis perdus de vue reviennent dans votre vie.

❖ *Vous êtes en couple*

La relation est plus amicale que passionnelle. Cet arcane évoque la solidarité, parle de confiance et de respect mutuels.

Le calme, la tolérance et la patience favorisent l'harmonie au sein du foyer, et vous savez désamorcer les conflits par la discussion ou des échanges plus subtils. Une crise a pu être l'occasion de régénérer votre union.

Des valeurs sociales, humanistes ou culturelles vous rapprochent. Votre vie sociale semble aisée et plaisante, vous aimez partager d'agréables activités en famille ou entre amis.

Tempérance incline à prendre le temps de la réflexion avant une importante décision. Un projet familial s'amorce sous de bons auspices ; vous conservez votre équilibre en toutes circonstances.

XV. Le Diable en position 1 (favorable à la question)

❖ *Vous êtes célibataire*

Le Diable symbolise le pouvoir et les passions. En amour comme en amitié, vous dominez le jeu sans craindre les confrontations… et parfois même en les recherchant. Votre magnétisme puissant attire et inquiète un peu.

Cette lame révèle l'importance accordée aux relations charnelles. Les échanges ne sont jamais tièdes, et vous consacrez beaucoup d'énergie à jouir de votre vie amoureuse. Vous ne reculez devant rien pour séduire la personne qui vous attire.

Le Diable évoque une rencontre avec un être envoûtant. Une liaison fait surgir la facette passionnelle de votre personnalité.

❖ *Vous êtes en couple*

Très intense, cette lame évoque des relations fortes et passionnelles où l'aspect physique peut occuper une place de choix.

Votre volonté vous permet d'asseoir votre pouvoir au sein du couple. Vous aimez garder la maîtrise des décisions et pouvez bénéficier d'une position financière bien supérieure à celle de votre partenaire. Dans certains cas, des intérêts matériels vous permettent de nouer des liens solides, des grandes ambitions vous rapprochent.

Cette lame puissante incline à s'écarter des schémas classiques. La tiédeur familiale est bousculée, des attitudes extrêmes déstabilisent parfois le ménage. Une liaison extraconjugale maîtrisée procure de grandes satisfactions sensuelles.

Si votre union traverse une période conflictuelle, vous avez les moyens d'assumer des rapports de force.

XVI. La Maison Dieu en position 1 (favorable à la question)

❖ *Vous êtes célibataire*

La Maison Dieu indique un trouble, une déstabilisation qui rejaillissent positivement sur votre vie amicale ou affective.

Votre vision de l'amour change brusquement, vous rompez brutalement avec un passé dans lequel vous vous enlisiez.

Sous le choc après une rupture brutale, vous vous libérez avec soulagement de liens étouffants et destructeurs. Un coup de foudre vous oblige à laisser tomber vos défenses, des obstacles à vos amours tombent brusquement. Vous rencontrez une personne joyeuse et imprévisible qui vous entraîne dans sa danse de vie.

Avec cette lame, un événement inattendu ou une soudaine prise de conscience vous incite à cerner les véritables raisons de vos choix affectifs.

❖ *Vous êtes en couple*

Un effet de surprise déstabilisant, une nouvelle inattendue remettent en question vos certitudes sur le couple. Avec la Maison Dieu, les barrières sautent. Des blocages qui menaçaient votre union s'effondrent brutalement, un changement de vie vous libère d'un lien qui vous étouffait et fragilisait votre entente.

Une crise de couple permet de faire avancer la situation. Une saine colère remet les choses à leur place, vous dites clairement son fait à votre partenaire. L'arrivée d'un enfant ébranle agréablement la relation.

L'irruption de l'inattendu, un déménagement soudain ou une rencontre passionnelle changent l'orientation de votre vie familiale.

Une rupture met fin à une situation qui s'enlisait. La décision est douloureuse, mais salutaire.

XVII. L'Étoile en position 1 (favorable à la question)

❖ *Vous êtes célibataire*

L'Étoile, lame de chance, adoucit votre tirage. Elle évoque une agréable vie sociale et affective. Sous sa houlette, vous vous entourez de personnes plaisantes et attentives, une confiance réciproque peut s'instaurer.

Votre charme et votre délicatesse séduisent, vous appréciez les ambiances paisibles favorables à votre épanouissement. L'Étoile évoque de nouvelles connaissances, qui apprécient votre sensibilité et partagent votre goût pour les arts et la beauté.

Une personne vous fait rêver et exalte votre créativité ; une amitié amoureuse s'épanouit ; votre intuition vous guide vers un tendre lien ; un sentiment romantique s'éveille en vous et peut évoluer très favorablement, mais à son rythme.

❖ *Vous êtes en couple*

L'Étoile vous offre sa protection, et sa délicatesse permet de tisser de tendres liens. La relation apparaît romantique et sentimentale, colorée d'une douce sensualité.

Un brin idéaliste, vous aspirez à maintenir une ambiance harmonieuse autour de vous. Vous avez l'intuition des gestes qui font plaisir, votre disponibilité et votre écoute sont mises au service de vos proches.

Des loisirs partagés, une vie sociale et amicale plaisante favorisent des échanges détendus. Des goûts artistiques ou esthétiques communs peuvent renforcer votre entente.

Cette lame de fécondité évoque également d'agréables projets familiaux, en particulier la conception d'un enfant.

Si votre union traverse des turbulences, vous savez rester optimiste et garder confiance en votre destin affectif, quel qu'il soit. Un sentiment secret vous fait rêver.

XVIII. La Lune en position 1 (favorable à la question)

❖ *Vous êtes célibataire*

La Lune favorise la popularité et accentue le besoin d'évoluer au sein d'un groupe protecteur, entouré de personnes affectueuses et compréhensives. Avec cette lame, vous avez peut-être conservé des liens solides avec vos amis d'enfance.

Vous abordez la vie amoureuse avec un imaginaire romantique. Si vous vous emballez facilement, recherchant les émotions fortes qui font battre votre cœur, vous aspirez aussi à la sécurité d'une entente tranquille… Vous évaluez les relations affectives à l'aune de vos traditions ou de vos références familiales.

Si vous venez de faire une rencontre, vous sondez votre cœur, mais songez sérieusement à fonder un foyer. Un enfant peut s'annoncer rapidement.

❖ *Vous êtes en couple*

Cette lame indique un attachement puissant à la famille et au foyer. Si la tendresse s'exprime à sa façon – parfois simplement par des attentions –, la sensibilité n'en est pas moins vive.

La Lune évoque l'amour du quotidien, les habitudes qui rassurent, l'aspiration à une vie de couple tranquille. Elle souligne l'importance des racines et des traditions. Cet arcane parle aussi d'un intérieur confortable et bien tenu. Le monde extérieur n'y a guère de place, car vous préférez évoluer dans un univers familier.

Des projets communs sont prioritairement dirigés vers l'amélioration du foyer, le bien-être ou l'agrandissement de la famille.

Si votre union traverse une période difficile, le vague à l'âme incite à se réfugier dans un univers plus rassurant. Mais si votre imagination vous entraîne trop loin, les rêves sont souvent recadrés par la réalité.

XVIIII. Le Soleil en position 1 (favorable à la question)

❖ *Vous êtes célibataire*

Avec cette lame rayonnante, la vie affective prend toute son importance. La qualité des sentiments vous importe par-dessus tout, votre cœur déploie des trésors de chaleur humaine et de générosité. Vous tendez aussi à vous entourer de personnes qui vous apprécient.

Le Soleil signale la capacité d'aborder l'amour comme l'amitié avec beaucoup d'enthousiasme. La confiance en soi et la volonté sont mises au service de ceux que vous aimez, et si un être vous plaît, vous lui exprimez chaleureusement votre intérêt.

Une rencontre exaltante vous permet d'envisager les joies de l'amour, vous connaissez des moments de félicité. Une relation vous comble, vous désirez faire connaître votre bonheur et le partager avec le plus grand nombre. Un mariage est envisagé.

❖ *Vous êtes en couple*

Cette lame lumineuse témoigne d'une relation épanouissante. Au sein du couple, vous vous comportez de façon responsable et généreuse. Vous adoptez volontiers une attitude protectrice et pouvez être amené à prendre en main la destinée de la famille.

Le Soleil favorise l'entente physique et sentimentale. Il montre votre aspiration à une union forte et harmonieuse, centrée sur la loyauté.

Cette lame sociale évoque aussi le plaisir de sortir et de présenter à la société une image idéale du couple. Un goût commun pour la beauté vous rapproche, une fête s'annonce.

Le Soleil encourage toute démarche créative commune, y compris la conception d'enfants.

Dans une période critique, cette lame peut indiquer qu'un autre amour vous réchauffe le cœur.

XX. Le Jugement en position 1 (favorable à la question)

❖ *Vous êtes célibataire*

Un changement inattendu et positif survient sans crier gare, vous êtes capable de l'accueillir avec une grande ouverture d'esprit. Un contact, un courrier ou un appel ont un impact important sur votre vie affective ou amicale. Vous retrouvez brusquement une personne perdue de vue, un être cher revient vers vous après une brouille.

Une amitié éclôt rapidement, la rencontre avec une personne libre et originale change votre regard sur la vie.

La révélation d'un secret éclaire vos choix et vos comportements affectifs. Des blocages sautent, vous vous libérez de chaînes trop lourdes, un coup de foudre modifie votre approche de l'amour, un jugement libère la personne que vous aimez.

❖ *Vous êtes en couple*

Votre regard sur votre union, et sur l'amour en général, change brusquement.

Une prise de conscience du fonctionnement de votre couple vous incite à réagir promptement. Dévoiler nettement votre point de vue estompe les doutes et éclaircit une situation. Un secret qui pesait sur la relation est enfin révélé et vous libère, vos rapports évoluent considérablement, un sentiment se régénère et revient sous une nouvelle forme.

Un événement rapide modifie l'orientation de votre union. Vous décidez de vous marier et de le faire savoir, l'annonce d'un enfant améliore agréablement votre entente, vous pouvez aussi aspirer à des rapports plus libres et moins conventionnels.

Si votre situation de couple était trop pesante, une révélation, une rencontre subite ou un coup de foudre font envisager une séparation.

XXI. Le Monde en position 1 (favorable à la question)

❖ *Vous êtes célibataire*

Cet arcane d'épanouissement évoque une agréable aisance relationnelle. Votre disponibilité et votre ouverture sur le monde favorisent les rencontres, vos qualités de cœur attirent un entourage varié et intéressant.

Vous vous sentez à votre place, bien intégré dans un groupe social ou amical chaleureux. Vous vivez des moments plaisants en lien avec l'étranger ou avec des personnes issues d'autres milieux, d'autres cultures.

Le Monde met l'accent sur les sentiments. Il évoque une rencontre hors des frontières, un amour venant d'horizons lointains ou simplement d'un univers totalement différent du vôtre. Cette lame heureuse et équilibrée signale aussi le couronnement d'un rêve amoureux.

❖ *Vous êtes en couple*

Le Monde signale une période agréable, favorable à des échanges de qualité. Les sentiments sont harmonieux et puissants, vous avez l'impression d'avoir rencontré l'âme sœur.

Votre épanouissement affectif s'appuie autant sur les relations familiales que sur celles que vous entretenez avec le monde qui vous entoure. Vous vous investissez avec plaisir dans votre vie sociale et amicale.

Votre couple est reconnu et apprécié. Une fête, un grand mariage ou la naissance d'un enfant peuvent couronner votre bonheur. Un voyage en tête à tête, la découverte commune d'horizons lointains ou la confrontation affectueuse de vos différences culturelles soudent également une union. Votre complémentarité vous enrichit.

Mais si votre relation bat sérieusement de l'aile, une rencontre peut vous ouvrir à d'autres perspectives amoureuses.

Le Mat en position 1 (favorable à la question)

❖ *Vous êtes célibataire*

Vous vous offrez la liberté de n'appartenir à aucun groupe. Les relations amicales ou affectives sont vécues sur un mode très personnel, sans concession.

Un regard original porté sur la vie favorise des rencontres inattendues, avec des êtres passionnants ; les liens sont agréables, mais parfois épisodiques. Vivant dans l'instant, vous ne vous fixez aucun objectif affectif particulier, vous souhaitez simplement vous dégager des schémas conventionnels pour vivre des amours inédites.

Avec cet arcane impulsif, vous pouvez vous libérer brusquement d'un lien trop contraignant et partir sans vous retourner. Une rencontre inattendue vous offre l'occasion de changer de vie, un sentiment envers un être anticonformiste vous surprend, une chance affective se saisit au vol, vous partez chercher l'amour au loin.

❖ *Vous êtes en couple*

Avec cet arcane de libre choix, votre approche de la vie à deux ne répond pas aux critères conventionnels. Vous aimez sortir des sentiers battus et inventer des rapports différents, basés sur la liberté et la fantaisie. Un mode de vie un peu marginal est assumé sans complexe.

Votre impulsivité, vos idées insolites ou vos déplacements fréquents vous affranchissent de la routine. La tendance est à l'insouciance, et les responsabilités familiales ne sont pas votre priorité du moment.

Avec cette lame, vous pouvez lancer sur un coup de tête un projet original qui allégera votre couple : déménager sans attendre, partir à l'aventure pour les vacances ou pour toujours.

Si la relation s'est avérée trop pesante, vous vous dégagez des contraintes pour savourer votre liberté. Un voyage au loin vous offre une pause salutaire.

I. Le Bateleur en position 2 (défavorable à la question)

❖ *Vous êtes célibataire*

Cette lame, essentiellement tournée vers la nouveauté, n'incite pas à prendre le temps d'approfondir une relation. Quelles que soient vos attentes, la stabilité amicale ou amoureuse n'est pas à l'ordre du jour.

L'impatience, l'irréflexion et le manque de persévérance fragilisent une histoire prometteuse. Une promesse affective tarde à se concrétiser, vous éprouvez quelques difficultés à respecter les vôtres. La séduction tous azimuts n'apporte rien de bien constructif.

Le Bateleur parle d'une aventure éphémère. Une nouvelle rencontre risque d'être décevante. Méfiez-vous des enjôleurs, ne donnez pas trop vite votre cœur ni votre confiance.

❖ *Vous êtes en couple*

Un projet de couple irréfléchi et sans cesse modifié tarde à aboutir, certaines initiatives sont mal comprises ou mal perçues. Une différence de maturité ou d'expérience dessert la relation. L'enthousiasme s'essouffle un peu, un des partenaires ne s'investit que partiellement ou se met exagérément en avant.

Dans certains cas, l'insouciance, la vantardise ou un manque de scrupules fragilise le couple. Les pirouettes, les mensonges et parfois l'inconstance instaurent un climat instable.

Un événement inédit nuit à votre entente : la perspective d'un enfant la déstabilise, une nouvelle rencontre la remet en question.

II. La Papesse en position 2 (défavorable à la question)

❖ *Vous êtes célibataire*

Le repli sur soi, même sous des apparences enjouées, empêche d'aller vers les êtres qui pourraient apporter le bonheur. Une crainte devant les sentiments profonds comme trop de retenue dans leur expression pénalisent les amitiés et les amours naissantes.

Indifférence, passivité ou timidité… l'engagement affectif est difficile pour l'instant. Un secret enfoui paralyse l'épanouissement amoureux.

Une personne qui vous intéresse vous oppose un mur de silence. Ne lui donnez pas d'emblée toute votre confiance, car elle pourrait dissimuler certaines informations importantes, par exemple un autre engagement affectif.

❖ *Vous êtes en couple*

Avec la Papesse, des difficultés peuvent se préparer dans l'ombre. La situation et les sentiments sont difficiles à cerner, il faut rester vigilant.

Dans certaines circonstances, la froideur, l'indifférence et un manque de communication font planer un malaise. La rancune, l'incompréhension et les non-dits s'installent. Il est difficile d'obtenir des explications franches, le silence est l'ennemi du couple. Un secret de famille est lourd à porter.

Un des partenaires peut cacher un désir de séparation, une liaison ou des problèmes financiers. Une grossesse est dissimulée ou altère la relation.

III. L'Impératrice en position 2 (défavorable à la question)

❖ *Vous êtes célibataire*

L'Impératrice pointe le risque de dispersion affective. L'amour apparaît comme un jeu, la séduction est intellectuelle et n'engage guère le cœur. Ce papillonnage n'encourage pas un enracinement affectif dans l'immédiat.

Une relation entamée peine à se stabiliser ou même à se concrétiser. Une personne qui compte pour vous ne donne plus de nouvelles ou élude les explications. Elle se révèle frivole et instable. Vous confondez une affection passagère ou une amitié appuyée avec le grand amour.

Refus ou incapacité de s'engager rendent les échanges superficiels.

❖ *Vous êtes en couple*

Des projets à deux sont fragilisés par manque de suivi ou d'implication sincère.

La vie sociale prend trop d'importance dans votre ménage ou pour l'un partenaires ; certains amis s'immiscent dans votre intimité.

Une relation basée exclusivement sur l'amitié ou l'intellect engendre des frustrations : des contraintes sont mal acceptées, un désengagement partiel est possible.

Dans certains cas, les caprices, les mensonges et les infidélités – réels ou supposés – déstabilisent le couple. Des divergences intellectuelles surgissent, la nervosité et l'agressivité verbale menacent. Les tentatives d'explication ne récoltent que des paroles évasives, les discussions tournent court ou provoquent des tensions. Le refus des émotions empêche un rapprochement affectif et physique.

IIII. L'Empereur en position 2 (défavorable à la question)

❖ *Vous êtes célibataire*

Des obstacles empêchent d'apprécier pleinement une relation amicale ou affective. Des amours débutantes sont fragilisées par des difficultés matérielles, pâtissent de différences sociales ou culturelles.

L'entêtement, la rancœur ou le refus de changer ses habitudes instaure une ambiance tendue ; vous avez l'impression que l'on vous impose des choix qui ne vous conviennent pas.

Des rapports de force ou un manque de souplesse dans les échanges génèrent blocages et incompréhensions. Des principes bien tranchés, des idées trop arrêtées et le refus du dialogue stoppent l'évolution d'un sentiment.

❖ *Vous êtes en couple*

Des projets communs rencontrent d'importants obstacles, des choix décisifs sont empêchés ou ajournés.

Les préoccupations concrètes prennent trop de place dans le couple, au détriment des sentiments. L'un des partenaires s'enlise dans des habitudes, l'ennui menace. Des valeurs sociales, matérielles ou culturelles sont source d'affrontement.

La relation peut souffrir d'autoritarisme, d'un manque de souplesse et d'un désintérêt pour les besoins de l'autre. Une soif de contrôle conduit à imposer une structure étouffante, les échanges sont bloqués pour l'instant.

V. Le Pape en position 2 (défavorable à la question)

❖ *Vous êtes célibataire*

Des incompréhensions minent les affections et les amours. Des orientations de vie différentes, des choix religieux ou philosophiques divergents, érigent des barrières. Des amis sincères s'éloignent momentanément.

Les apparences sont parfois trompeuses, une personne qui semble digne de confiance peut se révéler hypocrite et intéressée. Une relation tendre est entravée par la pudibonderie ou un souci excessif des convenances. Un être qui vous attire est engagé par ailleurs.

L'intolérance et le dogmatisme pèsent sur les échanges, se poser en autorité morale ne vous vaudra que des inimitiés.

❖ *Vous êtes en couple*

Avec le Pape, les différences ressortent nettement. Des divergences culturelles, religieuses ou politiques soulèvent quelques remous. L'intolérance et l'orgueil séparent les êtres.

Une attitude apathique ou trop raide empêche d'échanger simplement, un des partenaires joue les donneurs de leçon.

Un éloignement ou une absence de désir entraîne des frustrations. Des rancœurs se cristallisent, des mauvais conseillers et des intermédiaires douteux compliquent la situation au lieu de l'apaiser.

Si vous traversez une crise profonde, cette lame montre une difficulté à trouver un terrain d'entente. Des liens se dénouent, les conciliations sont remises en question, un mariage est retardé ou reporté, une procédure de divorce est envisagée.

VI. L'Amoureux en position 2 (défavorable à la question)

❖ *Vous êtes célibataire*

L'Amoureux fait apparaître des hésitations, vous concevez des doutes sur certaines relations amicales ou amoureuses. Un choix s'avère plus difficile que prévu, des amitiés qui paraissaient solides se révèlent superficielles, vous vous sentez exclu d'un groupe ou emporté dans son tourbillon émotionnel.

Une situation affective est incertaine, l'indécision et l'influençabilité génèrent un désordre sentimental.

Une personne qui vous plaît cerne mal ses sentiments et peine à s'engager. Les paroles et les attitudes sont trop mouvantes pour être vraiment sincères, le cœur est encore immature, un excès de sensibilité brouille les tentatives d'objectivité.

❖ *Vous êtes en couple*

L'Amoureux vous montre face à un dilemme affectif. Des engagements sont difficiles à tenir, un doute s'installe, la confiance est remise en question. Un des partenaires privilégie à l'excès la vie sociale, certaines personnes s'interposent dans votre couple et le fragilisent, des tentations surgissent.

Avec cette carte, une sensibilité exacerbée ne permet pas une évaluation objective de la situation, des choix importants sont éludés.

Des projets à deux sont flous ou mal pensés, ils souffrent du manque d'implication ou de l'immaturité d'un des partenaires. De mauvaises décisions mettent le couple en péril.

Dans des cas extrêmes, cette lame parle de trahison, de jalousie et de conflits amoureux. La relation est déstabilisée.

VII. Le Chariot en position 2 (défavorable à la question)

❖ *Vous êtes célibataire*

Une relation amicale ou amoureuse se heurte brusquement à des obstacles extérieurs. La colère, l'agressivité et le manque de contrôle émotionnel engendrent une ambiance conflictuelle éprouvante.

Un désir de stabilité est frustré, des blocages physiques ou psychologiques entravent l'évolution d'une entente prometteuse. Des déplacements fréquents, un éloignement géographique ou un déménagement compliquent une histoire d'amour.

Un partenaire ne fait que passer, une liaison passionnelle se révèle peu constructive, l'irréflexion conduit à des erreurs de choix, l'inconstance ou l'incohérence entraîne une relation dans la mauvaise direction.

❖ *Vous êtes en couple*

Un événement extérieur bloque un projet de couple et entraîne des frustrations. Des déplacements trop fréquents, un engagement professionnel extrême, un voyage ou un déménagement créent un éloignement.

Des rapports de force risquent de déstabiliser la relation. L'irrespect, la rigidité ou la tyrannie d'un des partenaires génèrent des conflits. La colère et l'agressivité remplacent les échanges constructifs.

Des blocages physiques ou psychologiques vous empêchent de vous retrouver pleinement. Une situation d'insatisfaction peut amener à se dégager de ses responsabilités familiales ou favoriser des aventures extraconjugales. Vos objectifs de vie divergent, votre couple fait une sortie de route.

VIII. La Justice en position 2 (défavorable à la question)

❖ *Vous êtes célibataire*

Un rendez-vous est manqué, une relation amicale ou affective vous cause une désillusion. La personne que vous appréciez est engagée par ailleurs, des problèmes judiciaires ou contractuels desservent vos amours, vous vous opposez à votre partenaire sur un contrat ou au sujet du mariage.

Avec la Justice, l'objectivité tourne parfois à la froideur, les échanges manquent de naturel, la sensibilité peine à s'exprimer, les attitudes semblent distantes, une rencontre tourne court. Trop de rationalité, de la rigidité et un comportement prévisible distillent un peu d'ennui.

Des litiges s'amorcent, les discussions sont tendues, des exigences excessives empêchent un sentiment naissant de s'épanouir. Cette carte met également en garde contre un manque de fiabilité et parfois d'honnêteté. Elle invite aussi à éviter les jugements trop durs, y compris envers vous-même.

❖ *Vous êtes en couple*

C'est l'indice d'une situation momentanément bloquée et déséquilibrée. Un projet de couple subit un retard, souffre d'un sentiment d'injustice. Vous devez faire face à l'intolérance, à des préjugés sociaux ou à des soucis administratifs.

Dans certains cas, l'ennui et la froideur vous éloignent. Les relations physiques sont insatisfaisantes, les rapports sont tendus, l'inflexibilité et le sectarisme vous séparent. C'est une surenchère de reproches injustes et de mauvaise foi, l'honnêteté n'est pas toujours au rendez-vous.

La personne qui vous fait face est déterminée et excessivement exigeante. Un accord est difficile à trouver, une séparation est envisagée. Votre partenaire vous attaque en justice, un divorce se profile. Vos droits parentaux peuvent être remis en question, une adoption connaît des complications.

VIIII. L'Hermite en position 2 (défavorable à la question)

❖ *Vous êtes célibataire*

L'évolution d'une relation affective ou amicale est sérieusement ralentie. Une différence d'âge ou de maturité freine le développement d'un sentiment, des obstacles extérieurs compliquent ou retardent une rencontre.

L'Hermite évoque la timidité, la méfiance et une excessive sélectivité. Des échanges pâtissent d'un comportement distant et d'un manque de spontanéité. Une personne qui vous plaît reste en retrait ou peine à exprimer ses sentiments.

Des blocages et des frustrations ne permettent pas l'abandon physique et sentimental, la solitude est pesante. Une déprime, un sentiment de rejet, une rupture mal vécue ou un chagrin toujours vif incitent au repli sur soi.

Avec cette lame, une vision pessimiste des relations humaines, une certaine indifférence et le désir de préserver sa tranquillité n'incitent pas à l'engagement.

❖ *Vous êtes en couple*

Avec l'Hermite, le temps joue contre vous. Un projet familial connaît un net ralentissement, des complications freinent l'évolution de votre relation, la conception d'un enfant est retardée.

Une différence d'âge, de goûts ou de maturité crée un décalage entre les conjoints. La présence d'une personne âgée fait obstacle à l'intimité, des soucis financiers pèsent sur le couple. Un travail trop prenant vous éloigne momentanément l'un de l'autre.

Les sentiments se refroidissent, le dialogue s'interrompt, vous souffrez de solitude. L'un des partenaires prend ses distances et refuse les échanges. L'ennui s'installe, le couple stagne, les relations physiques sont inexistantes ou frustrantes. La méfiance, la rancune ou l'avarice font peser une véritable chape de plomb.

X. La Roue de Fortune en position 2 (défavorable à la question)

❖ ***Vous êtes célibataire***

Une opportunité de rencontre vous échappe, une relation amicale ou affective n'aboutit à rien de concret, une personne envahissante vous oblige à fuir.

Un être qui vous plaît s'avère inconstant, versatile ou simplement en période de transition. Un déménagement ou de nombreux déplacements fragilisent une entente naissante. Une grossesse inattendue vous déstabilise.

Vous avez parfois l'impression de tourner en rond. Vous revivez une situation de votre enfance, vous fréquentez toujours le même type de personnes, vous refaites sans cesse les mêmes erreurs. Une situation affective instable vous frustre, un partenaire trop sérieux vous étouffe.

❖ ***Vous êtes en couple***

C'est un moment de déstabilisation. Un événement inattendu modifie la relation, un déménagement vous fait perdre vos repères. Vous êtes surpris par une rupture imprévisible, un coup de foudre ou un départ inattendu. Une passion extraconjugale est révélée à l'improviste.

L'insécurité matérielle, la dépendance au jeu ou une grossesse non désirée fragilisent votre entente.

L'instabilité, la bohème et les projets inaboutis donnent l'impression que la vie de couple tourne à vide. Vous vous opposez toujours sur les mêmes sujets et vous revivez sans cesse les mêmes problèmes relationnels.

XI. La Force en position 2 (défavorable à la question)

❖ *Vous êtes célibataire*

Un rapport de force menace une relation amicale ou amoureuse. Une personne que vous appréciez vous surprend par sa dureté ou son orgueil. La jalousie et la possessivité vous font souffrir, vous ne parvenez pas à vous détacher d'une liaison passionnelle sans avenir.

Une rencontre s'avère exclusivement physique, elle se vit au détriment de tout attachement sentimental.

L'impatience, l'irritabilité et l'abus de pouvoir menacent une entente. Les échanges se durcissent, la confiance se fissure, l'équilibre est rompu. Les rapports sont agressifs, les disputes éclatent, l'entêtement compromet un éventuel rapprochement.

❖ *Vous êtes en couple*

Un projet de couple rencontre d'importantes oppositions, vous devez affronter une personnalité puissante et dominatrice, un rapport de force est en votre défaveur.

Dans certains cas, le goût du pouvoir l'emporte sur les sentiments, l'ambiance se tend, des conflits d'intérêts divisent le couple. L'égoïsme et la colère conduisent à de lourds affrontements, une réconciliation est compromise par l'orgueil et l'entêtement.

Vos goûts sexuels vous séparent, la possessivité et la jalousie durcissent la relation. Des pulsions irrépressibles entraînent l'un des partenaires hors du foyer : une passion extraconjugale menace l'équilibre du couple.

XII. Le Pendu en position 2 (défavorable à la question)

❖ *Vous êtes célibataire*

Un projet amical ou affectif reste en suspens, une importante rencontre est reportée, une relation qui s'annonçait prometteuse stagne : vous êtes impuissant à faire évoluer une situation. Une personne qui vous plaît devient fuyante ou s'avère engagée par ailleurs. Les sentiments sont confus.

Mensonges et faux espoirs occasionnent des désillusions. Une fragilité psychologique attire des personnes intéressées.

Vous ne parvenez pas à vous défaire d'émotions et de comportements encombrants. La timidité empêche de faire les premiers pas, vos sentiments ne semblent pas partagés. Une déprime, des peurs ou des blocages ne permettent pas de s'engager plus avant. Des comportements sacrificiels, la soumission aux désirs d'autrui, vous emprisonnent dans des relations insatisfaisantes.

❖ *Vous êtes en couple*

Un projet de couple s'avère irréalisable pour l'instant : un souci matériel pèse sur votre union, des obligations paraissent particulièrement pénibles, un sacrifice semble inutile. L'indécision ou la déprime d'un des partenaires paralyse momentanément le couple, la relation est flottante.

Dans certains cas, le Pendu évoque une déception, une frustration. La fuite et le refus des réalités n'apportent rien de bon, les explications restent vagues, l'avenir semble flou.

Des promesses ne sont pas tenues, une trahison entraîne désillusion et tristesse, l'amour s'enfuit, vous vous laissez abandonner, vous subissez une situation pénible sans vous battre.

Vous êtes soumis à la volonté de l'autre et souffrez de ne pouvoir réagir.

XIII. L'Arcane sans Nom en position 2 (défavorable à la question)

❖ *Vous êtes célibataire*

Une situation affective connaît une modification radicale déstabilisante. Une rupture amicale ou amoureuse est à craindre.

Un deuil ou un échec empêche d'aller de l'avant et de s'ouvrir à l'amour. Un traumatisme n'a pas été surmonté, la crainte d'affronter son destin vous coupe d'un attachement ou bloque l'évolution d'une relation prometteuse.

Une difficulté à se remettre en question ou le refus d'abandonner ses illusions vous fait perdre du temps et de l'énergie.

Le passé vous emprisonne, vous ne parvenez pas à vous détacher d'une liaison sans avenir. Vous craignez le changement de vie qu'entraînerait l'amour.

❖ ***Vous êtes en couple***

Un changement radical vous inquiète, un projet familial échoue, un deuil ébranle votre union, vous ne parvenez pas à prendre une décision capitale pour la relation. L'un des partenaires vit une importante remise en question qui modifie l'équilibre du couple.

La fin d'un amour entraîne tristesse et mélancolie. Quelque chose s'achève définitivement, mais vous ne vous accordez pas sur la décision de rompre ou sur les termes de la séparation. Même si les sentiments ont disparu, une perte de repères est douloureuse. Vous luttez contre l'inévitable.

Cet arcane puissant évoque un risque de violences, de menaces ou de chantage. Ne vous laissez pas dépouiller.

XIIII. Tempérance en position 2 (défavorable à la question)

❖ ***Vous êtes célibataire***

Une relation amicale ou affective déçoit, une discussion vous ennuie, une rencontre n'aboutit pas, le contact avec une personne qui vous plaît est difficile à établir, une amitié peine à évoluer vers un sentiment plus tendre. Il est difficile de se détacher d'un groupe amical pour construire une histoire à deux.

Dans certains cas, une attitude en retrait, une timidité excessive ou un manque de souplesse vous desservent. L'égoïsme, l'inconstance ou les caprices génèrent des incompréhensions ou des conflits. Des émotions mal gérées empêchent d'échanger avec simplicité ; une passion qui s'amorçait devient tiède, l'être aimé ne ressent que de l'amitié à votre égard.

❖ ***Vous êtes en couple***

Un projet de couple est bloqué ou retardé, un désir d'enfant tarde à se concrétiser, vous peinez à établir un consensus sur un sujet familial, vos idéologies s'opposent et créent des tensions.

Des sorties trop fréquentes, des amis omniprésents, vous empêchent de vous retrouver et d'échanger sur des sujets importants. Le couple connaît une période d'instabilité, le désordre s'installe, la confiance s'effrite, un des partenaires n'éprouve plus que de l'amitié.

Entre froideur, désintérêt ou impatience, la communication passe mal. Des discussions dégénèrent, l'égoïsme remplace la solidarité, des agacements et des incompatibilités ressortent.

XV. Le Diable en position 2 (défavorable à la question)

❖ ***Vous êtes célibataire***

Une entente amicale ou amoureuse apparaît sous un jour plus sombre. Une personne que vous appréciez se révèle cynique ou malhonnête, l'ambiance est houleuse. Vous découvrez une manipulation ou un abus de pouvoir, la sincérité des sentiments laisse à désirer, la fascination pour l'argent ou le prestige brouille parfois les pistes.

Dans certains cas, vos attirances physiques vous entraînent dans des histoires sans avenir. Les sens vous égarent, vous acceptez des pratiques que vous regrettez ensuite. Une passion douloureuse vous enchaîne, votre partenaire n'est pas libre ou considère l'amour physique comme une fin en soi.

La sexualité est source d'angoisse. Montrer ses sentiments ou exprimer sa tendresse est considéré comme une faiblesse.

Attention, une personne au magnétisme irrésistible pourrait chercher à vous manipuler.

❖ ***Vous êtes en couple***

Une difficulté d'ordre matériel provoque d'importantes tensions ; un projet familial échoue momentanément, faute d'argent ; vous vous opposez sur un sujet financier ; l'un des partenaires déstabilise le budget du ménage.

La relation souffre de brouilles, de conflits ou de rapports de force. L'orgueil ou la manipulation mine le couple. Vous traversez des épisodes de passion destructrice, de jalousie exacerbée. L'infidélité réelle ou supposée, les échanges pervers et les excès ne laissent pas de place à la tendresse. Des liaisons extraconjugales sont envisageables.

Votre conjoint vous inquiète, vous subissez un harcèlement moral ou physique. Vous ne parvenez pas à vous détacher d'une relation douloureuse.

Cette lame n'exclut pas une rupture violente. Si vous vous affrontez lors d'un divorce, la prudence est de mise, car l'adversaire est sans scrupule.

XVI. La Maison Dieu en position 2 (défavorable à la question)

❖ ***Vous êtes célibataire***

Une dispute amicale ou amoureuse éclate sans raison apparente. Les réactions sont excessives et irraisonnées, le lien est mis en danger.

Une personne que vous appréciez se révèle imprévisible, et même explosive. Une désillusion brutale vous déstabilise et accroît votre émotivité. Une rupture survient sans explication, un départ sur un coup de tête pourrait être regretté par la suite. Un événement brusque modifie votre approche de l'amour.

Dans certains cas, un choc affectif douloureux empêche de nouvelles rencontres ou bloque l'évolution d'un sentiment prometteur.

Un amour s'écroule ou se heurte à de violentes oppositions de l'entourage.

❖ *Vous êtes en couple*

Le couple connaît brusquement un accident de parcours. Un problème important de logement, une perte de sécurité financière, la découverte d'une trahison ou tout autre choc lui fait perdre ses repères. La folie des grandeurs ébranle la situation matérielle du ménage.

Dans certains cas, de violentes disputes mettent la relation en danger, les rapports sont explosifs, une jalousie obsessionnelle sape la confiance.

La famille éclate, causant stress et déstabilisation. Une séparation, un divorce ou la perte d'un être cher survient sans crier gare.

L'un des partenaires présente un comportement irrationnel, parfois violent et destructeur.

XVII. L'Étoile en position 2 (défavorable à la question)

❖ *Vous êtes célibataire*

Avec l'Étoile, vous subissez une petite déception amicale ou affective. Une intuition malheureuse a entraîné de mauvais choix : une relation s'avère inconsistante, l'attitude d'une personne proche vous déçoit et vous frustre, votre entourage actuel ne vous convient pas ou ne vous comprend pas. Un être qui vous attire semble craintif ou perdu dans ses chimères. Vous n'osez pas vous approcher de la personne qui vous plaît.

Dans certains cas, vous vous illusionnez sur les sentiments et préférez les rêveries à la réalité. Vous vivez dans l'espoir d'une rencontre, mais la timidité ou la paresse retient toute initiative.

Votre naïveté attire des séducteurs peu scrupuleux, un amour romantique n'était qu'un caprice.

❖ ***Vous êtes en couple***

Un projet de couple n'évolue pas de façon satisfaisante, une occasion d'améliorer la relation vous échappe, la chance vous fait défaut, vos espérances amoureuses sont momentanément déçues, les idéaux se heurtent aux réalités de la vie à deux.

La passivité et l'attentisme sont de grands ennemis du couple : des frustrations font espérer mieux, les paroles sont évasives, des liens se dénouent sans provoquer de réaction notable.

Le refus d'affronter la réalité ou le besoin de préserver les apparences maintient une entente illusoire. La fuite dans les rêves ou dans la multiplication des contacts sociaux, une amitié amoureuse ou un simple fantasme menace le couple.

L'un des partenaires se désinvestit ou va chercher ailleurs douceur, détente et harmonie.

Une fertilité compliquée ou non désirée fragilise votre union.

XVIII. La Lune en position 2 (défavorable à la question)

❖ ***Vous êtes célibataire***

L'immaturité, le lunatisme ou le manque de contrôle émotionnel déstabilisent une relation.

Avec cette lame de confusion, une personne qui vous plaît doute de ses sentiments, se perd dans ses fantasmes ou se replie sur son confort. Des échanges prometteurs stagnent, une entente reste embryonnaire, vous subissez une déception affective. La déprime et la mélancolie empêchent un amour d'éclore.

Les sentiments varient au gré des caprices, des promesses ne sont pas tenues, la crédulité entraîne des désillusions. Des bavardages, des mensonges et des rumeurs vous nuisent.

Une ancienne liaison, le souvenir d'un amour de jeunesse ou des liens familiaux trop puissants ne permettent pas de s'investir dans la vie affective.

Un souci avec un enfant ou une grossesse vous perturbe, un passé refoulé pèse sur une relation, les traditions s'opposent à un amour. La personne que vous aimez a déjà construit un foyer ailleurs.

❖ *Vous êtes en couple*

L'irréalisme et la frilosité retardent l'aboutissement d'un projet familial, un objectif a été mal défini, une confusion entraîne des erreurs de choix. La mélancolie, l'immaturité ou les humeurs changeantes d'un des partenaires déstabilisent le ménage.

Dans certains cas, la confiance est rompue et la sincérité est mise en doute. Une imagination débordante alimente la jalousie. Une rivalité cachée, un foyer parallèle sont redoutés. La mauvaise foi, les mensonges ou les racontars minent le couple. Vous pouvez vous laisser entraîner dans un chantage affectif.

Des disputes naissent pour un rien. Un événement passé n'a pas été accepté, la famille et ses traditions pèsent sur la vie à deux. Vous fermez les yeux pour préserver vos illusions ou sauver les apparences.

L'horizon est trop étroit, le couple s'asphyxie, la vie familiale est étouffante. Une grossesse complique la relation, les enfants sont cause de soucis, un des partenaires ne s'investit que dans son rôle parental.

XVIIII. Le Soleil en position 2 (défavorable à la question)

❖ *Vous êtes célibataire*

Vous avez du mal à entrer en contact avec une personne qui vous intéresse. Un être attirant vous intimide ou se révèle engagé par ailleurs. Des fréquentations mondaines, socialement valorisantes, ne mènent à rien d'intéressant.

Vous vous laissez éblouir par les apparences, des flatteurs tentent de vous manipuler, vos sentiments vous aveuglent, vous confondez *aimer* et *admirer*.

La susceptibilité et l'égocentrisme empêchent une relation de s'épanouir, un projet d'union prend du retard. La communication affective passe mal, un amour est repoussé, une incompréhension mutuelle provoque une rupture. Si vous avez commis une erreur de jugement, acceptez d'affronter la réalité et de reconnaître vos torts.

❖ ***Vous êtes en couple***

Une officialisation de la relation est retardée, un projet de couple est freiné par des contingences extérieures, vous connaissez quelques divergences physiques et sentimentales, une différence de niveau social ressort, des goûts s'opposent. La tendance à mettre l'autre sur un piédestal empêche d'approfondir le lien.

L'un des partenaires prend toute la place, il apparaît égocentrique et dominateur ; la répartition des tâches et des responsabilités est inéquitable ; la protection tourne à l'infantilisation.

L'expression spontanée des sentiments est difficile, l'orgueil empêche les discussions sincères. Vous avez des avis différents sur la conception ou l'éducation des enfants.

Le couple repose avant tout sur les apparences, l'un des partenaires vit un autre amour, une procédure de divorce est en cours.

XX. Le Jugement en position 2 (défavorable à la question)

❖ ***Vous êtes célibataire***

Une amitié que vous pensiez indéfectible est subitement remise en question. De brusques volte-face, des propos excessifs et des attitudes irréfléchies sapent une entente. Vous subissez une désillusion affective ; vous découvrez que la personne qui vous plaît n'est pas libre ou vient de faire une rencontre.

Dans certains cas, une agréable relation est stoppée net par une révélation désagréable, des indiscrétions nuisent à un sentiment naissant. L'instabilité, l'impatience et la nervosité provoquent de brusques ruptures. Des commentaires déplaisants courent sur votre comportement.

❖ *Vous êtes en couple*

Avec cette lame, un projet commun est brusquement remis en question, une mauvaise nouvelle pèse sur le couple, un événement surprenant s'avère difficile à accepter, un changement indésirable produit un électrochoc.

Dans certains cas, une révélation sur votre conjoint vous surprend désagréablement, des calomnies vous perturbent, un secret que vous pensiez bien gardé est révélé sans ménagement. Des disputes éclatent, la surexcitation durcit les échanges.

Le couple traverse une crise, des tiers s'immiscent entre vous, un manque d'intimité nuit à votre relation. Votre conjoint a pris une décision importante sans votre accord, l'arrivée inattendue d'un enfant déstabilise votre union.

L'un des partenaires fait une rencontre qui change radicalement la situation, des engagements sont rompus, un divorce se profile.

XXI. Le Monde en position 2 (défavorable à la question)

❖ *Vous êtes célibataire*

Des projets amicaux ou amoureux prennent du retard, vous subissez une petite désillusion affective, une rencontre espérée subit un contretemps, une relation prometteuse semble stagner. Une amitié s'avère superficielle, vous éprouvez des difficultés à vous adapter à une autre culture, une personne qui vous intéresse paraît lointaine ou inaccessible, un voyage vous sépare temporairement d'un être aimé.

Dans certains cas, une impression de décalage ou de mise à l'écart induit un malaise. Vous ne vous sentez pas à votre place dans votre groupe amical ou social, une différence est difficile à assumer.

Se réfugier dans son monde isole des autres. À l'inverse, un excès d'assurance ou une attitude mondaine font perdre toute sincérité. L'investissement affectif est difficile, vous confondez une amourette avec un engagement profond, vous vous illusionnez sur les qualités d'une personne ou sur l'intérêt qu'elle vous porte.

Avec le Monde, tout n'est pas encore en place pour aboutir à une réussite.

Vous êtes en couple

Des projets de couple prennent du retard, un malentendu s'élève, un voyage vous éloigne momentanément, des différences culturelles nécessitent un ajustement, des dépenses excessives ou inconsidérées créent des tiraillements.

Dans certains cas, un manque d'investissement, des attitudes désinvoltes ou trop mondaines fragilisent votre union. Une importance excessive est accordée aux apparences, les plaisirs de la vie sont parfois recherchés en dehors du couple.

L'un des partenaires est au loin, perdu dans ses pensées, occupé par des affaires importantes ou en voyage. L'incapacité à s'expliquer et le refus des confrontations incitent à se réfugier dans son propre monde.

Un projet d'enfant est retardé ou entraîne un éloignement au sein du couple.

Le Mat en position 2 (défavorable à la question)

❖ *Vous êtes célibataire*

Avec cette lame follement instable, une relation amicale ou affective se révèle décevante, des amours prometteuses prennent l'eau, une personne qui vous plaît ne veut pas vous donner ce que vous attendez : elle refuse toute responsabilité, déménage ou part à l'étranger.

Une amitié ou un amour menace de s'interrompre brutalement, vous vous sentez rejeté ou prenez le large avant de subir un refus.

Dans certains cas, des engouements sans suite, des paroles irréfléchies et des attitudes trop entières découragent tout espoir de stabilité. Le Mat évoque une difficulté ou un refus d'engagement sentimental, toute contrainte afférente à une relation paraît inacceptable.

❖ *Vous êtes en couple*

De nombreuses absences, un déplacement à l'étranger ou des voyages trop fréquents ne permettent pas d'établir une réelle intimité. Une différence de maturité, un besoin irrépressible de liberté de l'un d'entre vous déstabilisent le couple.

Dans certains cas, les contraintes inhérentes à la vie à deux semblent trop lourdes. La relation souffre des extravagances et de l'individualisme d'un des partenaires. Le foyer et la famille sont désorganisés. L'indifférence aux attentes de l'autre, la négligence et le manque d'investissement mettent momentanément le ménage en déroute.

Des attitudes irresponsables, un départ soudain, une trahison ou une rupture inattendue vous insécurisent *au singulier ?* et vous placent dans une situation délicate.

I. Le Bateleur en position 3 (le conseil)

❖ *Vous êtes célibataire*

Si le destin vous met face à une situation affective inédite, abordez-la avec enthousiasme et simplicité. Le Bateleur vous incite à découvrir ou à retrouver la fraîcheur des sentiments.

Une personne très différente de celles que vous fréquentez habituellement peut croiser votre chemin. Si elle vous plaît vraiment, oubliez vos préjugés et ne réfléchissez pas trop. Ouvrez votre cœur et relevez ce défi amoureux en toute spontanéité. Vos initiatives joueront en votre faveur.

Soyez optimiste, voyez le monde relationnel comme une aventure exaltante. Ne refusez pas d'emblée les occasions de nouer une relation amicale ou plus tendre.

❖ *Vous êtes en couple*

Voyez que vous avez tous les atouts en main pour développer positivement votre vie affective. Avec le Bateleur, votre union peut retrouver sa fraîcheur. Regardez votre partenaire d'un œil neuf, évaluez le potentiel de votre couple. Des initiatives permettront de le raviver ou de résoudre d'éventuels blocages. Quoi qu'il arrive, considérez la situation actuelle comme un défi à relever et une opportunité de renouveau.

Cette lame vous incite à trouver une certaine légèreté au sein de la relation, il est temps d'établir des rapports plus libres et plus ludiques. Ne vous contraignez pas, exprimez-vous avec une spontanéité souriante, soyez optimiste et confiant, adaptez-vous sans vous soumettre.

S'il est nécessaire d'opter pour une nouvelle direction, ne vous dérobez pas. Une rencontre peut vous faire connaître un renouveau sentimental.

II. La Papesse en position 3 (le conseil)

❖ *Vous êtes célibataire*

Avec la Papesse, des événements affectifs peuvent se mettre en place à votre insu. Ne forcez pas le destin, attendez que les sentiments mûrissent avant de les dévoiler. Cette lame vous conseille d'écouter votre intuition et de prendre conscience que la plupart des réponses sont en vous.

Faites preuve de discrétion, ne bavardez pas étourdiment et ne divulguez pas les secrets qui vous sont confiés. Restez en retrait, mais ne confondez pas modestie et dépréciation.

Une personne prudente et sage peut vous prodiguer des conseils utiles. Écoutez-les avec attention, même s'ils semblent un brin trop sérieux.

❖ *Vous êtes en couple*

La Papesse domine le jeu. Elle vous incite à adopter une attitude active, mais retenue au sein de votre couple. Cultivez votre jardin secret, ne parlez qu'à bon escient et laissez-vous guider par votre intuition.

Inutile de faire des efforts de séduction, la période n'est pas propice aux débordements sensuels. Mieux vaut faire bénéficier votre partenaire de votre capacité d'écoute, de votre patience, de vos discrètes attentions et de vos conseils bien sentis.

Avec la Papesse, le moment est bien choisi pour mûrir un projet de couple, en particulier une grossesse.

Si votre ménage traverse une passe difficile, gardez-vous des déclarations péremptoires et des décisions hâtives. Profitez-en pour méditer et réfléchir sur les non-dits ou les silences qui vous séparent. Une personne d'expérience ou un thérapeute pourrait vous conseiller efficacement.

Ne refusez pas la douceur que pourrait vous apporter une affection secrète.

III. L'Impératrice en position 3 (le conseil)

❖ *Vous êtes célibataire*

Montrez-vous, retrouvez des amis, souriez, et vous ne le regretterez pas. L'Impératrice conseille de multiplier les contacts et les sorties en plaisante compagnie.

Assistez à des conférences ou à des débats culturels, allez au cinéma et agrandissez votre cercle amical. Votre intelligence et votre esprit pétillant vous permettront d'engager des discussions passionnantes, prémices d'autres échanges de qualité.

Si une personne vous plaît vraiment, n'hésitez pas à entamer la conversation ou à lui envoyer un message pour lui proposer une promenade, un restaurant…

Si vous souffrez de solitude, faites-le savoir autour de vous. Une agence matrimoniale traditionnelle ou un site sérieux de rencontres en ligne peuvent vous réserver d'excellentes surprises.

❖ *Vous êtes en couple*

L'Impératrice vous incite à jouer la carte de la complicité avec votre partenaire. Des projets communs, des activités ludiques permettront d'instaurer ou de retrouver une relation légère et détendue. Pourquoi ne pas organiser un petit voyage d'agrément, quelques sorties plaisantes, ou simplement partager des moments de détente avec des amis ?

Si le dialogue est difficile, n'hésitez pas à vous écrire des petits mots, à tenter un rapprochement téléphonique ou électronique. Un peu de distance facilite parfois les échanges. Cette lame évoque aussi l'aide d'une personne médiatrice, professionnelle ou non, capable d'aider à rétablir la communication.

IIII. L'Empereur en position 3 (le conseil)

❖ *Vous êtes célibataire*

Cette lame incite à vous montrer fiable et fidèle envers ceux que vous appréciez.

Pour trouver l'âme sœur, l'Empereur conseille de renoncer aux flirts et à toutes les variantes du papillonnage. Si vous rencontrez une personne qui vous plaît, faites preuve de bon sens et de maturité. Oubliez les rêveries, les fantasmes ou les spéculations hasardeuses. Acceptez l'idée de vous établir dans une union stable et de bâtir un avenir à deux.

Si une relation commence à prendre forme, accompagnez le mouvement sans le presser et montrez votre sens des responsabilités. Votre solidité et votre implication seront de précieux atouts.

❖ *Vous êtes en couple*

Le moment est venu de faire des choix concrets pour asseoir la relation et la pérenniser si ce n'est pas encore le cas. Votre volonté peut peser sur les événements et faire aboutir des projets de couple. L'Empereur vous incite à prendre des décisions qui concernent votre avenir commun.

Avec cette lame de stabilité, il est important de vous investir dans votre foyer et de passer du temps en famille. Montrez-vous solide et responsable, faites preuve d'un brin d'autorité si c'est nécessaire.

Si la relation est en crise, gardez votre sang-froid et envisagez le problème avec pragmatisme. Restez réaliste, n'attendez pas de l'autre des attitudes qui ne lui ressemblent pas, mais estimez ce que vous pouvez faire pour récupérer la situation.

V. Le Pape en position 3 (le conseil)

❖ *Vous êtes célibataire*

Le Pape vous propose de porter un regard indulgent sur votre vie amicale et sentimentale. Vous réconcilier avec vous-même, assumer votre histoire personnelle et percevoir vos expériences comme une source d'enrichissement favorisera votre évolution personnelle. Un ami averti, dont vous appréciez les conseils, pourrait vous guider dans cette voie.

Pour trouver un équilibre affectif, le Pape propose d'oublier les idées romanesques, les passions échevelées ou les flirts à répétition pour privilégier les valeurs d'échange et de respect.

Tournez-vous vers une personne d'expérience qui partage vos convictions morales et spirituelles. Une philosophie de vie commune est un excellent socle pour construire un avenir serein.

Si vous vivez déjà une relation stable et satisfaisante, pensez à une officialisation.

❖ *Vous êtes en couple*

Au sein de votre couple, montrez-vous à la fois diplomate et moralement irréprochable. Avec le Pape, la tolérance et l'indulgence sont requises. Respectez les engagements personnels ou spirituels de votre partenaire, et retrouvez-vous sur des goûts et des valeurs communes qui scelleront votre entente.

Avec cette lame très bien intégrée dans la société, il est temps d'envisager une officialisation de votre relation si tel n'est pas encore le cas.

Si un conflit vous oppose, cherchez un appui solide qui permette à votre union d'évoluer positivement. Un conseiller conjugal ou un ami avisé peuvent aider utilement à renouer le dialogue. Si la situation est très dégradée, évitez les querelles inutiles en cherchant sincèrement un terrain d'entente pour établir les modalités d'une éventuelle séparation.

VI. L'Amoureux en position 3 (le conseil)

❖ *Vous êtes célibataire*

Ne restez pas seul, passez du temps avec vos amis et cultivez votre vie sociale sans vous montrer excessivement élitiste. Déployez toutes les ressources de votre charme, et votre amabilité favorisera des rencontres prometteuses.

Ne vous obligez pas à faire un choix affectif si ce n'est pas nécessaire. Dans le cas contraire, sachez que la solution est en vous. Votre cœur connaît la réponse, et c'est en accédant à la vérité de vos sentiments que vous prendrez la bonne décision.

En attendant, ne cherchez pas à forcer le destin, faites le point sur vos véritables désirs et votre capacité d'engagement. Assumez votre sensibilité et reconnaissez votre approche personnelle des relations, de l'amour et du couple. L'Amoureux vous incite à clarifier vos aspirations dans ce domaine.

❖ *Vous êtes en couple*

Ne négligez pas la personne aimée, faites-lui partager vos envies et vos projets. Exprimez-lui vos sentiments par de tendres attentions. Si nécessaire, usez de votre délicatesse, de votre diplomatie et de votre sens relationnel pour apaiser l'ambiance. Un goût partagé pour l'art et la beauté peut également rapprocher vos sensibilités.

Si vous hésitez devant une décision importante pour le couple ou si vous êtes face à un dilemme affectif, ne vous précipitez pas pour faire un choix qui semble délicat. D'ailleurs, devez-vous vraiment choisir ?

Avec l'Amoureux, vous pouvez faire face à la valeur de vos engagements, mais vous devez surtout écouter votre cœur. Peut-être vous incitera-t-il à changer de voie… ou pas.

VII. Le Chariot en position 3 (le conseil)

❖ *Vous êtes célibataire*

Le Chariot, lame passionnée, incite à aller à la rencontre des autres avec assurance et enthousiasme.

En amour comme en amitié, définissez clairement vos attentes et vos désirs. Si une personne vous plaît, partez à sa conquête sans plus attendre. Pour établir le contact, misez sur votre détermination souriante et n'hésitez pas à vous déplacer. Vos élans seront bien perçus si vous vous intéressez sincèrement à vos interlocuteurs.

Si une situation tarde à se débloquer, le Chariot vous encourage à prendre rapidement les initiatives qui la feront évoluer. Sinon, passez à autre chose.

❖ *Vous êtes en couple*

Cette lame de décision et de fermeté vous conseille de définir des objectifs par rapport à la relation et de vous y tenir. Investissez-vous concrètement dans votre couple, cultivez la passion tout en préservant votre indépendance. Faire du sport ensemble, sortir plus souvent, bouger, déménager ou même concevoir un enfant bouscule la routine et permet de partager d'enthousiasmants projets.

Si des blocages s'opposent à votre entente, vous pouvez bénéficier d'une intervention extérieure positive, mais cette lame recommande de ne compter vraiment que sur soi.

Si votre union traverse une crise, ne vous découragez pas et montrez le désir sincère de triompher des difficultés. Un éloignement provisoire peut vous permettre de redéfinir clairement vos attentes affectives et d'en tirer les conclusions qui s'imposent.

VIII. La Justice en position 3 (le conseil)

❖ *Vous êtes célibataire*

C'est le moment idéal pour faire un bilan objectif de votre situation affective. Soyez logique : cernez vos attentes profondes et vérifiez si votre comportement est en accord avec vos aspirations. En analysant vos actes, vous en percevrez mieux les conséquences.

La Justice vous incite à accepter que vous ayez votre part de responsabilité dans l'évolution de votre vie amicale ou amoureuse.

Avec cette lame très droite, évitez les situations ambiguës. Prenez des décisions claires et tournez-vous vers les personnes qui vous procureront un réel équilibre affectif.

Si vous vivez déjà une histoire d'amour solide, vous pouvez penser à l'officialiser.

❖ *Vous êtes en couple*

La Justice, qui regarde en face, vous incite à faire un bilan de votre relation. Si celle-ci vous satisfait, acceptez de faire les efforts nécessaires pour préserver sa stabilité. Comportez-vous avec loyauté et veillez à une répartition équitable des tâches et des dépenses. Cette lame invite aussi le couple à tenir compte des règles sociales sans en être dupe.

Si votre entente s'avère problématique, il est nécessaire d'affronter la situation avec objectivité et d'admettre votre part de responsabilité. Dépassionner le débat permettra de prendre les bonnes décisions.

La Justice conseille également d'entreprendre des démarches légales : mariage, modification de contrat, adoption (si tout va bien) ou rupture d'engagement (dans le cas contraire). Une situation plus juste et plus équilibrée pourra alors se mettre en place.

VIIII. L'Hermite en position 3 (le conseil)

❖ *Vous êtes célibataire*

Un peu de solitude ne peut vous être que profitable. Extrayez-vous du tourbillon de la vie, acceptez de vous poser pour réfléchir à l'importance que vous accordez à l'amitié ou à l'amour.

L'Hermite, symbole de lenteur, conseille de vous méfier des coups de foudre et d'éviter les engagements précipités. Si vous avez fait une rencontre, prenez le temps de bien connaître la personne avant d'aller plus loin. Faites bon usage de votre expérience et sachez que le temps est votre allié.

Cette lame incite à ne compter que sur soi, mais ne refusez pas d'écouter les conseils d'une personne plus âgée ou plus expérimentée. Avec l'Hermite, un renoncement affectif peut s'avérer juste et nécessaire.

❖ *Vous êtes en couple*

Ne marquez pas trop d'impatience, il est important de prendre le temps d'approfondir et de consolider votre union. Évitez les paroles superflues et les grandes démonstrations, soyez sobre.

Si la relation est en péril, ne vous pressez pas de prendre des décisions irrévocables. Un moment de solitude vous permettra de faire le point sur votre couple. Cette carte d'introspection vous propose de réfléchir à vos attentes et à votre investissement, ainsi qu'aux efforts que vous êtes prêt à faire. Redéfinissez vos engagements et analysez lucidement les rôles et les attitudes de chacun.

Une personne sage et plus mûre peut vous dispenser des conseils pertinents qui éclaireront votre chemin. C'est le moment d'affiner vos choix et de prendre votre indépendance. Avec l'Hermite, un renoncement n'est pas à exclure.

X. La Roue de Fortune en position 3 (le conseil)

❖ *Vous êtes célibataire*

Si des opportunités de changement affectif s'offrent à vous, saisissez-les sans attendre. Arrêt d'une relation pesante, rencontre fortuite, amitié inattendue, départ impromptu en amoureux… Renouvelez-vous, ne recommencez pas les mêmes erreurs, entamez un nouveau cycle de vie.

Montrez-vous enthousiaste devant les changements que vous offre le destin. Vous pouvez aussi les initier en vous montrant dynamique et entreprenant.

La Roue de Fortune, carte extravertie, vous invite à exprimer vos sentiments et à libérer votre fantaisie. Ayez confiance en vous, profitez des joies de la séduction et laissez-vous emporter par la passion.

Si vous avez souffert d'une histoire douloureuse, le moment est venu de tourner la page pour retrouver le plaisir d'aimer à nouveau.

❖ *Vous êtes en couple*

Vivez votre union au jour le jour en exprimant librement vos sentiments. Laissez votre spontanéité vous inspirer des initiatives et amorcer des changements qui la dynamiseront.

Avec la Roue de Fortune, une opportunité de déménagement, un voyage impromptu, la révélation d'une nouvelle relation ou une grossesse inattendue peuvent également modifier vos rapports.

Adaptez-vous avec enthousiasme et accueillez les événements qui surviennent comme autant d'occasions de renouveler votre vie affective.

Si la situation de couple ne vous convient pas, cessez de ressasser les mêmes problèmes et vivez pour vous. Si c'est nécessaire, acceptez de tourner la page.

XI. La Force en position 3 (le conseil)

❖ *Vous êtes célibataire*

En amour comme en amitié, conservez votre indépendance. N'attendez pas des autres qu'ils comblent vos manques et compensent vos faiblesses. La Force, lame de ténacité et de maîtrise, exhorte à prendre son destin en main.

Si une personne vous plaît, usez de votre magnétisme et assumez cette attirance. Ayez confiance en votre séduction, ne craignez pas de vous engager physiquement. Votre intelligence de la situation et votre maîtrise pourraient influencer favorablement les événements.

Cette lame, rigoureuse et responsable, vous invite également à gérer votre force de caractère afin de vous comporter au mieux envers ceux qui croisent votre chemin.

❖ *Vous êtes en couple*

La Force domine votre tirage et signale que vous avez les moyens de faire face à la situation. Avec cette lame, la détermination et la ténacité sont requises, en particulier si votre couple connaît des difficultés. Elle encourage également le discernement qui évite de s'acharner sur des projets sans avenir.

Au sein de la relation, votre force de caractère peut vous permettre de vous imposer et de vous faire respecter, à condition de ne pas vous laisser dépasser par la colère et l'orgueil, mauvais conseillers. Cette lame puissante vous recommande aussi d'assumer largement votre part de responsabilités, sans abuser d'une situation dominante.

Avec la Force, vous pouvez resserrer vos liens autour d'un objectif matériel ambitieux. Partagez plaisirs et divertissements, pratiquez un sport qui vous rapproche et valorisez votre entente physique.

XII. Le Pendu en position 3 (le conseil)

❖ *Vous êtes célibataire*

Vous n'avez pas de prise sur les événements pour le moment : si une situation affective ne vous convient pas, il est inutile de vous révolter ou d'espérer forcer le destin. Le Pendu signale que vous traversez une période nécessaire à votre évolution requérant souplesse et acceptation.

Comme le personnage tête en bas, abordez la réalité sous un angle différent. Vous développerez une approche personnelle, libre de tout conditionnement. Un retour sur votre passé pourrait aider à comprendre la cause de certains blocages et permettre d'abandonner certaines illusions. C'est une proposition de lâcher-prise, un sacrifice peut s'avérer nécessaire pour sortir d'une impasse.

Le Pendu, lame de désintéressement, vous incite à la compassion, y compris envers vous-même. N'hésitez pas à vous dévouer pour une cause qui vous dépasse.

❖ *Vous êtes en couple*

Le Pendu conseille d'accepter la situation en cours et de ne pas vous opposer à l'évolution de votre relation. Actuellement, il serait inefficace – et même néfaste – de résister aux événements et de chercher à imposer vos désirs.

Cette lame invite à faire preuve d'introspection, à porter un regard différent sur votre couple et vos attentes affectives. Reconnaissez vos erreurs, acceptez vos responsabilités et ne refusez pas de voir les évidences.

Il est probable que vous deviez laisser tomber certains liens, abandonner des convictions et des illusions, ou même consentir à un sacrifice. Ne donnez pas la priorité à vos intérêts personnels.

Remettez à plus tard les projets et les décisions de couple importantes. Faites preuve d'écoute et de réceptivité à l'égard de votre partenaire.

XIII. L'Arcane sans Nom en position 3 (le conseil)

❖ *Vous êtes célibataire*

Cette lame, qui n'est pas de tout confort, donne l'occasion d'oublier les idées reçues et de se libérer des entraves du passé. Avec l'Arcane sans Nom, seules la vérité et l'authenticité peuvent subsister.

Cet arcane radical vous engage à transformer votre approche de l'amour. Détachez-vous des souvenirs et des amours trop encombrants, n'acceptez plus les relations médiocres et oubliez vos illusions sur le partenaire idéal. Définissez vos propres critères de choix, en dehors de toute référence sociale ou familiale.

Avec l'Arcane sans nom, vous pouvez être acteur de votre libération. En amorçant des changements radicaux, vous vous ouvrez à un avenir plein de promesses. Une affection pourra naître sur des bases nouvelles et plus saines.

❖ *Vous êtes en couple*

Votre rapport au couple doit se transformer radicalement. Prenez conscience de la qualité de votre relation et de la place que vous y occupez, et accompagnez un changement nécessaire en dissipant les malentendus et les ambiguïtés.

Un projet à deux doit être abandonné pour l'instant. N'hésitez pas à mettre un point d'arrêt à la routine, à balayer certaines habitudes ou à refuser des inégalités.

Des décisions nettes s'imposent, et si votre situation actuelle a atteint un point de non-retour, il n'est plus temps de conserver les apparences.

L'Arcane sans Nom vous conseille de vous libérer des entraves du passé, du conformisme et des idées reçues. Acceptez de traverser une période déstabilisante pour aller de l'avant. Vous pourrez repartir sur de nouvelles bases avec votre partenaire ou une autre personne.

XIIII. Tempérance en position 3 (le conseil)

❖ *Vous êtes célibataire*

Tempérance incite à privilégier la vie relationnelle. Contactez vos amis, participez à des activités de groupe ou utilisez des réseaux sociaux de qualité pour faire de nouvelles rencontres. Intégrez une association humanitaire, politique ou culturelle qui défend un idéal auquel vous êtes sensible. Vous vous ouvrirez à un vaste univers de solidarité.

Cette lame de sympathie réciproque favorise les amitiés sincères. Montrez-vous adaptable, approchez les gens sans *a priori* et acceptez de les écouter avec le cœur. Ne faites pas peser vos soucis sur votre entourage et recherchez des échanges de qualité qui peuvent vous apporter un soulagement.

Si un conflit vous perturbe, Tempérance prône une attitude intelligemment conciliante. En toutes circonstances, votre intuition est bonne conseillère.

❖ *Vous êtes en couple*

L'ange de Tempérance domine le jeu et incite à développer votre complicité en misant sur des échanges de qualité. Partagez des activités et des sorties plaisantes, retrouvez-vous sur des idées ou des goûts communs.

L'ouverture d'esprit et la compréhension facilitent le dialogue. En cas de conflit, adoptez une attitude souple et modérée. Écoutez attentivement les arguments de votre partenaire et exposez posément les vôtres. Si c'est nécessaire, acceptez d'assouplir votre position.

Avec Tempérance, un arrangement est presque toujours possible. Suivez votre intuition et gardez l'espoir. Une passion peut se muer en amitié tendre.

Si vous devez prendre une décision cruciale, offrez-vous le temps de la réflexion. Les projets de couple doivent avancer à leur rythme, ne pressez rien.

XV. Le Diable en position 3 (le conseil)

❖ *Vous êtes célibataire*

Le Diable, qui domine votre tirage, vous conseille de faire preuve d'audace dans votre vie amicale ou amoureuse. Si une personne vous intéresse, comptez sur votre ténacité et votre magnétisme pour l'attirer. Mais si une relation prend un tour qui ne vous convient pas, faites-le savoir sans détour et défendez votre point de vue.

Cette lame incite également à jouir de la vie et de ses plaisirs. Ne refusez pas une rencontre qui pourrait vous faire connaître une expérience physique inoubliable. Vivez ces moments avec intensité, accueillez la passion qui brûle en vous en acceptant que l'argent fasse éventuellement partie de l'arrangement.

Attention, le Diable reste une carte ambivalente, ne vous prenez pas au jeu des rapports de force et veillez à ne pas devenir l'esclave de vos instincts.

❖ *Vous êtes en couple*

Avec le Diable, vous avez tout intérêt à notifier clairement votre volonté. Faites-vous respecter, évitez les concessions inutiles et prenez la maîtrise de la situation. Ne cherchez pas les conflits, mais ne les fuyez pas : vous avez les moyens d'y faire face. Ils sont autant d'occasions de mettre les choses au point et d'afficher votre autorité.

Affirmez vos désirs, y compris dans les domaines physique et matériel, et invitez votre partenaire à vous rejoindre. En sortant des sentiers battus, votre vie de couple pourrait retrouver une intensité perdue. Si vous vivez une passion secrète, celle-ci peut vous permettre de faire le point sur vos attentes conjugales.

Si votre ménage connaît un souci d'ordre matériel ou financier, vous ne trouverez une solution qu'en saisissant le problème à bras-le-corps.

XVI. La Maison Dieu en position 3 (le conseil)

❖ *Vous êtes célibataire*

La Maison Dieu a une valeur d'avertissement. Elle signale que la rigidité, l'orgueil et la mauvaise évaluation de vos qualités risquent de vous confronter à des expériences relationnelles déstabilisantes. Si vous subissez un choc ou une rupture, réagissez avec souplesse et n'hésitez pas à faire votre autocritique.

Si l'inattendu pénètre dans votre vie, accueillez ce qu'il apporte de révélation, de libération ou de prise de conscience.

Laissez-vous surprendre et emporter par un coup de foudre amical ou amoureux. Adaptez-vous et lâchez vos idées reçues sur les relations. Faites sauter vos conditionnements, sortez de votre enfermement intérieur, même si cela doit bouleverser votre vie amoureuse. Posez-vous les bonnes questions, remettez en cause vos attentes affectives.

❖ *Vous êtes en couple*

La Maison Dieu vous incite à libérer votre parole et à tenter une action décisive pour votre union. N'hésitez plus, une explication, même houleuse, permettra une mise au point.

Avec cette lame, vous pouvez bénéficier d'une révélation fracassante sur la qualité réelle de votre entente et sur ce que vous pouvez en attendre. Acceptez que toute situation soit évolutive et ne résistez pas aux éventuels changements, sinon le choc sera rude.

Utilisez les secousses relationnelles pour faire sauter les limitations du couple et vos propres blocages affectifs. Si votre union était en équilibre instable, il est préférable de tout remettre à plat pour repartir sur des bases saines. Si la relation s'enlise, une rupture nette – au moins pour un temps – sera bienvenue.

Dans tous les cas, laissez votre orgueil de côté et n'acceptez plus les petits arrangements avec votre conscience.

XVII. L'Étoile en position 3 (le conseil)

❖ *Vous êtes célibataire*

Une ambiance romantique plane au-dessus de votre tirage. Même si vous avez traversé des moments difficiles, votre bonne étoile veille sur vous.

Cette lame incite à aborder l'amour et l'affection avec un optimisme tranquille. Suivez votre intuition, elle vous conduira vers des cœurs dévoués. Vos attentions délicates et votre écoute sensible vous feront apprécier de tous.

Si une personne vous fait chavirer, usez de votre charme souriant, mais restez simple. Laissez une relation amicale se muer en un sentiment plus tendre. Une ambiance artistique et raffinée favorise des rencontres harmonieuses qui évolueront en leur temps. Ne pressez rien.

❖ *Vous êtes en couple*

L'Étoile protectrice domine le jeu, elle vous conseille de vous faire confiance et de croire en votre chance.

Cette lame invite aussi à l'écoute et la bienveillance envers votre partenaire. Une attitude ouverte et conciliante, respectueuse des intérêts de tous, évitera les conflits inutiles.

Exprimez votre tendresse et votre sensualité avec simplicité. Ne craignez pas de vous montrer romantique, programmez un dîner en amoureux et une promenade sous les étoiles. Un environnement calme et harmonieux, une vie sociale et amicale de qualité peuvent renforcer vos liens.

Si vous avez des projets de couple, abordez-les avec optimisme. Le moment est idéal pour concevoir un enfant.

Si votre relation est en difficulté, profitez d'un moment d'accalmie pour retrouver un peu de douceur et de détente dans les échanges.

XVIII. La Lune en position 3 (le conseil)

❖ *Vous êtes célibataire*

La Lune engage à profiter de la sécurité d'un environnement affectif chaleureux. Rejoignez une réunion familiale, contactez vos amis d'enfance ou rejoignez un groupe dont vous partagez les goûts et les traditions.

Si une personne vous plaît, accueillez les émotions qu'elle fait naître en vous. Votre sensibilité et votre imagination vous dicteront les attitudes justes. La Lune, rêveuse mais aussi pragmatique, peut vous faire envisager un avenir douillet au sein de votre propre famille, qu'elle soit de sang, de cœur ou d'âme.

Avec cette carte, une introspection dans le passé, et particulièrement dans l'enfance, vous aide à clarifier vos attentes amoureuses. Un travail sur la généalogie peut également fournir d'intéressantes clefs de compréhension.

❖ *Vous êtes en couple*

Pour instaurer un bien-être favorable à votre couple, misez sur un foyer paisible. De la tendresse, des habitudes douillettes et le respect de traditions cimenteront votre couple.

Cette lame insiste sur l'investissement dans les valeurs familiales, une grossesse ou une adoption est à envisager.

Si vous hésitez sur une attitude à adopter ou sur une décision à prendre, appuyez-vous sur des expériences du passé. Pensez à ce que vous aimeriez revivre ou à ce que vous refusez de traverser à nouveau. Une introspection sur votre enfance ou une plongée dans des vies antérieures peuvent également éclaircir des points sensibles.

Si la relation est compliquée, votre intuition et votre sens de l'observation vous permettront de percevoir les raisons cachées d'un conflit ou d'anticiper d'éventuelles manigances. Votre imagination fertile pourrait aussi vous inspirer des solutions créatives. Rapprochez-vous de votre famille ou d'un groupe d'amis solidaires.

XVIIII. Le Soleil en position 3 (le conseil)

❖ *Vous êtes célibataire*

Le Soleil encourage les élans d'affection et de générosité. Ouvrez tout grand votre cœur !

En amour comme en amitié, sachez clairement ce que vous attendez d'une relation et agissez en ce sens.

Tout en restant lucide, appréciez ce qu'il y a de beau chez les êtres que vous côtoyez. Ne refusez pas votre protection bienveillante à ceux qui la réclament, mais sachez placer des limites pour vous faire respecter.

Si une personne vous plaît, allez vers elle et marquez-lui votre intérêt sincère. Exprimez vos émotions chaleureusement, mais sans exagération. Avec le Soleil, une entente solide peut déboucher sur une officialisation devant la société et la conception d'un enfant.

Cet astre lumineux qui domine le tirage peut également apporter un éclairage nouveau sur votre vie affective et vous permettre de percevoir la raison de certaines déceptions ou difficultés.

❖ *Vous êtes en couple*

Le Soleil domine votre jeu. Il dispense chaleur et noblesse d'âme, incite à assumer ses responsabilités. Mettre sa volonté et son énergie au service de projets familiaux, adopter une attitude protectrice – et non dominatrice – est la meilleure façon de gérer la situation.

La loyauté et la générosité cimentent la relation. Exprimez chaleureusement votre affection et n'hésitez pas à amorcer une réconciliation en cas de dispute.

Cette lame rayonnante vous encourage à vous rapprocher de votre idéal amoureux, à mettre en œuvre tous les moyens pour parvenir à une réelle harmonie physique et sentimentale. La beauté et la créativité peuvent également tenir une grande place au sein du couple – éventuellement par le biais de la conception d'un enfant.

Si votre union traverse une passe difficile, restez lucide. N'idéalisez pas votre partenaire et considérez vos attentes avec objectivité. Identifier clairement un problème permet d'amorcer une solution ou de prendre une décision en toute connaissance de cause.

XX. Le Jugement en position 3 (le conseil)

❖ *Vous êtes célibataire*

Avec le Jugement, toutes les occasions de bonheur sont à saisir. Des changements sont à l'ordre du jour : initiez-les ou acceptez avec enthousiasme ceux que la vie vous propose.

Avec cette lame de clarification, il est temps de dévoiler un secret, d'accéder à une brusque compréhension ou d'accepter d'entendre une vérité au sujet d'une relation. Une découverte, une nouvelle, un départ inattendu ou une rencontre surprenante peuvent déclencher le désir soudain de renouveler votre vie affective.

Cet arcane invite à s'exprimer librement. Si vous cherchez l'amour, faites-le savoir autour de vous. Assumez votre différence et votre originalité, montrez-vous tel que vous êtes.

Avec le Jugement, accueillez un coup de foudre, ouvrez-vous à des sentiments nouveaux et excitants, faites évoluer radicalement un lien, allez sans crainte vers l'avenir.

❖ *Vous êtes en couple*

Si des changements s'amorcent, accueillez-les ou initiez-les sans inquiétude. Une nouvelle inattendue peut aussi modifier profondément votre approche de la vie à deux.

Évaluez votre couple lucidement, clarifiez vos relations, exprimez nettement vos désirs ou vos revendications. Dans le même temps, prêtez une oreille attentive aux arguments de votre partenaire. Le moment est venu de révéler des secrets ou d'accepter d'entendre certaines vérités.

Pour bannir l'ennui et dynamiser votre union, libérez votre fantaisie et votre spontanéité, ouvrez-vous au monde extérieur, cultivez de nouvelles amitiés. Laissez-vous guider par le besoin de renouveau qui vous traverse.

Vous pouvez aussi vous laisser surprendre – et peut-être toucher – par une rencontre. Un changement de vie est envisageable.

XXI. Le Monde en position 3 (le conseil)

❖ *Vous êtes célibataire*

Avec cette lame très sociable, l'ouverture au monde favorise l'épanouissement personnel. Soyez disponible et communicatif, intéressez-vous sincèrement à ceux qui vous entourent. Être bien dans votre peau permettra d'attirer des affections sincères.

Rapprochez-vous de personnes positives, dotées d'une certaine noblesse d'âme et cultivant l'amour du beau. Un environnement sensible et plaisant comme des amis fidèles sont gage de bien-être.

Sortez, échangez avec des gens venus d'autres milieux que le vôtre, et n'hésitez pas à voyager. La découverte d'autres cultures ouvre l'esprit et procure beaucoup de détente. Un séjour à l'étranger peut aussi favoriser d'heureuses rencontres et permettre de vous changer les idées si c'est nécessaire.

❖ *Vous êtes en couple*

Avec le Monde, prenez le temps de savourer le bonheur d'être à deux. Cette carte d'équilibre harmonieux vous engage à instaurer une juste répartition des responsabilités de chacun. Vous vous épanouirez en trouvant votre place au sein du couple.

Appuyez-vous sur des valeurs communes ou sur un même sens esthétique pour vous rapprocher, mais ne vous enfermez pas dans une recherche de perfection. Recevoir des amis ou discuter avec de nouvelles personnes nourrira aussi la qualité de vos échanges.

Cette lame vous invite à partir à deux, à voyager, à vous dépayser et à vous intéresser à d'autres cultures.

En cas de conflit, ne jetez pas d'huile sur le feu. Restez à l'écoute de votre partenaire sans vous perdre de vue et proposez des solutions satisfaisantes pour chacun. Acceptez que vos différences enrichissent la relation.

Si votre couple est en péril, préservez-vous, mais ne vous renfermez pas sur vos soucis. Quoi qu'il arrive, faites preuve de générosité.

Le Mat en position 3 (le conseil)

❖ *Vous êtes célibataire*

Cette lame anticonformiste vous encourage à exprimer votre originalité naturelle, à provoquer ou à accueillir l'inattendu.

Faites des choix personnels, ne recherchez pas systématiquement l'approbation d'autrui.

Allez sans crainte et sans attente vers les personnes qui vous plaisent. Vivez les rencontres ou les amours comme des aventures et cueillez le bonheur de l'instant. Ouvrez-vous à de nouvelles formes de relations, plus libres et plus joyeuses. Ne cherchez pas à être raisonnable, offrez-vous le droit à l'erreur.

Si une histoire ne vous convient plus, oubliez-la. Avec le Mat, dégagez-vous des contraintes pour suivre vos goûts et vos pulsions. Déménagez, voyagez, dépassez vos limites, franchissez vos frontières intérieures.

❖ *Vous êtes en couple*

Le Mat vous incite à affirmer votre liberté au sein de la relation. Prenez des initiatives, faites des choix personnels, optez pour les activités qui vous plaisent, sortez avec vos amis.

Instaurez vos propres codes et ne gaspillez pas votre énergie à construire un couple modèle. Dégagez-vous de la routine, abordez le quotidien familial avec fantaisie et créativité. Surprenez agréablement votre partenaire.

Déménagez, partez à l'aventure, improvisez un grand voyage… et accueillez les imprévus comme autant de chances de renouveler le couple.

Cette lame rejette l'ennui, la médiocrité et les contraintes inutiles. Si votre union traverse une crise, il est préférable de prendre ses distances et de faire une pause avant toute décision importante. Si la relation ne vous convient plus, envisagez de vous libérer d'un lien devenu indésirable.

I. Le Bateleur en position 4 (la réponse)

❖ *Vous êtes célibataire*

Cette lame jeune et enthousiaste révèle que tout est possible à condition de considérer l'avenir avec optimisme. Une vie affective toute neuve s'offre à vous ; vous êtes invité à découvrir une approche différente de l'amour, plus libre et plus spontanée.

Une rencontre amicale ou sentimentale peut survenir rapidement, elle connaîtra une évolution positive si vous acceptez de vous y investir. Vous savourerez des sensations joyeuses et fraîches.

Avec le Bateleur, tout est en place pour une nouvelle aventure !

❖ *Vous êtes en couple*

Le Bateleur vous propose un nouveau défi de couple, une chance à ne pas laisser passer. Un vent de renouveau souffle sur votre union, d'heureuses initiatives lui permettent de repartir sur des bases inédites. Un déménagement, la conception d'un enfant ou un regard différent porté sur votre partenaire renouvellent agréablement votre approche de la vie à deux. Votre relation retrouve sa jeunesse, vous prenez conscience de son potentiel.

Si votre couple traverse des difficultés insurmontables, vous pouvez regagner en légèreté en revenant au célibat ou en entamant une liaison pleine de promesses.

Avec le Bateleur, tout est possible à qui s'élance sans crainte vers une nouvelle vie.

II. La Papesse en position 4 (la réponse)

❖ *Vous êtes célibataire*

La Papesse n'apporte pas, pour l'instant, de résultat concret ni de rencontre rapide. La vie amicale ou affective est en suspens, tous les éléments conduisant à un aboutissement ne sont pas encore en place.

Cette carte évoque la patience et l'introspection. Il faut du temps pour se libérer de certaines inhibitions et laisser éclore les sentiments.

Si vous devez prendre une décision ou faire un choix, ne vous hâtez pas : laissez le processus aller à son terme. Mûrissez votre réflexion, sans trop intellectualiser, et mettez-vous à l'écoute de votre intuition.

Ajouter une autre lame en dira plus sur l'évolution de votre vie affective.

❖ *Vous êtes en couple*

La Papesse ne signale pas d'évolution visible dans votre relation. Le rythme est ralenti, mais les sentiments et les situations mûrissent discrètement.

Si votre union est équilibrée, la Papesse apporte la sagesse qui naît de l'expérience. Une harmonie silencieuse s'installe, même si certains non-dits subsistent. Cette lame évoque la gestation d'un projet de couple, son processus d'évolution est lent et discret. Il faut faire preuve de patience, car il n'y aura pas d'aboutissement immédiat.

Si votre ménage est en danger, la Papesse, repliée sur elle-même, ne favorise pas le dialogue et la compréhension mutuelle. La situation reste opaque, des faits ou des sentiments sont dissimulés, l'indifférence s'installe.

Avec cette lame, rien n'est encore révélé. Une carte supplémentaire renseignera sur l'évolution de la question.

III. L'Impératrice en position 4 (la réponse)

❖ *Vous êtes célibataire*

Cette lame dynamique évoque l'aisance relationnelle. Les contacts sont nombreux, des liens amicaux et affectifs se nouent facilement. Vous recevez promptement des nouvelles d'un proche ou d'une personne qui vous intéresse.

Une invitation vous procure des moments de détente et de gaieté, votre charme et votre esprit sont appréciés. Vous faites de nouvelles connaissances très prometteuses.

L'Impératrice évoque une rencontre plaisante, une relation qui se met en place très naturellement. L'ambiance est complice avant d'être passionnée, mais une amitié amoureuse peut voir le jour. Une base culturelle commune facilite les échanges, les discussions sont nombreuses et animées, des projets communs s'ébauchent.

❖ *Vous êtes en couple*

L'Impératrice confirme l'ouverture d'un dialogue, la reprise d'un contact si celui-ci était rompu. Les échanges sont de qualité, qu'ils aient lieu *de visu*, par écrit ou par téléphone. Vous trouvez les mots qui font mouche sans blesser l'autre.

Cette lame évoque une entente complice. Le couple connaît une nouvelle dynamique, se retrouve sur des envies ou des activités communes. L'humour et la discussion apaisent les tensions. L'ambiance est légère ; votre maison est ouverte, les amis et les connaissances s'y mêlent harmonieusement.

Cette carte au rythme rapide parle de plaisants voyages à deux, d'heureux projets qui font pétiller la relation.

IIII. L'Empereur en position 4 (la réponse)

❖ *Vous êtes célibataire*

L'Empereur évoque des liens affectifs solides et concrets. Une amitié se construit et se renforce au fil du temps. Une rencontre amoureuse peut déboucher sur une relation stable, une entente physique et morale confortable. Vous envisagez une vie commune et la création d'un foyer reposant.

Si vous appréciez votre solitude, considérez que cet état est source d'équilibre, du moins pour le moment. L'Empereur montre que vous vous accordez fort bien de votre situation, quelle qu'elle soit.

❖ *Vous êtes en couple*

Cette lame de stabilité favorise les réalisations matérielles communes. L'Empereur évoque un foyer confortable, où les habitudes entretiennent des liens puissants.

Votre union est basée sur une approche réaliste de la relation : peu de fantaisie, mais une entente solide et sensuelle, exempte de cahots majeurs.

Des projets à long terme, comme l'achat d'une maison, la décision de fonder ou d'agrandir une famille, installent l'union dans la durée.

L'Empereur permet de conserver son équilibre, quelle que soit la situation. Si votre couple a traversé des moments difficiles, il peut retrouver une assise en se fixant des objectifs concrets.

V. Le Pape en position 4 (la réponse)

Vous êtes célibataire

Le Pape permet une évolution favorable de votre situation affective et amicale. L'ambiance est équilibrée et sereine, les disputes sont oubliées, une réconciliation sincère peut survenir.

Des liens se nouent, ils vous ouvrent à une approche plus spirituelle de l'existence.

En amour, c'est une rencontre probable avec une personne dotée d'une certaine maturité, et dont vous partagez la philosophie de vie. Une entente en profondeur s'installe à son rythme, apaisante et dégagée des passions et des exaltations.

Les promesses affectives sont tenues, le respect est mutuel. Une alliance de qualité se profile dans un contexte fiable, une légalisation est envisageable.

Vous êtes en couple

Le Pape protège la relation et favorise votre entente. Le couple repose sur une bienveillance mutuelle et des responsabilités partagées, la parole engagée est respectée. L'importance accordée aux convenances sociales peut inciter à légaliser votre union si tel n'est pas encore le cas.

Avec cette lame, vous vous retrouvez sur des affinités sociales et culturelles ; une entente spirituelle peut aussi souder votre union. En cas de divergence, un dialogue tolérant s'engage. Les choix et les opinions des partenaires sont mutuellement acceptés.

Si un conflit s'élève, la raison prime et va dans le sens d'une réconciliation. Un conseiller conjugal peut vous aider en recentrant votre union sur des valeurs communes.

Si le contexte est très difficile, un divorce se profile, mais il peut se dérouler dans une ambiance pacifiée.

VI. L'Amoureux en position 4 (la réponse)

❖ *Vous êtes célibataire*

Cette carte place les sentiments et les émotions au premier plan. Une séduction sensible domine les échanges amicaux et affectifs, une tendre rencontre pourrait influencer votre vie amoureuse.

Toutefois, cette lame changeante n'accorde pas toutes les facilités, et plusieurs voies peuvent s'ouvrir devant vous, entraînant doutes et incertitudes.

Si vous hésitez entre diverses sollicitations, écoutez votre cœur et vous ferez le bon choix. Une voie que vous n'aviez pas envisagée pourrait aussi s'ouvrir devant vous.

Dans un contexte difficile, cette carte évoque une situation instable, peu propice à un engagement. Une lame supplémentaire en dira plus sur votre évolution affective.

❖ *Vous êtes en couple*

L'Amoureux évoque une affection tendre. Un goût partagé pour l'art ou la beauté vous unit, de multiples projets communs nourrissent la relation, vous aimez sortir et recevoir. La réciprocité des sentiments favorise l'harmonie au quotidien, votre sensibilité s'épanouit au sein du couple, une séduction mutuelle fluidifie les échanges.

Cette lame amène également à réfléchir à la profondeur de vos engagements et aux efforts que vous seriez prêt à faire pour les sauvegarder.

Des possibilités s'offrent à vous, et votre vie à deux pourrait prendre une orientation différente. Suivez les élans de votre cœur, il vous indiquera la voie.

Mais si votre couple connaît des turbulences, cette lame fragile accentue la désorientation et les incertitudes. Une carte supplémentaire renseignera sur l'évolution de votre union.

VII. Le Chariot en position 4 (la réponse)

❖ *Vous êtes célibataire*

Avec cette lame volontaire et victorieuse, vous entamez des relations exaltantes avec des personnes qui vous inspirent des sentiments positifs. Des projets amicaux ou affectifs vous enthousiasment.

Un déplacement est favorable à une rencontre haute en couleur, de nouveaux horizons amoureux s'ouvrent à vous. Vous parvenez à séduire la personne qui vous plaît, vous commencez une liaison avec un être charismatique, vous vivez une passion intense dans laquelle les désirs et les émotions s'expriment sans contrainte.

Le Chariot évoque un succès amoureux rapide, une réussite qui pourrait s'inscrire dans la durée si vous vous en donnez les moyens.

❖ *Vous êtes en couple*

Cet arcane très dynamique annonce une évolution positive de votre vie de couple.

Avec le Chariot, les décisions sont prises sans hésiter, les projets sont mis en œuvre sur-le-champ. Voyage, déménagement, venue d'un enfant… le mouvement est entraînant, les changements sont rapides et positifs.

La relation est heureuse sans être mièvre. La passion règne, et si les rapports de force ne sont pas exclus, vous savez préserver votre indépendance.

S'il y a eu quelques incompréhensions, les échanges reprennent à la faveur d'un déplacement, d'une intervention extérieure ou par votre désir profond de faire progresser votre entente. Les rapports se modifient notablement et favorablement, une réconciliation peut survenir.

Mais si votre couple traverse une crise grave, le Chariot n'exclut pas un départ, vécu comme une occasion de retrouver votre liberté.

VIII. La Justice en position 4 (la réponse)

❖ *Vous êtes célibataire*

Avec cette carte, votre situation amicale ou amoureuse se rééquilibre et perd toute ambiguïté. La Justice vous invite à voir que vous récoltez ce que vous avez semé ; tirer une lame supplémentaire vous en dira plus long.

Si celle-ci est favorable, vous avez défini clairement ce que vous attendez d'une relation, et les bonnes décisions s'imposent d'elles-mêmes. La Justice parle d'un engagement ferme, d'une entente stable et harmonieuse. Une rencontre de qualité peut vous faire envisager un passage devant le maire. Un lien qui vous pesait se rompt à votre grand soulagement.

Si la lame supplémentaire est difficile, une rupture amicale ou amoureuse vous pèse, un conflit affectif débouche sur des soucis judiciaires.

❖ *Vous êtes en couple*

Avec la Justice, vous récoltez ce que vous avez semé. C'est un moment incontournable : une légalisation ou une officialisation surviennent dans votre vie de couple. Une carte supplémentaire montre de quel côté penche la balance.

Si le contexte est favorable, cette lame de responsabilités familiales évoque une structure harmonieuse et équilibrée, où chacun trouve sa place. La Justice parle d'un mariage, d'un changement favorable de régime matrimonial ou même d'une adoption. Si le couple est en perdition, une rupture de contrat est vécue comme une décision juste.

Si la carte supplémentaire est défavorable, des soucis administratifs minent votre relation, votre union perd son équilibre, des démêlés judiciaires vous opposent à votre partenaire, vous divorcez.

VIIII. L'Hermite en position 4 (la réponse)

❖ *Vous êtes célibataire*

Avec l'Hermite, lame de patience, tout se met en place lentement. Il est inutile de forcer les événements, une situation amicale ou amoureuse a besoin de temps pour se développer et s'approfondir.

Si vous aimez vous retrouver en tête à tête avec vous-même, vous pouvez savourer un moment paisible d'isolement. Sinon, votre vie affective tarde encore à vous apporter l'épanouissement espéré. Profitez de cette solitude pour vous libérer des attentes excessives et gagner en autonomie.

Si vous avez déjà fait une rencontre, vous avez tout intérêt à tirer une lame supplémentaire pour en savoir plus. Si elle est positive, des sentiments profonds s'expriment avec retenue. Côtoyer une personne plus âgée ou plus mûre vous apporte un autre regard sur ce qui fait la qualité d'une relation. Sinon, vous devez faire face à une forme d'ennui ou de frustration.

❖ *Vous êtes en couple*

Cette lame lente et un peu sérieuse n'évoque pas de changement évident. L'Hermite freine et limite : les initiatives et les projets du couple connaissent un ralentissement.

Pourtant, ce blocage apparent favorise un approfondissement qui se met en place au fil du temps. Votre rapport au couple ou à l'amour en général mûrit et devient plus réaliste.

Si le contexte général du tirage est positif, une entente profonde et durable parvient à maturité et vous procure un sentiment de sécurité.

Sinon, vous pouvez ressentir de l'ennui ou de la frustration, percevoir un éloignement, souffrir d'une différence d'âge ou de maturité.

Dans ce cas, la relation se refroidit ou traverse un temps d'arrêt, une séparation temporaire est propice à un bilan. Une lame supplémentaire en dira plus sur l'évolution de la question.

X. La Roue de Fortune en position 4 (la réponse)

❖ *Vous êtes célibataire*

Vous abordez un nouveau cycle, une intervention du destin fait évoluer rapidement votre situation affective et amicale. Avec la Roue de Fortune, les sollicitations sont nombreuses ; d'intéressantes rencontres sont probables, notamment lors d'un déplacement. Certaines relations ne dureront pas, mais les opportunités doivent être saisies au vol. Avec cette lame de renouvellement, un événement peut changer le cours des choses. Une carte supplémentaire permettra de cerner la qualité du changement.

Si celle-ci est favorable, des évolutions positives s'amorcent : un coup de foudre fait vivre des moments intenses, une nouvelle façon d'aimer vous est proposée.

Sinon, votre situation affective subit un renversement défavorable : vous revivez toujours les mêmes histoires, vous devez revoir votre approche de l'amour.

❖ *Vous êtes en couple*

Avec la Roue de Fortune, un renversement rapide modifie les valeurs en place, votre union entre dans une nouvelle ère. Une lame supplémentaire en dira plus sur la qualité de ce changement.

Si elle est favorable, votre couple repart sur une autre dynamique, les difficultés s'estompent. La relation entame un nouveau cycle et passe à un niveau supérieur. La communication est facilitée, un déménagement vous rapproche, un voyage allège l'ambiance, une chance inespérée donne un second souffle à vos amours.

Sinon, les mêmes erreurs reviennent en boucle, votre union prend un mauvais tournant. Une séparation momentanée ou un départ vous oblige à modifier votre approche de la vie à deux.

XI. La Force en position 4 (la réponse)

❖ *Vous êtes célibataire*

Les liens amicaux ou affectifs sont puissants, une rencontre intense s'annonce. Une liaison vous fait ressentir des émotions fortes, tant amoureuses que sensuelles.

Avec cette lame dans votre camp, votre volonté peut surmonter les obstacles, vous avez les moyens de conquérir la personne qui vous plaît. Vous gérez de main de maître vos amitiés comme vos amours, et vous pouvez faire évoluer une simple entente vers une relation plus passionnée.

Si vous sortez d'un échec sentimental, vos ressources personnelles et votre appétit de vie vous permettent de passer ce cap difficile ; vous vous ouvrez à nouveau aux plaisirs de l'existence.

❖ *Vous êtes en couple*

Les sentiments sont intenses et très passionnés. La volonté et le respect mutuel permettent de surmonter les difficultés passagères. La confiance naît d'un investissement sincère et réciproque.

L'entente est physique autant que sentimentale. Les rapports de force restent équilibrés, chacun trouve sa place et conserve son autonomie. Avec cette lame très active, d'ambitieux projets communs peuvent voir le jour, une réussite matérielle à deux est envisageable. Vous partagez avec bonheur des activités sportives, des instants de divertissement et de plaisir.

Si le couple traverse une crise importante, vous avez les moyens d'y faire face et de vous imposer. Votre discernement vous permet de percevoir clairement son évolution et d'en tirer les conclusions qui s'imposent.

XII. Le Pendu en position 4 (la réponse)

❖ *Vous êtes célibataire*

Cette lame d'immobilité n'annonce pas de transformation rapide de votre situation amicale ou amoureuse. Les rencontres se font rares ou n'aboutissent pas. En revanche, vos facultés d'écoute et d'empathie sont au plus haut.

Des blocages et des épreuves retardent l'aboutissement de vos projets affectifs, vous êtes en position d'attente avec l'impression de n'avoir aucune prise sur les événements. Une carte supplémentaire permettra de compléter le tirage.

Si celle-ci est favorable, le Pendu vous incite à changer votre regard sur les relations affectives. Une réussite surviendra après un sacrifice ou l'abandon d'idées trop précises sur ce qui pourrait vous convenir. En cas de querelle, un repentir et un pardon sont possibles.

Si la lame supplémentaire est défavorable, vous devrez renoncer à certaines de vos attentes affectives.

Dans tous les cas, le Pendu incite à l'oubli et au don de soi. Il est également propice à une belle élévation spirituelle.

❖ *Vous êtes en couple*

Le Pendu est immobilisé et ne permet pas d'envisager de changement dans un proche avenir. Il est difficile de prendre une décision, un projet de couple n'aboutit pas, des événements attendus tardent à se produire, la situation reste floue. Vous n'avez pas de prise sur les événements pour l'instant, mieux vaut patienter. Faites un retour sur vous-même et revoyez vos attentes affectives et familiales.

Cette période de blocage engage à faire preuve de flexibilité et d'écoute envers votre partenaire. Le Pendu parle également de pardon, de dévouement et d'ouverture spirituelle. Si une séparation est envisagée, elle tarde à venir.

Il est préférable d'ajouter une lame pour connaître l'évolution de la situation. Dans tous les cas, le Pendu parle d'une épreuve enrichissante. Une attente, un renoncement ou un sacrifice est inévitable.

XIII. L'Arcane sans Nom en position 4 (la réponse)

❖ *Vous êtes célibataire*

Cette lame de transformation symbolise une inéluctable fin de cycle. Quelque chose doit se terminer, et si vous l'accompagnez activement, vous ressentirez beaucoup de soulagement.

Une lame supplémentaire précise la qualité de votre évolution affective. Si elle vous est favorable, vous tournez la page pour construire un nouvel avenir. Vous vous affranchissez des blocages qui vous empêchaient de vivre pleinement vos sentiments, vous faites le deuil d'un amour perdu, vous mettez fin à une relation sans avenir. Vous rompez avec des conditionnements sociaux, religieux ou familiaux au profit d'un choix personnel. Une rencontre importante peut mettre fin à votre célibat.

Si la carte supplémentaire confirme une difficulté, ne vous découragez pas, votre évolution passe par un changement radical. Vous subissez une rupture, un projet prend fin sans que vous vous y attendiez. Ne refusez pas ce que vous ne pouvez pas contrôler, mais revoyez vos attentes affectives.

❖ *Vous êtes en couple*

Avec cette lame puissante, votre relation se modifie en profondeur, votre vision du couple évolue radicalement. La réalité qui s'impose vous pousse dans vos retranchements et exige de l'authenticité. Il est temps de tout mettre à plat et de prendre des décisions nettes.

Tirer une lame supplémentaire favorable montre que votre union peut repartir sur des bases différentes, à condition de redéfinir le rôle de chacun. Si une rupture est inévitable, elle apporte une appréciable liberté.

Si la carte supplémentaire confirme une difficulté, c'est l'abandon d'un projet de couple, une perte affective ou une rupture non désirée. Même si la période est douloureuse, elle offre la possibilité d'un nouveau départ. De cette épreuve intense naîtra une approche plus juste du couple et de la famille.

XIIII. Tempérance en position 4 (la réponse)

❖ *Vous êtes célibataire*

Un équilibre affectif se met en place sous la protection de ce bel ange. Vous apparaissez agréablement entouré, des relations se nouent, des amitiés naissent, une personne perdue de vue vous fait signe. Vous tirez le meilleur parti possible des réseaux sociaux. Les échanges sont harmonieux, et un sentiment plus tendre peut se nouer dans une ambiance plaisante.

En cas de dispute, Tempérance favorise le dialogue et la compréhension. Vous exprimez calmement vos émotions, les tensions s'apaisent, les blocages se dissipent.

Si la période est difficile, vous bénéficiez de l'appui fidèle de vos proches. Avec cette lame de détente, votre situation s'améliore progressivement. Toute évolution se produit en douceur et à son rythme.

❖ *Vous êtes en couple*

Cette lame accorde une tonalité positive à votre question. La communication est fluide, les liens sont renforcés sans être pesants, la confiance est mutuelle.

Avec Tempérance, la relation est plus amicale que passionnelle. L'ambiance est équilibrée et sereine, empreinte de tolérance. En cas de problème, vous restez solidaires et pouvez trouver votre équilibre en vous ressourçant au sein de la nature.

Un projet à deux évolue favorablement, mais à un rythme paisible… ne forcez pas le mouvement.

Si votre couple traverse une passe difficile, cette lame offre une protection et permet de limiter les affrontements. Vous pouvez rétablir le dialogue et trouver un terrain d'entente.

XV. Le Diable en position 4 (la réponse)

❖ *Vous êtes célibataire*

C'est une lame d'expériences intenses. Avec le Diable, vous fréquentez des gens à la séduction magnétique, un frisson d'excitation traverse votre vie amicale ou amoureuse.

Une rencontre passionnelle est probable, elle vous offrira des moments inoubliables dans lesquels l'entente physique tient une part considérable.

Cette carte, toujours extrême, ne tient pas en repos et doit être complétée par un arcane supplémentaire.

Si celui-ci est favorable, c'est le début d'une histoire forte, dominée par les sens et pouvant évoluer vers une certaine stabilité.

Sinon, prenez garde, une relation peut s'avérer vénale, basée sur des rapports de force ou totalement dénuée de sentiments. Vous devrez affronter d'angoissants conflits autour de sujets matériels.

❖ *Vous êtes en couple*

Votre union se place sur un terrain passionné et très mouvementé. Les relations sont complexes, mais peuvent procurer des sensations inoubliables.

Le Diable promet le meilleur comme le pire, une lame supplémentaire précisera le tirage.

Si celle-ci est favorable, un lien puissant unit le couple. Les rapports de force sont maîtrisés et habilement gérés, le plaisir tient une place centrale. Des intérêts financiers vous lient solidement.

Dans le cas contraire, les affrontements sont rudes. Des désaccords sur des sujets matériels sont au cœur d'un conflit sans merci. Les tentatives de manipulation et de domination sont légion, chacun défend ses intérêts. Sang-froid et fermeté sont nécessaires.

XVI. La Maison Dieu en position 4 (la réponse)

❖ *Vous êtes célibataire*

Avec cette lame déstabilisante, les choses ne se dérouleront probablement pas comme vous l'attendiez.

Vous avez peut-être nourri des illusions sur une personne, une relation ou la vie affective en général. La Maison Dieu vous demande de vous déprendre des idées reçues pour accepter de vivre une expérience perturbante. Quoi qu'il arrive, ne vous obstinez pas, l'orgueil est votre plus mauvais conseiller.

Ajouter une lame vous en dira plus sur l'évolution de la situation. Si celle-ci confirme une difficulté, c'est une déception amoureuse inattendue, une rupture pénible que vous dépasserez en faisant preuve de souplesse et qui vous permettra d'en savoir plus sur vous-même. Si elle est positive, des blocages sautent et vous libèrent, un coup de foudre fait exploser vos certitudes et vous pousse à renouveler votre approche des sentiments.

❖ *Vous êtes en couple*

La Maison Dieu est une lame inconfortable qui met face à des situations extrêmes. Votre couple évolue d'une façon imprévisible et déstabilisante. Il vous est demandé de vous adapter et de ne pas camper sur vos positions.

Tirer une lame supplémentaire complétera le tirage. Une carte difficile fait douter de l'avenir de votre union. Toutefois, une séparation – même douloureuse – peut être libératrice quand une relation s'enlise sans recours.

Une carte positive évoque une dispute qui remet les choses à plat, une surprise agréable qui renforce votre famille et protège son avenir. Selon le contexte, vous pouvez aussi vivre une rupture ou connaître un coup de foudre qui vous dégage d'une situation pénible.

Dans tous les cas, gardez-vous de l'orgueil et de la folie des grandeurs, qui risqueraient de se retourner douloureusement contre vous.

XVII. L'Étoile en position 4 (la réponse)

❖ *Vous êtes célibataire*

L'Étoile évoque une situation affective agréable. Votre vie amicale et amoureuse prend un tournant favorable, vos espoirs sont sur le point de se concrétiser. Les relations sont cordiales, votre entourage est doux et attentif, vous partagez des moments empreints de tendresse.

Avec cette lame, votre charme et votre séduction sont très appréciés. Vous évoluez dans une ambiance romantique, teintée de beauté et d'harmonie.

Intuitivement, vous vous dirigez vers les personnes qui vous conviennent. Une rencontre ou une amitié amoureuse peut évoluer vers un beau sentiment. Ne pressez pas les événements : profitez de tous les instants agréables que vous offre la vie, sans perdre de vue la réalité.

❖ *Vous êtes en couple*

L'Étoile est de bon augure et ouvre d'agréables perspectives. Votre histoire évolue sans heurts et prend une orientation très favorable. L'optimisme et la confiance soudent le couple. Les attentions délicates, les intuitions affectueuses sont appréciées. L'ambiance est romantique et paisible, mais sans tiédeur.

Cette lame évoque des bonheurs partagés, dans un cadre esthétique et harmonieux. La relation s'ouvre également avec plaisir à un entourage de qualité, amical ou social.

Les projets à deux, y compris un désir d'enfant, sont favorisés et aboutissent heureusement si vous leur impulsez l'énergie nécessaire.

Si votre couple traverse des moments difficiles, votre bonne étoile permet de surmonter les obstacles et de trouver un terrain d'entente, à condition d'en avoir le désir profond. Mais elle ne dispense pas d'être lucide et vigilant.

XVIII. La Lune en position 4 (la réponse)

❖ *Vous êtes célibataire*

Cette lame indique un résultat favorable dans les domaines touchant au foyer ou à la famille, mais elle reste ambiguë la plupart du temps. Une carte supplémentaire permettra de compléter la réponse.

Si celle-ci est favorable, la Lune évoque des liens tendres et confiants. Des amours romanesques évoluent vers une stabilisation, une rencontre vous fait envisager sérieusement une vie commune et la construction d'un foyer.

Sinon, une désillusion est probable. Votre situation amoureuse est instable, les sentiments changent, une trahison est à craindre. Une relation reste floue, une situation confuse n'ouvre sur aucune perspective concrète. Le passé remonte et vous déstabilise, votre sensibilité débordante vous fait commettre des erreurs de jugement.

Si vous avez des choix à faire, ne vous laissez pas déborder par votre émotivité et attendez d'avoir les idées claires.

❖ *Vous êtes en couple*

Avec la Lune, la famille et le foyer sont des valeurs protégées. Toutefois, cette lame étant l'indice d'une situation ambiguë, il est préférable de compléter le tirage par une autre carte.

Si celle-ci est favorable, votre union est stable, basée sur des habitudes rassurantes. La vie familiale occupe une place centrale, le foyer est agréable, l'intimité est douillette, vous vous retrouvez autour des valeurs traditionnelles. L'achat d'une maison, une naissance ou des satisfactions liées à vos enfants vous rapprochent.

Sinon, la relation est privée de perspectives concrètes, le couple s'enlise dans des habitudes, les sentiments se diluent. Vous perdez confiance, des mensonges vous attristent, une situation confuse engendre la mélancolie. Les traditions vous pèsent, la famille s'immisce dans votre couple, des enfants sont cause de désillusions.

XVIIII. Le Soleil en position 4 (la réponse)

❖ *Vous êtes célibataire*

Cette lame d'accomplissement indique une éclatante réussite amicale ou amoureuse. L'optimisme et la confiance en l'avenir permettent de franchir les obstacles. Vos espoirs se concrétisent, vous apportant un épanouissement affectif. Un amour sincère est vécu au grand jour.

Avec le Soleil, les relations sont au beau fixe, l'entourage amical est solide et sincère. Votre charisme attire la sympathie, les échanges sont faciles et agréables, vous brillez en société. Une rencontre dans un contexte raffiné peut déboucher sur un amour rayonnant, basé sur une confiance mutuelle.

Si vous bénéficiez déjà d'un équilibre affectif solide, un mariage ou une officialisation sont probables.

❖ ***Vous êtes en couple***

Cette lame rayonnante évoque un épanouissement affectif et familial. L'entente est profonde, les sentiments sont sincères.

La fidélité, la générosité et la noblesse d'âme cimentent votre union. La confiance est réciproque, les échanges sont chaleureux, le goût de la beauté et des plaisirs de la vie vous rapproche.

Chacun des partenaires est investi dans le couple, d'importants projets à deux vont se réaliser. La présence d'enfants participe à ce tendre succès. Si ce n'est pas encore le cas, un mariage ou toute forme d'officialisation est envisagé.

Si vos relations ont pris une tournure compliquée, le Soleil offre sa protection. La situation peut s'éclaircir, un dialogue loyal se renouer.

XX. Le Jugement en position 4 (la réponse)

❖ ***Vous êtes célibataire***

Un coup de théâtre bouleverse votre vie amicale ou amoureuse, les sentiments évoluent rapidement. Ajouter une lame supplémentaire en dira plus sur la qualité de ce changement.

Si celle-ci est favorable, vous bénéficiez d'un renouveau affectif. Des amitiés inattendues vous ouvrent des horizons insoupçonnés. Une compréhension soudaine, une rencontre surprenante ou un coup de foudre vous impose une nouvelle façon d'aimer. La passion vous emporte, vous découvrez des sensations inexplorées.

Avec une lame difficile, une révélation vous fait voir un proche sous un jour défavorable, vous vous disputez avec une personne que vous appréciez, une relation se termine brusquement. Un être cher sort de votre vie, un amour romantique n'était qu'une passade.

❖ *Vous êtes en couple*

Votre union connaît un renouvellement total. Avec cette lame, votre vision de l'amour et du couple se modifie brusquement. Une lame supplémentaire renseignera sur la qualité de l'évolution proposée.

Si celle-ci est favorable, ce changement est très positif. Des épreuves se révèlent constructives pour la relation, des initiatives bousculent agréablement le train-train, une répartition plus équitable des tâches et des responsabilités se met soudainement en place, un enfant modifie votre quotidien. Avec le Jugement, une explication franche clarifie votre situation de couple, les sentiments et les intentions s'expriment nettement. Un renouveau se dessine (avec ou sans votre partenaire) et vous permet d'expérimenter des sensations inédites. Un divorce ou une séparation vous libère.

Si la carte supplémentaire est difficile, c'est l'indice d'une rupture ou d'un changement qui n'a pas été désiré. Des mots durs sont échangés en public, vous manquez de recul pour parvenir à un accord. Une révélation vous sépare.

XXI. Le Monde en position 4 (la réponse)

❖ *Vous êtes célibataire*

Cette lame extrêmement favorable symbolise la réussite affective et amoureuse. Vos vœux sont exaucés, vous connaissez des moments de plénitude. Les relations sociales sont au beau fixe, votre charme vous vaut quelques beaux succès, votre entourage est sincère et désintéressé.

Un voyage à l'étranger, la découverte d'horizons lointains débouche sur de belles amitiés ou un amour épanouissant. L'ambiance est heureuse et détendue, vous êtes sous la protection du destin.

Le Monde accorde le bien-être affectif. La rencontre de l'âme sœur vous comble, des projets de mariage ou de vie à deux prennent forme. Avec cette lame de bonheur, vous franchissez les obstacles et trouvez un accomplissement amoureux.

❖ ***Vous êtes en couple***

Le Monde évoque la plénitude affective. Cette lame symbolise la victoire sur l'adversité et la réussite de votre vie de couple. Un équilibre familial se met en place, l'entente est basée sur l'écoute et le respect de l'autre.

Si votre relation a connu des orages, le Monde signale le retour au beau fixe. Vous retrouvez un bonheur partagé, le goût de la beauté et de l'harmonie vous réunit.

Un voyage exaltant dans un pays lointain resserre vos liens, vous apprenez à mieux vous connaître, votre différence culturelle induit une agréable complémentarité. Un enfant peut couronner une réussite amoureuse.

Si votre couple ne vous convient plus, vous pouvez envisager sans douleur une nouvelle vie, plus propice à votre épanouissement.

Le Mat en position 4 (la réponse)

❖ ***Vous êtes célibataire***

Avec cette lame de liberté totale, l'aventure affective vous tend les bras. Une carte supplémentaire en dit plus sur l'évolution du tirage.

Si celle-ci est favorable, vous connaissez le bonheur de suivre votre bon plaisir. Les liens amicaux ou amoureux sont légers, peu contraignants. Vous savez saisir la chance au vol et faire des rencontres étonnantes, parfois éphémères.

Des voyages improvisés permettent de jouir de l'instant présent et de partager des moments d'exception avec ceux que vous appréciez. Si une histoire s'est révélée trop pesante, vous rompez les amarres et savourez votre liberté retrouvée. Un nouveau départ affectif s'amorce.

Si la carte supplémentaire est défavorable, une relation sur laquelle vous comptiez vous déçoit. Un engagement sentimental se révèle illusoire, un départ vous sépare de l'être aimé. Le Mat n'offre pas pour l'instant de perspective de concrétisation affective.

❖ *Vous êtes en couple*

C'est un arcane de libération. Avec le Mat, une lame supplémentaire est nécessaire pour préciser l'évolution du tirage.

Si celle-ci est favorable, votre couple connaît des changements imprévus qui le libèrent de certaines obligations et lui permettent de repartir sur de nouvelles bases. Un déménagement, un voyage, un départ au loin, sont autant d'occasions de renouveler votre cadre de vie. Vous aspirez à des relations sans contrainte, vous ne transigez plus avec votre indépendance. Si votre union s'effilochait, une séparation souhaitée vous libère. Vous partez avec soulagement vers une vie nouvelle.

Si la carte supplémentaire est défavorable, vous subissez une désillusion, une rupture, un abandon. La communication ne passe plus, les liens se dénouent, votre relation perd sa substance.

VIE PROFESSIONNELLE

I. Le Bateleur en position 1 (favorable à la question)

Avec le Bateleur, le destin vous met d'excellentes cartes en main. Cette lame dynamique parle d'autonomie, de prises d'initiatives, et encourage les nouvelles entreprises.

Vous abordez les situations inédites avec optimisme et une grande fraîcheur de vue. Le moment est idéal pour lancer rapidement des projets innovants, quitte à vous en remettre à d'autres pour le suivi.

Si vous démarrez des études ou prenez un nouveau poste, votre enthousiasme est communicatif. Si vous cherchez un emploi, votre énergie vous permet d'explorer de nombreuses pistes sans vous limiter. Le Bateleur évoque aussi un travail actif et très indépendant qui vous permet de découvrir et de développer certaines de vos qualités encore en germe.

II. La Papesse en position 1 (favorable à la question)

La Papesse parle de sérieux et de prévoyance. Sous une apparence discrète, voire effacée, vous travaillez activement afin de mener votre tâche à bien. Vous utilisez intelligemment votre intuition, la réflexion précède toujours l'action.

Votre conduite est prudente sans être timorée, et vous êtes plus à l'aise dans un poste de conseil que sur le devant de la scène. La patience et la réserve sont des atouts du moment ; votre situation professionnelle évolue discrètement, mais sûrement.

Une formation ou des études approfondies peuvent vous apporter beaucoup, même si la mise en pratique n'est pas immédiate.

Si vous cherchez un emploi, vous mûrissez votre stratégie et prenez des informations avant de vous lancer.

III. L'Impératrice en position 1 (favorable à la question)

Adaptable et mobile, vous êtes à votre place dans un métier de contacts, nécessitant une autorité souple. Votre curiosité naturelle s'associe à un esprit rapide et synthétique, les idées fusent. Vous savez communiquer, transmettre et négocier sans effort. Toujours à l'aise, vous instaurez des relations amicales avec votre entourage et maîtrisez l'art de détendre l'atmosphère par un trait d'humour.

L'Impératrice évoque un projet personnel et original, adapté à votre tempérament indépendant. Les études et les formations sont favorisées, bien qu'abordées parfois avec désinvolture.

Si vous cherchez du travail, les contacts sont nombreux et satisfaisants, vous savez valoriser vos qualités auprès des employeurs potentiels.

IIII. L'Empereur en position 1 (favorable à la question)

À l'aise dans le monde du travail, vous appréciez la sécurité et l'assise sociale que vous pouvez y trouver. Vos talents s'exercent de préférence dans un poste concret, nécessitant le sens de l'organisation. Votre ténacité vous permet d'évoluer avec régularité, vous programmez votre carrière sur le long terme et savez négocier une rémunération à hauteur de vos compétences. Votre autorité naturelle et votre expérience vous incitent à rechercher des responsabilités que vous assumez avec sérieux et sang-froid.

Si vous cherchez un emploi, vous ciblez soigneusement vos candidatures. Vos démarches sont réalistes et organisées, vous briguez un poste stable et correctement payé au sein d'un organisme structuré.

Si vous étudiez, vous pouvez vous appuyer sur des bases solides issues de votre tempérament pragmatique et d'un travail assidu.

V. Le Pape en position 1 (favorable à la question)

Avec le Pape dans votre jeu, vous bénéficiez d'une importante protection. Vos talents sont reconnus et appréciés. Si vous occupez une position enviable, vous y déployez une autorité bienveillante, exempte d'ostentation. Vos analyses basées sur l'expérience, vos jugements impartiaux et vos conseils désintéressés sont souvent suivis. Si vous enseignez ou parlez en public, vous bénéficiez de l'intérêt de votre auditoire.

Votre indulgence et votre sens de la diplomatie visent à maintenir des liens de qualité entre les personnes ou les systèmes. Le Pape est toujours respectueux de la morale et de la légalité, une signature de contrat se présente bien.

Si vous cherchez du travail, votre expérience et votre compréhension de l'âme humaine facilitent vos démarches. Une vocation sincère favorise les études, un enseignant très humain vous soutient.

VI. L'Amoureux en position 1 (favorable à la question)

Vous avez plusieurs cordes à votre arc et savez jouer de la multiplicité de vos talents. Cette lame d'adaptabilité montre que vous pouvez être amené à effectuer des missions d'intérim, à travailler à temps partiel ou à combiner plusieurs emplois.

Votre facilité de contact et une attitude avenante facilitent vos démarches professionnelles, une réunion se passe bien. L'Amoureux parle d'harmonie et favorise les domaines de l'art et de la beauté. Si vous travaillez à votre compte, vous savez vous entourer de personnes avec lesquelles vous vous entendez bien.

Cette lame de choix évoque un tournant professionnel. Vous pouvez hésiter entre diverses orientations ou vous interroger sur la direction à donner à vos études. L'amour intervient parfois dans vos décisions. Si vous cherchez un emploi, votre réseau amical et affectif peut vous aider à décrocher des entretiens intéressants.

VII. Le Chariot en position 1 (favorable à la question)

Avec le Chariot, vos projets sont audacieux et bien définis, les risques sont calculés. Cette lame évoque un tempérament fonceur et volontaire, mis au service d'objectifs ambitieux. Vous pouvez briguer un poste à responsabilités, viser une mutation ou toute situation favorisant votre évolution.

Dans une ambiance dynamique et compétitive, vous mobilisez votre assurance et votre charisme. Des déplacements préservent votre indépendance.

Si vous cherchez un emploi, vous déployez toute votre énergie dans ce sens et visez des contacts rapides et concrets.

Vos études bénéficient de votre détermination et de votre puissance de travail.

VIII. La Justice en position 1 (favorable à la question)

La période est favorable à un bilan. Elle vous permet de faire face à votre situation actuelle en évaluant votre parcours et vos résultats sans parti pris. Vous avez aussi tout intérêt à être au clair par rapport à votre question.

Avec cette lame logique et organisée, vous pouvez occuper un poste requérant le sens des responsabilités. Le sang-froid et l'objectivité sont privilégiés, votre honnêteté rigoureuse inspire la confiance.

Vous appréciez l'ordre, vous vous trouvez à l'aise dans une organisation hiérarchisée et bien structurée. Cet arcane évoque particulièrement les emplois liés au monde législatif ou à l'organisation de la société. Une procédure judiciaire est justifiée.

Si vous cherchez du travail, les objectifs sont définis avec réalisme et rigueur. C'est un moment privilégié pour une signature de contrat ou une reconnaissance officielle.

La concentration sert les études, les notes paraissent équilibrées, un diplôme se profile.

VIIII. L'Hermite en position 1 (favorable à la question)

Votre vie professionnelle connaît un ralentissement positif. Le moment est propice à une réflexion sur votre situation, à la planification de votre évolution de carrière sur le long terme, ou même à la préparation de votre retraite.

L'Hermite évoque un travail solitaire et indépendant. Vous menez des recherches approfondies, vous privilégiez les projets de longue haleine dans lesquels vous engagez tout votre sérieux et toute votre expérience. Vous communiquez peu, mais à bon escient.

Si vous cherchez du travail, vous prenez le temps de cerner ce qui vous convient vraiment. Vos contacts sont rares, mais bien ciblés.

Les études longues et spécialisées, nécessitant beaucoup de concentration, sont favorisées.

X. La Roue de Fortune en position 1 (favorable à la question)

Votre vie professionnelle aborde un tournant. Une évolution se dessine rapidement, une promotion s'annonce, un prompt départ est envisagé. Avec la Roue de Fortune, les initiatives sont hardies. La volonté et l'assurance permettent de saisir les opportunités au vol.

Cette lame très active évoque des déplacements fréquents. Des rencontres professionnelles inattendues pourraient déboucher sur des projets innovants, vous découvrez de nouveaux marchés, les idées fusent. Mobile et indépendant, vous pouvez apprécier la liberté d'un travail saisonnier ou intermittent.

Si vous cherchez un emploi, le destin semble vous donner un coup de pouce. Les initiatives sont légion, un changement d'orientation ou de région est envisageable. Si vous étudiez, un nouveau programme semble prometteur, un succès ouvre sur un cycle supérieur.

XI. La Force en position 1 (favorable à la question)

Avec cette lame de courage et de détermination, vous avez la capacité de faire face aux difficultés. Les rapports de force sont bien gérés, votre compétence et votre sang-froid vous aident à garder la maîtrise de la situation. Vous appréciez le pouvoir et les responsabilités qui s'y rattachent, les puissants ne vous intimident pas.

La Force évoque une activité intense mise au service de projets d'envergure. Vous déployez toute votre combativité et l'associez à une grande rigueur. Si une activité indépendante vous convient, vous vous y engagez totalement.

Si vous cherchez du travail, vous briguez un poste de bon niveau et ne lésinez pas sur les démarches à effectuer pour parvenir à vos fins.

Si vous étudiez, vous travaillez avec volonté et concentration. Votre charisme vous vaut certains succès personnels.

XII. Le Pendu en position 1 (favorable à la question)

Avec cette lame d'immobilisation, vous acceptez de ne pouvoir ni faire de choix ni prendre d'initiatives pour le moment. Même si vos efforts ne donnent pas de résultats immédiats, vous gardez confiance en l'avenir.

Avec cette lame, vous pouvez être momentanément enchaîné à un travail, soutenir avec désintéressement des personnes ou une entreprise en difficulté. Le Pendu favorise tout métier d'aide aux autres, nécessitant dévouement et sacrifice personnel, et particulièrement les professions liées à la spiritualité. Si vous entamez un processus de création, vous savez être attentif aux émotions subtiles qui circulent en vous.

Si vous cherchez du travail, cette période de flottement vous incite à porter un regard différent sur vos aspirations et vos ambitions.

Si vous faites des études, votre situation paraît floue. Un échec vous invite à réfléchir à une orientation plus adaptée.

XIII. L'Arcane sans Nom en position 1 (favorable à la question)

C'est un moment fort de votre vie professionnelle. Une page se tourne, vous permettant de vous libérer des contraintes qui limitent votre expansion. Les choix sont radicaux et irréversibles, parfois inconfortables, mais aussi exaltants.

Un changement de service ou une mutation modifie vos habitudes, vous quittez votre entreprise, un licenciement vous libère et vous soulage, vous optez pour une nouvelle profession, un départ à la retraite est souhaité. Si vous êtes à votre compte, vous revoyez totalement votre stratégie.

Si vous cherchez un emploi, vous modifiez profondément vos objectifs ou votre technique d'approche.

Si vous étudiez, vous adoptez une méthode de travail radicalement différente de la précédente, vous vous coupez d'un entourage qui vous fait perdre du temps. Un échec ou une remise en question vous fait envisager un important changement d'orientation.

XIIII. Tempérance en position 1 (favorable à la question)

Votre attitude souple et sereine instaure une ambiance détendue autour de vous. Grâce à votre facilité de communication, les relations de travail sont confiantes et parfois amicales.

Tempérance évoque une médiation de qualité, la capacité de proposer des arrangements acceptables par tous. Votre comportement est bien adapté à la situation : vos ambitions semblent raisonnables, et les initiatives sont bien ciblées. Cet arcane parle aussi d'intuition et de créativité ; les projets professionnels sont facilités, car vous savez leur laisser le temps de se développer.

Si vous cherchez un emploi, votre cercle amical ou social vous fournit des contacts appréciables. Votre sens relationnel et votre fluidité d'expression sont appréciés.

Si vous étudiez, vous travaillez suffisamment mais sans excès : vous savez équilibrer les efforts et la détente.

XV. Le Diable en position 1 (favorable à la question)

Le Diable, lame de volonté, évoque des objectifs professionnels ambitieux et le désir de maîtriser ses dossiers, son environnement ou sa carrière.

Vous utilisez votre magnétisme et votre capacité de persuasion pour réussir là où les autres ont échoué. Les conflits et les obstacles vous stimulent en vous offrant l'occasion de vous dépasser et de marquer votre volonté.

Le Diable, qui n'apprécie guère les remarques et les ordres, favorise les projets indépendants et affranchis des contraintes hiérarchiques. La réussite financière et le goût du pouvoir sont de puissants moteurs.

Si vous cherchez un emploi, vous briguez plutôt des postes élevés avec une rémunération importante. Une personne qui vous est redevable peut vous introduire dans un milieu fermé. Des études ou une formation permettent d'envisager une carrière lucrative.

XVI. La Maison Dieu en position 1 (favorable à la question)

Qu'il s'agisse d'une nomination inattendue, d'une restructuration imprévue ou d'un échec cuisant, la Maison Dieu évoque un choc aux impacts positifs. À l'image des personnages de la carte, vous êtes capable de rebondir. Une idée géniale, une découverte soudaine ou un éclair de compréhension ouvrent sur une crise salutaire.

Si vous vous enlisiez dans une situation difficile, un brusque départ déstabilise, mais soulage. Des ambitions illusoires s'écroulent et vous libèrent de vos obsessions. Vous comprenez qu'un projet indépendant a des bases trop fragiles et doit être sérieusement revu.

Si vous cherchez du travail, des refus successifs vous obligent à repenser votre présentation et vos axes de recherche. Une proposition inattendue vous surprend.

Si vous étudiez, un échec incite à changer vos méthodes de travail, l'appel d'une vocation vous foudroie.

XVII. L'Étoile en position 1 (favorable à la question)

L'Étoile évoque la possibilité d'un travail plaisant, valorisant votre créativité et vos qualités relationnelles. Des idées lumineuses jaillissent naturellement, vos intuitions vous guident vers les meilleures opportunités.

Avec cet arcane d'apaisement, l'ambiance est détendue. Votre calme et votre optimisme facilitent les relations avec vos collègues, votre hiérarchie ou vos clients. Les conflits sont gérés dans un esprit d'apaisement.

Si vous cherchez un emploi, vous êtes très en confiance, car vous savez que votre bonne étoile veille sur vous. Des personnes qui vous apprécient pourront vous appuyer, à la condition que vous formuliez clairement votre demande.

Les études apparaissent agréables sans être épuisantes. Vous suivez votre vocation en comptant sur votre chance et votre inspiration – un peu trop, peut-être ?

XVIII. La Lune en position 1 (favorable à la question)

La Lune, astre réceptif, valorise votre intuition et votre imagination créatrice. Elle favorise les métiers en contact avec le public, ainsi que ceux qui sont associés au passé ou au monde de l'enfance.

Avec cette lame, un certain flou n'est pas pour vous déplaire, et vous pouvez exercer plusieurs activités en parallèle. La Lune oriente aussi vers un travail à domicile ou dans un environnement protecteur, un cercle familial ou amical.

Un projet en indépendant bénéficie de votre charme et de votre sens relationnel. Votre sensibilité bien canalisée vous avantage dans vos affaires.

Si vous cherchez un emploi, votre réseau familial ou vos amis proches sont susceptibles de vous aider. Comptez aussi sur des contacts noués dans l'enfance.

Une excellente mémoire est un atout de choix pour vos études – la nuit favorise la concentration.

XVIIII. Le Soleil en position 1 (favorable à la question)

Avec cette lame rayonnante, votre intelligence et votre détermination servent vos ambitions. Vous savez valoriser vos talents et exploiter toutes les ressources de votre créativité.

Le Soleil est l'astre du charisme et de l'autorité naturelle, des qualités idéales pour accéder à une position en vue. En entreprise, vous occupez un poste à responsabilités adapté à vos compétences, ou vous briguez à juste titre une promotion. Un projet indépendant est parti pour connaître le succès, vos prestations sont appréciées, des négociations s'annoncent fructueuses.

Si vous cherchez un emploi, votre confiance en vous et votre contact chaleureux font ressortir vos atouts. Vous brillez dans vos études et avez plaisir à apprendre.

Avec le Soleil, luminaire de l'amour, vous pouvez faire une rencontre au travail ou exercer votre activité professionnelle en couple.

XX. Le Jugement en position 1 (favorable à la question)

Un événement inattendu imprime un tournant décisif à votre vie professionnelle. Avec le Jugement, vous savez accueillir le changement.

Une promotion imprévue, un nouveau poste, une mutation appréciée, un départ désiré, des honneurs ou une ascension sociale rapide se proposent à vous. Un jugement vous est favorable, un changement radical d'orientation vous libère l'esprit.

Cette lame rapide et réactive fourmille d'idées inédites. Vous communiquez sur vos réalisations, vous vous enthousiasmez pour des concepts originaux et des techniques innovantes. Un projet indépendant entame une évolution rapide et déterminante. Le Jugement parle d'initiatives originales et d'intuitions fulgurantes.

Si vous cherchez un emploi, vous le faites savoir largement autour de vous, et vous vous mettez également à l'écoute du marché afin de saisir les opportunités au vol.

Vos études connaissent une modification inattendue, vous obtenez un diplôme ou ressentez l'appel subit d'une vocation. Vous optez pour des sujets novateurs.

XXI. Le Monde en position 1 (favorable à la question)

Cette lame évoque un travail épanouissant, dans lequel vous avez plaisir à vous investir. Vos ambitions semblent adaptées à vos capacités ; votre sens relationnel et une attitude équilibrée servent votre évolution professionnelle.

Avec le Monde, les déplacements et toutes les entreprises liées à l'étranger sont favorisés. Vos initiatives sont heureuses, vous valorisez très naturellement vos atouts et vos compétences. Vous venez de bénéficier d'une promotion ou de décrocher une récompense méritée.

Un projet indépendant vous achemine vers une réussite personnelle. Votre créativité peut vous faire connaître la notoriété, vos réalisations s'ouvrent sur l'international.

Si vous cherchez du travail, vous vous montrez disponible et ne vous limitez pas dans vos prospections.

Vos études semblent vous satisfaire, vous les menez avec aisance, un diplôme couronne vos efforts.

Le Mat en position 1 (favorable à la question)

Cet arcane de libre choix évoque une totale autonomie professionnelle. Avec l'impulsif Mat, vos choix sont rapides et audacieux, les déplacements sont privilégiés.

N'étant pas enfermé dans un plan de carrière, vous savez saisir la chance au vol, faire volte-face si nécessaire et ne pas vous laisser déstabiliser par les imprévus.

Une découverte, une idée géniale ou un projet de travail hors du commun vous incitent à repartir à zéro. Vous quittez un emploi qui ne vous apportait plus rien, vous vous dégagez des structures et des hiérarchies. Vos projets personnels sont originaux et vous les abordez en pionnier, portant un regard libre et audacieux sur le monde qui vous entoure.

Si vous cherchez un emploi, vous suivez votre instinct sans trop vous embarrasser des procédures traditionnelles.

Si vous étudiez, vous vous dégagez des méthodes trop classiques en tentant une approche d'apprentissage toute personnelle.

I. Le Bateleur en position 2 (défavorable à la question)

L'irruption de la nouveauté, l'arrivée inattendue d'une personne ou des changements hâtifs perturbent le cours de votre travail.

Si vous débutez dans un poste, votre inexpérience est un handicap, Des capacités ou des connaissances ne sont pas encore acquises. Sinon, vous devez supporter une personne novice, vous accommoder d'une nouvelle orientation ou d'une procédure trop rapidement mise en place.

Avec le Bateleur, certaines actions sont mal structurées ou manquent de suivi. L'énergie est gaspillée, des attitudes imprudentes ou immatures mettent un projet en danger. La nervosité et l'impatience desservent l'évolution professionnelle, votre envie de réussir n'est pas toujours bien perçue par l'entourage.

Si vous cherchez un travail, vous vous dispersez trop, vous ne mettez pas en valeur votre potentiel ou vous ne voyez pas l'intérêt d'un poste. Un manque de formation ou d'expérience peut vous être reproché.

Avec plus de concentration et de suivi, vos études gagneront en qualité. Ne gaspillez pas vos capacités.

II. La Papesse en position 2 (défavorable à la question)

De mystérieuses raisons bloquent votre évolution ou l'avancée de vos projets, des informations ne vous ont pas été communiquées, une personne peut dissimuler une rancune tenace à votre égard. Des comportements hypocrites, l'attitude passive d'un collaborateur ou un manque d'esprit d'équipe risquent de vous nuire.

Un dossier n'est pas totalement maîtrisé, certaines pièces vous manquent, vous ne cernez pas toutes les données d'un problème, votre timidité vous dessert.

Si vous exercez une activité indépendante, vous ne communiquez pas assez sur vos compétences ou vos résultats. En recherche d'emploi, votre réserve est mal perçue, vous vous perdez en introspection et peinez à mettre vos qualités en valeur. Si un poste vous intéresse, assurez-vous que l'on ne vous cache rien à ce sujet.

Dans vos études, certaines intuitions ne vous aident pas ; évitez de trop vous investir dans des domaines qui ne vous rapporteront rien.

III. L'Impératrice en position 2 (défavorable à la question)

Des incompréhensions ou des refus provenant d'une personne de pouvoir bloquent une procédure en cours. Vous ne disposez pas des bonnes informations ou des documents nécessaires pour atteindre vos objectifs. Un projet prend du retard, une multiplicité d'idées ne mène à rien de concret, des discussions inutiles ou des approches purement intellectuelles compliquent tout.

Vous devez faire face à un manque de fiabilité, à des personnes peu sérieuses ou aux qualifications insuffisantes. La nervosité, l'agressivité ou la manipulation mentale apportent beaucoup de stress.

Si vous cherchez du travail, évitez de vous disperser et fixez-vous des objectifs clairs. Vous risquez de ne pas avoir les diplômes nécessaires à l'obtention de l'emploi que vous visez.

Les études et les formations nécessitent plus de concentration et d'implication. Assurez-vous qu'elles répondent vraiment à vos attentes.

IIII. L'Empereur en position 2 (défavorable à la question)

Cette lame évoque un blocage momentané. Vous pouvez vous heurter à une hiérarchie mal disposée, à une autorité obtuse ou à une structure qui bride vos élans. Un manque de souplesse, des décisions arbitraires ou un abus de pouvoir retardent votre évolution. Dans certains cas, la charge de travail vous pèse, l'ennui naît de la routine.

Si vous êtes à votre compte, vous risquez d'être bloqué par un organisme administratif ou bancaire. Une protection se révèle défaillante, un désaccord matériel freine l'avancement d'un projet, acceptez de revoir votre copie si c'est nécessaire.

Si vous cherchez du travail, vous manquez d'adaptabilité, vous vous retrouvez face à des systèmes lourds et trop rigides.

Si vous étudiez, vous avez du mal à doser vos efforts ; un enseignement paraît sclérosé ; un professeur est tyrannique.

V. Le Pape en position 2 (défavorable à la question)

Vous risquez de subir quelques revers, votre évolution est ralentie par un supérieur hiérarchique ou un personnage influent. Un projet manque de réalisme et doit être modifié pour s'adapter au marché.

Un soutien sur lequel vous comptiez vous lâche, des personnes mal disposées ou incompétentes dispensent de mauvais conseils, vous pâtissez de comportements hypocrites ou malhonnêtes, une rupture contractuelle est à craindre.

On vous reproche de vous écouter parler. Attention à la rigidité et à l'intolérance, vous avez parfois du mal à vous remettre en cause. Assumez vos responsabilités et ne vous livrez à aucune pratique illégale.

Une recherche d'emploi s'avère plus difficile que prévu, un accord attendu est remis en question. Si vous passez un examen oral, ne vous laissez pas intimider : restez vous-même.

VI. L'Amoureux en position 2 (défavorable à la question)

Un choix qui se présente ébranle vos certitudes, hésiter entre plusieurs voies professionnelles vous déstabilise, certaines influences ne vous réussissent pas. Un sentiment tendre vous déconcentre, une liaison sur votre lieu de travail fragilise votre position.

Avec l'Amoureux, une proposition professionnelle n'obtient pas de réponse claire ; de mauvais choix affaiblissent une structure, une situation s'avère instable.

Trop de sensibilité, un manque d'assurance et de rigueur nuisent à l'avancement des dossiers. Attention aux manipulations affectives, l'ambiance est plus trouble qu'il n'y paraît. Ne vous fiez pas totalement à votre entourage, et ne dévoilez pas tout de votre vie personnelle.

Si vous cherchez un emploi, structurez votre recherche et ne vous engagez pas à moitié. Évitez de vous lancer dans des démarches illusoires.

Vos études peuvent pâtir de vos émois amoureux, vous êtes un peu velléitaire, vous avez du mal à définir votre orientation.

VII. Le Chariot en position 2 (défavorable à la question)

Vous êtes parti dans une mauvaise direction, vos projets doivent être mieux adaptés à la conjoncture, vos démarches se heurtent à des obstacles, une personne tyrannique freine votre évolution. Des déplacements sont annulés ou se révèlent périlleux ; le rythme de travail est excessif, la compétition agressive.

Le Chariot évoque parfois des ambitions démesurées, un excès d'assurance et d'autoritarisme. Votre indépendance très affirmée s'accorde mal avec un travail en équipe.

Des objectifs mal définis, des risques sous-évalués, un manque d'attention et un comportement désordonné nuisent à vos projets. Des idées intéressantes sont gâchées par l'impatience et la maladresse.

Si vous cherchez du travail, vous vous précipitez sans vraiment évaluer l'intérêt d'un poste, on vous propose un emploi nécessitant trop de déplacements, vous manquez de diplomatie durant les entretiens.

Si vos études connaissent un accident de parcours, revoyez vos objectifs.

VIII. La Justice en position 2 (défavorable à la question)

Vous vous heurtez à un système rigide, à des personnes froides ou pointilleuses. Vous subissez des reproches injustes, vos arguments ne sont pas entendus, vous refusez d'endosser les responsabilités d'un autre, vos supérieurs ne vous soutiennent pas.

Dans certains cas, votre intransigeance comme l'irrespect des règles ou de la hiérarchie risquent de se retourner contre vous.

Vos propositions ne sont pas acceptées, un contrat est annulé, un projet indépendant souffre de blocages ou de retards administratifs. Cette lame évoque également des difficultés légales, un procès aux prud'hommes est mal engagé.

Si vous cherchez du travail, un contact important s'avère difficile à établir. Les réponses sont retardées par la lourdeur des procédures.

Si vous étudiez, ne confondez pas structure et rigidité. Vous êtes confronté à un enseignant injuste, une notation est inéquitable.

VIIII. L'Hermite en position 2 (défavorable à la question)

Un projet professionnel est retardé ou annulé, une évolution espérée est freinée, votre environnement entrave votre enthousiasme, la lassitude se fait sentir.

Dans certains cas, des difficultés d'adaptation bloquent votre avancement, vous êtes écarté des décisions stratégiques, vous vous retrouvez dans un poste insatisfaisant, vous êtes mis en retraite anticipée. Vous souffrez d'un complexe d'échec, le travail vous semble pénible et mal payé, vous êtes frustré dans vos ambitions professionnelles, vos efforts ne portent pas leurs fruits, le découragement vous envahit.

Si vous êtes à votre compte, un excès de prudence gâche des opportunités. Des dossiers avancent trop lentement, les explications sont embrouillées, la communication est ralentie.

Si vous visez un emploi particulier, la sélectivité est importante (vous êtes trop âgé ou trop expérimenté) ; une réponse tarde à venir.

Vos études vous paraissent austères, interminables, trop spécialisées ou excessivement compliquées.

X. La Roue de Fortune en position 2 (défavorable à la question)

Vous connaissez des hauts et des bas, votre situation est instable. Un changement de cycle vous déstabilise, un contrat n'est pas renouvelé, une mutation est imposée, vous devez quitter votre emploi. Un changement de direction ou une délocalisation modifie profondément l'équilibre d'une structure.

Votre carrière souffre d'erreurs répétées ou d'une mauvaise évaluation des risques. Un projet est annulé au dernier moment, vous manquez une opportunité, une adaptation est difficile, vous ne décrochez pas la promotion espérée, vous avez l'impression de régresser.

Si vous cherchez du travail, vous vous heurtez toujours aux mêmes réponses. Un poste intéressant vous échappe, la mobilité est un problème. Une personne que vous cherchez à joindre vous évite.

Si vous étudiez, vous risquez un redoublement ou un examen de rattrapage. Un projet Erasmus est compliqué à mettre en œuvre.

XI. La Force en position 2 (défavorable à la question)

Vos projets subissent une puissante opposition, vous êtes pris dans des rapports de force, les conflits d'intérêts sont légion, vous vous crispez sur vos positions. Des objectifs divergent, des plans se révèlent trop ambitieux ou mal conçus, l'énergie est gaspillée en projets inutiles, une liaison passionnée vous déconcentre. L'arrivisme et le manque de souplesse entravent un travail collectif.

Vous craignez une régression professionnelle, vos ambitions sont frustrées, vous êtes en désaccord avec votre hiérarchie. L'individualisme, les luttes de pouvoir et les abus de confiance fragilisent une entreprise.

Si vous travaillez à votre compte, la concurrence est rude, vos adversaires sont agressifs et déterminés, vos partenaires sont difficiles à gérer.

Si vous cherchez un emploi, la lutte est acharnée, préparez-vous à un entretien corsé.

Si vous étudiez, évitez de vous opposer frontalement à un enseignant. Donner la priorité à vos plaisirs ne vous rapportera rien de bon.

XII. Le Pendu en position 2 (défavorable à la question)

Un projet prend un retard notable, des événements extérieurs bloquent une évolution prometteuse, l'immobilisme de l'environnement entrave vos élans, vous vous sentez ligoté par vos obligations professionnelles.

Un dossier est mal structuré, un travail manque de rigueur, les informations sont trop floues. Vous n'avez plus la maîtrise des événements, vous manquez d'énergie et de réactivité, un sentiment d'impuissance vous envahit, vous ne vous sentez pas à votre place.

Le travail semble lourd ou très compliqué. Vous êtes trop impressionnable, votre timidité vous empêche de vous imposer, vous vous sentez victime des circonstances. Un harcèlement vous rend vulnérable, vous devez renoncer provisoirement à certaines de vos ambitions, vous ne savez pas réagir devant un licenciement ou tout événement déstabilisant.

Si vous cherchez un emploi, vous avez du mal à vous lancer, les employeurs potentiels tardent à répondre, le marché n'est pas porteur pour l'instant, vous vous découragez.

Si vous étudiez, vous manquez de concentration ou de motivation, vous vous laissez aller. En cas d'examen, prenez vos précautions pour éviter le stress paralysant.

XIII. L'Arcane sans Nom en position 2 (défavorable à la question)

D'importantes transformations professionnelles s'amorcent, une situation prend fin, une réalité s'impose à vous.

Un projet échoue ou doit être abandonné, vous êtes obligé de modifier vos habitudes en profondeur, des changements stratégiques et organisationnels vous perturbent. Des actions radicales se préparent à votre encontre, le manque d'intégrité et la corruption risquent de détruire un service ou une entreprise, une personne importante disparaît, un contrat n'est pas renouvelé, vous vivez douloureusement votre licenciement ou votre mise à la retraite.

Si vous êtes à votre compte, des concurrents vous coupent l'herbe sous le pied, il vous est difficile de vous adapter à des modifications radicales des marchés et des techniques.

Si vous cherchez du travail, vous devez faire le deuil de votre emploi précédent. Des nouvelles méthodes vous rebutent, vous craignez de postuler dans un domaine totalement différent.

Si vous étudiez, un échec vous pousse à envisager un changement de rythme dans votre façon de travailler, ou même une nouvelle orientation.

XIIII. Tempérance en position 2 (défavorable à la question)

Un projet est retardé, une ambition tarde à se concrétiser, un groupe de travail peine à s'accorder sur une action ou sur une stratégie, une information erronée vous engage sur une mauvaise voie.

L'énergie vous manque pour que vous vous imposiez ou fassiez valoir votre point de vue. Il vous est difficile de vous impliquer dans une mission, un dossier vous ennuie, un projet vous échappe, vos idées ne sont pas reconnues ou s'avèrent inadaptées à la situation. Les changements de méthode, de langage et de matériel sont difficiles à intégrer. L'ambiance au travail est médiocre, la communication est compliquée, des informations circulent mal ou sont déformées, des conflits éclatent. Vous perdez une protection, une personne trop amicale se révèle fausse.

Si vous êtes à votre compte, un contact prometteur n'aboutit pas, un contrat est difficile à décrocher ou à renouveler. L'amitié s'accorde mal avec les affaires.

Si vous cherchez un emploi, votre réseau ne se montre pas très réactif, vous manquez de souplesse dans vos démarches.

Vos études pâtissent d'un manque de concentration, ne comptez pas sur vos camarades pour vous rattraper.

XV. Le Diable en position 2 (défavorable à la question)

Un projet se heurte à d'importants obstacles matériels, vos ambitions sont fortement contrariées, vous êtes face à un pouvoir intraitable, la concurrence est féroce, vous devez vous battre pour préserver vos intérêts, un concurrent cherche à établir sa domination.

L'ambiance au travail est agressive, vous devez gérer un conflit d'intérêts, des attitudes arrogantes font naître des inimitiés tenaces. Vous êtes en butte à des critiques injustifiées, vous subissez des menaces ou un harcèlement. Vous pouvez vous sentir exploité ou manipulé, des abus de confiance sont à craindre.

Si vous cherchez un emploi, la compétition est rude, et vous avez intérêt à reconsidérer vos prétentions financières.

Si vous étudiez, vous avez tendance à faire passer le plaisir avant le travail, vous rencontrez des blocages financiers ou relationnels. Attention, un concours peut se révéler plus durement éliminatoire que prévu.

XVI. La Maison Dieu en position 2 (défavorable à la question)

Votre situation connaît un brusque renversement, un choc modifie votre vision du travail, vous subissez une importante désillusion, des imprudences se retournent contre vous, des ambitions s'avèrent démesurées, votre amour-propre est blessé, votre entreprise dépose son bilan.

L'ambiance est explosive, la restructuration de votre société ou de votre service vous inquiète, des changements d'objectif ou de méthodologie sont imposés abruptement, vous êtes victime d'un accident du travail, vous êtes brutalement écarté ou licencié. Vous êtes trop sensible ou trop instable pour votre poste, vous prenez de front toutes les contrariétés, vous craquez.

Un projet indépendant s'écroule, faute de bases solides. Des contrats sont rompus brusquement. Si vous cherchez du travail, un refus vous déstabilise et vous oblige à revoir vos ambitions. Vous vous adaptez difficilement à vos interlocuteurs.

Si vous étudiez, un manque de travail ou une mauvaise évaluation de vos capacités risquent d'entraîner un échec. Vos études vous déçoivent ou vous semblent trop difficiles, vous avez visé trop haut, vous êtes désillusionné.

XVII. L'Étoile en position 2 (défavorable à la question)

Un projet professionnel est retardé par manque d'investissement, votre activité se ralentit, une opportunité vous échappe, vous subissez un désappointement, une protection vous est retirée, une intuition malheureuse vous amène à commettre une erreur, l'attitude de votre entourage vous déçoit.

L'inspiration manque, la créativité s'essouffle, d'autres personnes s'emparent de vos idées, une sensibilité excessive à la critique vous paralyse. Votre travail vous ennuie, vos idéaux se heurtent à la réalité, on vous reproche passivité et démotivation. Certains pourraient abuser de votre naïveté ou de votre timidité.

Si vous cherchez du travail, fixez-vous des objectifs réalistes et n'attendez pas d'aide extérieure.

Si vous étudiez, vous manquez de rigueur et de volonté, vous comptez trop sur la chance, vous vous illusionnez sur vos résultats.

XVIII. La Lune en position 2 (défavorable à la question)

Tout semble flou et déstabilisant : une mission n'a pas été clairement définie, des objectifs s'avèrent irréalistes, un projet stagne par manque d'organisation, une décision a été prise dans votre dos, une opposition sournoise bloque votre avancement.

La Lune met aussi en garde contre l'irresponsabilité, le manque d'initiatives et de sens concret.

L'ambiance est trouble et déprimante, la situation est instable, vous êtes face à un système opaque. Vous êtes victime de calomnies, d'hypocrisie ou de menaces voilées. Vous êtes trop pris par la routine, une ambiance paternaliste vous oppresse, votre sensibilité est blessée, vous êtes sur la défensive. Des éléments du passé vous entravent, la famille est un frein à votre réussite.

Si vous cherchez un emploi, méfiez-vous des fausses promesses. Un poste est mal défini ou mal compris, vous n'entrez pas dans la culture d'entreprise, votre motivation reste à démontrer, vos arguments manquent de clarté.

Vous marquez un désintérêt passager pour vos études ou pour une matière, vous rêvez ou paressez au lieu de réviser. Un sujet d'examen est trop flou, le trac vous pénalise.

XVIIII. Le Soleil en position 2 (défavorable à la question)

Un succès attendu est reporté, une brillante opportunité vous échappe, vous vous heurtez à un pouvoir despotique, une personne cherche à vous éclipser et à tirer la couverture à elle.

Le Soleil parle d'autoritarisme, il évoque une communication à sens unique et un manque d'esprit d'équipe. L'égocentrisme et l'arrivisme tendent les relations. Une ambition s'avère irréaliste, vos qualités ne sont pas reconnues, votre vie de famille entrave votre réussite, une histoire d'amour complique la situation.

Un projet indépendant souffre d'une concurrence éclatante, de mauvaises critiques ou d'un financement insuffisant. Vous voyez trop grand, vous vous aveuglez sur vos capacités ou sur la viabilité d'une affaire, un contrat va à un concurrent. Votre démarche artistique n'est pas appréciée à sa juste valeur.

Si vous cherchez du travail, ne vous laissez pas éblouir par le prestige d'un poste ou d'une entreprise. Ne vous imposez pas ou ne vous laissez pas intimider lors des entretiens.

Si vous étudiez, fixez-vous des objectifs raisonnables. L'amour risque de vous détourner de vos révisions.

XX. Le Jugement en position 2 (défavorable à la question)

Vous faites face à un changement inattendu ou à une mauvaise nouvelle professionnelle, vous subissez une désillusion, une complication inopinée contrecarre vos ambitions.

Le Jugement peut évoquer des paroles malvenues, des indiscrétions, des calomnies ou la divulgation d'un secret. Votre supérieur hiérarchique vous sermonne, vous supportez mal les ordres arbitraires et les remarques en public. Un jugement est rendu en votre défaveur.

La rigidité et la nervosité entraînent des éclats de voix, les portes claquent.

Vos idées ne sont pas reconnues, n'aboutissent pas ou vous sont dérobées. On vous déplace sans votre accord, des litiges surgissent, vous risquez un licenciement.

Des décisions irréfléchies menacent un projet indépendant, des partenaires reviennent sur les contrats conclus, vous subissez de mauvaises critiques.

Si vous êtes en recherche d'emploi, un poste vous échappe, vous avez des mots avec un recruteur.

Si vous étudiez, un sujet inattendu tombe aux examens, un événement vous déconcentre, vous changez d'orientation trop brutalement.

XXI. Le Monde en position 2 (défavorable à la question)

Des différences culturelles desservent un projet, vos ambitions professionnelles tardent à aboutir, un malentendu s'élève avec votre entourage, un contretemps oblige à revoir un objectif à la baisse, vous surestimez les difficultés rencontrées.

Vous pouvez souffrir d'un manque de considération ou vous sentir mis à l'écart par vos collègues, votre hiérarchie ou la structure qui vous emploie. Une personne prend le poste qui vous est dû, elle est récompensée à votre place. La communication est malaisée, votre maîtrise des langues étrangères est insuffisante, un voyage d'affaires s'avère décevant. La dispersion et la distraction sont source d'erreurs, la créativité est en panne.

Si vous cherchez du travail, vos objectifs ne sont pas en accord avec vos capacités ou vos diplômes.

Si vous étudiez, vos choix d'orientation manquent de réalisme, un projet Erasmus est compromis. Vous faites passer vos loisirs avant le travail et comptez trop sur la chance.

Le Mat en position 2 (défavorable à la question)

Votre position paraît instable, un appui important vous lâche, une mutation modifie vos projets, la désorganisation dessert vos ambitions, vos efforts ne semblent pas porter leurs fruits, des idées peinent à se concrétiser, une entreprise part à vau-l'eau.

Des promesses non tenues, un manque de fiabilité de l'entourage ou la rupture soudaine d'un contrat vous déstabilisent. Vous prenez la fuite devant une situation difficile, vous lâchez brusquement un travail qui vous pèse sans en anticiper les conséquences, on vous reproche votre imprévisibilité.

Des déplacements vous fatiguent, vous font perdre du temps ou compromettent votre avancement. Vous avez du mal à vous poser pour prendre du recul. Le Mat met également en garde contre l'irresponsabilité, l'inconscience et le refus des contraintes. Un projet souffre de choix incohérents et d'erreurs de jugement.

Si vous cherchez un emploi, un poste peut vous échapper de justesse. Vos démarches manquent de structure et de suivi, vous n'avez peut-être pas envie de retravailler tout de suite.

Si vous étudiez, concentrez-vous et ne fuyez pas les contrôles.

I. Le Bateleur en position 3 (le conseil)

Il est temps d'impulser un nouveau départ à votre vie professionnelle. Le Bateleur, qui domine le tirage, incite à prendre d'heureuses initiatives. Examinez votre situation actuelle d'un œil neuf, prenez conscience de votre potentiel et ayez confiance en votre esprit d'entreprise.

Faites-vous plaisir, proposez des projets multiples, ne censurez pas vos idées, formez-vous à des techniques innovantes ou mettez-vous à votre compte. Saisissez les opportunités au vol, sans les sélectionner à l'excès dans un premier temps.

Si vous cherchez du travail, gardez l'esprit ouvert et osez postuler pour un emploi auquel vous n'auriez pas songé auparavant. Faites des candidatures spontanées, n'hésitez pas à frapper aux portes et montrez votre enthousiasme pour le poste que vous briguez.

Si vous étudiez, il est temps de repartir d'un bon pied. Intéressez-vous à de nouvelles matières ou à d'autres orientations, expérimentez des méthodes de travail plus ludiques.

II. La Papesse en position 3 (le conseil)

Si vous avez des projets professionnels, la Papesse exhorte à la patience. Restez discret sur vos ambitions et ne cherchez pas à accélérer le mouvement. Attendez que les choses parviennent à maturité avant d'agir.

Ne vous mettez pas en avant, prenez conseil auprès de personnes expérimentées et optez pour une attitude pondérée. Profitez d'une période d'accalmie pour développer vos connaissances, acquérir de l'expérience et développer votre approche intuitive.

Si vous cherchez un emploi, une introspection – éventuellement guidée par un professionnel – favorisera vos démarches. Prenez le temps d'approfondir vos choix et de programmer vos actions.

Si vous étudiez ou suivez une formation, la Papesse conseille de vous y consacrer sérieusement en limitant les sorties et les distractions.

III. L'Impératrice en position 3 (le conseil)

L'Impératrice sollicite votre adaptabilité et votre mobilité intellectuelle. Le moment est venu de communiquer sur vos capacités et vos ambitions. Pourquoi ne pas lier de nouveaux contacts professionnels ou suivre une formation ? Un projet personnel permettrait d'élargir votre horizon. Vous pouvez également transmettre vos connaissances par le biais de l'enseignement ou des écrits.

Si vous êtes à votre compte, utilisez les réseaux sociaux ou faites appel à vos amis et connaissances pour mieux vous faire connaître. Si vous cherchez un emploi ou briguez un poste plus intéressant, dites-le autour de vous. Montrez que votre curiosité, votre culture et votre ouverture d'esprit sont des atouts pour l'entreprise.

L'Impératrice exhorte également à la souplesse. Si les relations avec votre employeur sont compliquées, négociez ou faites appel à un médiateur avant d'opter pour des solutions extrêmes.

IIII. L'Empereur en position 3 (le conseil)

Le travail et l'assiduité paieront. Que vous soyez salarié ou indépendant, fixez-vous des objectifs clairs et prenez le temps de vous organiser pour les atteindre. Une attitude constructive et pragmatique sera garante de votre efficacité.

Si un projet professionnel commence à prendre forme, veillez à consolider votre position. Respectez vos engagements, vous apparaîtrez comme une personne rassurante et responsable, capable de s'imposer.

Avec l'Empereur, vous pouvez disposer d'un appui bien placé. N'hésitez pas à le solliciter si vous cherchez un emploi. Visez les entreprises solides, les postes stables et bien rémunérés.

Vos études ou votre formation nécessitent un investissement sérieux, ne vous laissez pas distraire.

V. Le Pape en position 3 (le conseil)

Le Pape vous engage à réfléchir à votre situation professionnelle. Si celle-ci ne s'inscrit pas dans une perspective d'évolution personnelle, envisagez un emploi plus en phase avec vos convictions et votre philosophie de vie. Si vous cherchez votre voie, une personne d'expérience pourra se révéler de bon conseil. Une vocation, même tardive, peut éclore.

Cette lame conseille d'être disponible pour les autres et de se comporter avec une impartialité bienveillante, particulièrement en cas de conflit. Ne cherchez pas à briller, contentez-vous de dispenser des avis judicieux et de transmettre vos connaissances sans restriction. Avec le Pape, une protection humaine ou spirituelle vous est acquise, n'en abusez pas.

Si vous cherchez du travail, soyez adroit et ne craignez pas de solliciter des aides bien placées. Ne commencez rien sans avoir signé de contrat.

Vos études seront facilitées, si vous suivez les indications d'un enseignant compétent et bien disposé à votre égard.

VI. L'Amoureux en position 3 (le conseil)

Si vous devez faire un choix important, écoutez les avis pertinents de votre entourage, mais ne vous y perdez pas. Cette lame de libre arbitre invite à trouver la réponse en soi, sans se laisser influencer ni déborder par les émotions.

En cas de conflit, une concertation peut aider à détendre une situation, une solution à l'amiable doit être recherchée, la diplomatie aplanit des difficultés.

L'Amoureux, qui ouvre des voies multiples, propose aussi de combiner plusieurs options professionnelles si vous y trouvez votre équilibre. Les domaines de l'art, de la beauté, et tous ceux qui vous permettent d'exprimer votre sensibilité sont favorisés.

Si vous cherchez un emploi, rapprochez-vous de votre réseau amical ou affectif. Votre sociabilité et votre adaptabilité sont des atouts imparables.

Si vous hésitez dans l'orientation de vos études, laissez s'exprimer votre vocation. Pour réussir vos examens, privilégiez les révisions de groupe.

VII. Le Chariot en position 3 (le conseil)

Le dynamique Chariot vous entraîne vers des objectifs professionnels ambitieux, mais réalistes. Il exhorte à viser un poste plus élevé, à augmenter votre chiffre d'affaires, à décrocher un contrat important.

N'ayez pas peur de vous lancer dans l'action. Soyez sûr de vous, affirmez vos positions et prenez des initiatives. Quoi qu'il arrive, restez ferme et ne vous laissez pas intimider. Gardez votre cap avec détermination tout en conservant une certaine souplesse.

Cette lame de mouvement incite à prévoir des déplacements, à envisager une mutation… et, avant tout, à défendre votre indépendance.

Si vous cherchez du travail ou si vous étudiez, n'ayez pas peur de la réussite. Sachez où vous voulez aller et foncez sans tergiverser !

VIII. La Justice en position 3 (le conseil)

Pour stabiliser votre position, montrez-vous efficace et responsable. Avec la Justice, l'ordre et la méthode sont la clef de la réussite. Respectez les règles et la hiérarchie, faites preuve de rigueur dans vos contrats.

La période est propice à une réflexion sur votre avenir professionnel. Un bilan de compétences pourrait vous éclairer, et toute décision doit être prise en pesant le pour et le contre.

Si vous estimez être victime d'une injustice, envisagez une médiation avant d'engager une procédure légale. En cas de conflit social, un conciliateur peut permettre un retour au calme.

Si vous cherchez du travail, adressez-vous de préférence à une administration ou à une organisation bien structurée. Formulez clairement vos propositions et faites connaître vos ambitions.

Si vous étudiez, fixez-vous un programme rigoureux et respectez-le. Vous pouvez viser un diplôme de bon niveau.

VIIII. L'Hermite en position 3 (le conseil)

Avec l'Hermite, lame de labeur et de lenteur, il ne convient pas de forcer le destin. Tous les sujets sur lesquels vous vous penchez doivent être étudiés et approfondis.

Si vous vous interrogez sur votre avenir professionnel, une pause introspective est bienvenue. Vous pourrez établir un plan de carrière à long terme ou, si c'est le moment, envisager une retraite de qualité.

Évitez les décisions prises sur un coup de tête. Si vous ne vous sentez pas à votre place, réfléchissez avant de solliciter un autre poste, de démissionner ou de changer d'orientation.

Si vous cherchez un emploi, ciblez vos contacts avec précision. Visez un poste à responsabilités, valorisant votre expérience et votre maturité.

Si vous étudiez, ne vous dispersez pas. C'est le moment de structurer votre façon de travailler en vous concentrant sur les matières essentielles.

X. La Roue de Fortune en position 3 (le conseil)

Bougez, avancez, prenez des initiatives. Si le mouvement s'accélère, saisissez la balle au bond. Ne refusez pas d'examiner une proposition professionnelle qui entraînerait un changement de vie ; envisagez une mutation ou une reconversion. Adaptez-vous, innovez, entreprenez, rebondissez avec enthousiasme.

Si un cycle s'achève, ne regrettez pas de quitter un emploi, une société ou un lieu. Ouvrez-vous à de nouvelles aventures, fort de cette précieuse expérience. Si nécessaire, entamez une formation de reconversion.

Si vous cherchez du travail, gardez l'esprit ouvert, laissez un événement imprévu changer la donne, acceptez que le destin favorise vos ambitions.

Si vous étudiez, recherchez un stage loin de chez vous, découvrez de nouvelles méthodes d'apprentissage ou envisagez un changement d'orientation.

XI. La Force en position 3 (le conseil)

Assumez vos ambitions et ne vous laissez pas intimider par les éventuelles difficultés. Avec la Force, vous n'obtiendrez rien sans rien. Travaillez dur et investissez-vous totalement dans vos projets… sans vous crisper si possible.

Cette lame vous engage à prendre conscience de votre force personnelle, à mobiliser votre courage et votre audace. Préservez votre indépendance et évitez de trop solliciter l'aide d'autrui.

Si vous êtes en position de pouvoir, n'abusez pas de votre autorité. Ne provoquez pas les conflits, mais abordez-les sans crainte si c'est nécessaire.

Si vous cherchez du travail, rassemblez toute votre énergie et faites-vous confiance. Le moment est également bienvenu pour se lancer à son compte.

Si vous étudiez, ne relâchez pas vos efforts.

XII. Le Pendu en position 3 (le conseil)

Avec le Pendu, il est inutile de s'agiter en tous sens. Si vous traversez des moments difficiles, ne tentez pas de forcer le destin. Acceptez ce qui est, tirez des leçons de vos éventuels échecs et remettez les actions décisives à plus tard.

Au travail, montrez-vous flexible et réceptif. Développez vos capacités d'écoute et d'empathie, mais ne cherchez pas à concrétiser quoi que ce soit pour le moment.

Cette lame encourage une introspection sincère. Changer son regard sur le monde professionnel incite à abandonner certaines ambitions, mais peut aussi faire surgir des vocations. Les projets liés à l'aide aux autres, à l'art ou à la spiritualité sont favorisés.

Si vous cherchez un emploi, prenez le temps de mûrir votre démarche en vous reconnectant à vos aspirations les plus profondes.

Si vous étudiez, envisagez une approche différente et plus personnelle de vos méthodes de travail. Réfléchissez à la pertinence de votre orientation.

XIII. L'Arcane sans Nom en position 3 (le conseil)

Évaluez lucidement votre position professionnelle et n'hésitez pas à prendre les décisions qui s'imposent. Votre énergie sera utilement employée à amorcer ou à accompagner un changement radical, même s'il semble inconfortable dans un premier temps.

Coupez net avec des habitudes et des idées dépassées, acceptez de quitter un poste ou de réviser une orientation, examinez favorablement une proposition de mutation, anticipez un licenciement, démissionnez. Revoyez complètement votre rapport au travail, modifiez vos méthodes et accueillez tous les changements comme autant d'occasions de progression personnelle. Ne vous accrochez pas au passé, accueillez une mise à la retraite comme le début d'une vie nouvelle.

Si vous travaillez à votre compte, il faut abandonner des projets sans avenir, se séparer de partenaires ou de collaborateurs avec lesquels vous n'êtes plus en phase.

Si vous cherchez du travail, faites le deuil de votre emploi précédent, modifiez votre curriculum vitae ou votre technique de recherche, visez un autre domaine d'activité.

Si vous étudiez, révisez totalement vos méthodes de travail. Un échec ou une prise de conscience peuvent entraîner un important changement d'orientation.

XIIII. Tempérance en position 3 (le conseil)

L'ange Tempérance invite à une attitude ouverte et détendue. Partagez les informations, provoquez des échanges d'idées, écoutez sans *a priori* les opinions de votre entourage professionnel. Soyez serviable, soignez votre relationnel.

En cas de tension, votre souplesse d'esprit et votre diplomatie vous aideront à trouver un arrangement équitable, propre à désamorcer un conflit.

Vos projets personnels seront soutenus par la providence si vous prenez le temps de les mettre en place, sans forcer le rythme. N'hésitez pas à contacter les personnes susceptibles de vous prendre sous leur aile et de vous ouvrir leur carnet d'adresses.

Si vous cherchez un emploi, parlez-en autour de vous et sollicitez votre réseau amical. Ne vous cantonnez pas aux secteurs que vous connaissez et, lors des entretiens, assumez et valorisez vos qualités humaines. Si vous étudiez, gardez un rythme régulier et participez à des groupes de travail.

XV. Le Diable en position 3 (le conseil)

Investissez-vous dans votre travail et ne craignez pas de prendre quelques risques pour répondre à vos ambitions.

Le Diable vous invite à affirmer votre volonté, à peaufiner vos capacités de persuasion sans vous laisser arrêter par des scrupules mal placés. Veillez fermement à vos intérêts, ne cherchez pas les conflits. Mais s'ils se présentent, affrontez-les.

En prenant conscience de votre puissance personnelle, vous franchirez des obstacles qui semblaient insurmontables. Une personne de pouvoir peut vous apporter un soutien substantiel, mais il ne sera pas gratuit.

Le flair et l'audace seront fort utiles si vous travaillez à votre compte. Vous pouvez décrocher un contrat juteux en mobilisant toute votre force de conviction.

Si vous cherchez un emploi, visez un poste de pouvoir et demandez un salaire important.

Dans vos études, montrez-vous volontaire et tenace. Ayez confiance en vos capacités, et si vous passez un concours, ne redoutez pas la concurrence.

XVI. La Maison Dieu en position 3 (le conseil)

Avec cette puissante lame, il est temps de faire sauter les verrous qui bloquaient votre épanouissement professionnel.

Revoyez complètement vos méthodes de travail, changez de service ou d'entreprise, suivez enfin votre vocation, mettez-vous à votre compte, prenez une année sabbatique ou partez à la retraite… mais agissez. Des dossiers, des projets doivent être mis à plat ; ne retenez pas ce qui doit s'écrouler, laissez éclater vos émotions.

Si vous venez de vivre une contrariété ou de subir une désillusion, acceptez de rebondir. Oubliez votre orgueil, et des choix plus authentiques pourront surgir.

Laissez jaillir vos idées les plus innovantes, particulièrement si vous travaillez à votre compte ou si vous exercez une activité créative. Faites table rase des projets mal structurés, des partenariats bancals, mais ne censurez pas vos coups de génie.

Si vous cherchez un emploi, reconsidérez rapidement vos objectifs et peut-être même votre approche du travail.

Si vous étudiez, un changement de méthode ou même d'orientation s'impose.

XVII. L'Étoile en position 3 (le conseil)

L'Étoile domine votre jeu et vous conseille de profiter des opportunités qui vous sont offertes. Croire en votre destin vous aidera à réaliser vos rêves professionnels.

Pas besoin d'agressivité pour vous imposer. Être détendu et confiant vous permettra d'instaurer une ambiance agréable, propice à la réussite de vos projets. Écoutez votre intuition, elle vous dictera les attitudes et les paroles justes face aux interlocuteurs les plus difficiles.

Le charme et la cordialité vous assureront d'excellents contacts, attentifs et prêts à vous accorder votre chance.

Cette lame inspirée vous invite à libérer votre créativité et votre imagination. La confiance en votre bonne étoile portera vos envies les plus sincères.

Si vous cherchez un travail, autorisez-vous à postuler pour des emplois qui vous intéressent vraiment.

Si vous étudiez, retrouvez le plaisir d'apprendre en choisissant une orientation en accord avec vos idéaux. Suivez l'appel de la vocation.

XVIII. La Lune en position 3 (le conseil)

Votre imagination et votre réceptivité aux ambiances dicteront des réponses originales à vos interrogations professionnelles. La Lune engage à être créatif : osez écouter vos rêves pour mieux les réaliser ensuite.

Privilégiez un emploi adapté à votre sensibilité, de préférence dans un environnement protecteur. Vous pouvez envisager de travailler chez vous ou dans un contexte familial, associatif ou communautaire.

Avec cette carte un peu nostalgique, le passé et les traditions vous inspirent pour concevoir du neuf ou faire redécouvrir des valeurs oubliées.

Si vous avez besoin de développer un projet personnel ou de trouver un emploi, sollicitez vos proches, vos amis d'enfance, ou tournez-vous vers les groupes auxquels vous appartenez.

Si vous étudiez, mettez en place des routines pour vos révisions et comptez sur votre mémoire. La soirée et la nuit sont favorables à la concentration.

XVIIII. Le Soleil en position 3 (le conseil)

Cette carte lumineuse vous incite à mettre vos atouts en valeur. Oubliez votre timidité, assumez vos talents comme vos ambitions, acceptez d'occuper une place en vue.

L'optimisme attire la chance. Visez haut en briguant un poste propice à votre épanouissement personnel, mais restez lucide. Assumez vos responsabilités et, quelle que soit votre position, veillez à vous comporter avec élégance et générosité.

Avec cette lame de noblesse de cœur, votre vie affective peut influencer heureusement votre travail.

Si vous êtes à votre compte, pensez à rechercher un associé de confiance. Faites-vous connaître en lançant des projets d'envergure. Laissez s'exprimer votre créativité à tous les niveaux, et si vous œuvrez dans le domaine artistique, privilégiez la dimension esthétique.

Chercheur d'emploi, ne restreignez pas vos ambitions et montrez ce que vous pouvez apporter à l'entreprise.

Si vous étudiez, visez un diplôme élevé pouvant ouvrir sur un poste de bon niveau.

XX. Le Jugement en position 3 (le conseil)

Innovez, faites bouger l'ordre établi, saisissez au vol les opportunités qui se présentent. Intéressez-vous à des projets originaux, à des techniques modernes, et ne censurez pas vos inspirations novatrices. Communiquez vos idées, exprimez-vous clairement, libérez votre parole sans agressivité. Si votre situation ne vous convient plus, envisagez sans attendre un changement d'entreprise, de secteur ou même d'orientation. Examinez lucidement votre position actuelle et vos capacités d'évolution. Vos décisions, même rapides, doivent être prises sur des bases solides.

En cas de souci majeur avec un employeur, cette lame vous incite à contacter votre syndicat, ou même à saisir la justice si nécessaire. Si vous cherchez un travail, faites-le savoir autour de vous et présentez des candidatures spontanées. Mettez en valeur votre enthousiasme et l'originalité de votre regard.

Si vous étudiez, vous pouvez bénéficier d'intuitions fulgurantes ou ressentir l'appel d'une vocation. Prenez des initiatives au sein du bureau des élèves.

XXI. Le Monde en position 3 (le conseil)

Le Monde vous invite à aborder le travail comme une source d'épanouissement. Autorisez-vous à briguer un travail gratifiant, entourez-vous de personnes de confiance. Prenez contact avec des gens influents, susceptibles de vous soutenir dans vos démarches.

Une attitude optimiste et équilibrée favorise la réussite. Ne vous laissez pas démoraliser par l'adversité, choisissez de savourer ce que vous avez déjà obtenu. Avec cet arcane, mettez le monde à votre portée, apprenez une langue étrangère, faites des voyages d'affaires… De bonnes surprises pourraient venir d'horizons lointains.

Si vous avez des projets personnels, voyez grand. Faites largement connaître vos créations, sans fausse modestie, et privilégiez une ouverture internationale.

Si vous cherchez un emploi, activez votre réseau avec le sourire et postulez auprès d'entreprises liées à l'étranger.

Si vous étudiez, ayez confiance en vos capacités. N'hésitez pas à passer des concours ou à entreprendre une formation de bon niveau en accord avec vos goûts. Faites un stage à l'international.

Le Mat en position 3 (le conseil)

Soyez vous-même et ne cherchez pas à vous conformer à tout prix au système ambiant. Le Mat vous engage à prendre des initiatives personnelles sans vous censurer. Laissez libre cours à votre fantaisie et à votre imagination, elles vous ouvriront à des échappées inattendues.

Si votre situation professionnelle vous pèse, défendez votre autonomie, refusez les responsabilités et les contraintes que vous n'avez pas à assumer. Saisissez au vol les occasions de changement.

Appréciez la liberté que peut vous procurer une mutation, de nombreux déplacements, des voyages d'affaires à l'étranger ou une installation à votre compte. Vous pouvez choisir de repartir à zéro si vous sentez que c'est votre destin, ou simplement prendre une année sabbatique.

Si vous cherchez un emploi, quittez les sentiers balisés et privilégiez votre indépendance.

Si vous étudiez, expérimentez des méthodes personnelles et engagez-vous sur des voies inexplorées.

I. Le Bateleur en position 4 (la réponse)

Tout est en place pour réussir si vous savez reconnaître et utiliser vos atouts personnels, votre situation connaîtra un renouveau rapide et positif.

Cette lame signale un excellent début d'activité. Vous puisez une belle énergie d'une promotion ou d'un changement favorable de service, d'entreprise ou de poste. Un projet original ou une reconversion vous offriront un nouveau départ, riche de possibilités nouvelles. Une occasion d'autonomie professionnelle se présente, elle vous permettra de valoriser votre rapidité et votre habileté.

Si vous recherchez un emploi, un contact positif a toutes les chances de déboucher promptement sur un contrat.

Si vous étudiez, l'apprentissage de nouvelles matières, la découverte d'un autre établissement ou la réussite à un examen vous ouvre de nombreuses perspectives. Le Bateleur est également très favorable aux autodidactes.

II. La Papesse en position 4 (la réponse)

Avec la secrète Papesse, votre situation professionnelle est encore en suspens. Vous traversez une période de maturation, et si un changement se met en place, ses effets ne sont pas encore visibles.

Une situation n'évolue apparemment pas, il vous manque encore certains éléments pour atteindre vos objectifs, vos projets ne connaissent pas d'aboutissement rapide, une réponse espérée se fait encore attendre. La période n'est pas propice à une action visible, mais elle favorise tout travail devant être mené dans la discrétion, basé sur l'écoute et sur l'introspection.

Si vous passez un examen, vous devrez persévérer dans vos efforts. Si vous cherchez un emploi, votre candidature est à l'étude, mais vous n'obtiendrez pas de réponse immédiate.

Une lame supplémentaire permettra d'en savoir plus sur cette discrète évolution.

III. L'Impératrice en position 4 (la réponse)

L'Impératrice parle d'indépendance et de liberté d'esprit, elle favorise la mise en œuvre de tous les projets. Vos idées et vos initiatives sont appréciées. Les démarches de transmission, de médiation et de négociation aboutissent heureusement.

L'ambiance est agréablement active, vous communiquez facilement, les contacts sont nombreux et favorables.

Si vous cherchez du travail ou désirez obtenir un meilleur poste, une évolution rapide se profile. Sans évoquer une transformation radicale, cette lame vous ouvre de nouveaux horizons.

L'Impératrice signale également un succès dans les études. Les formations sont reçues ou dispensées avec un égal bonheur.

IIII. L'Empereur en position 4 (la réponse)

L'Empereur évoque une position stable et confortable. Vos compétences et votre expérience sont appréciées. Une embauche est définitive, vous bénéficiez d'une promotion, une demande d'augmentation est acceptée, votre hiérarchie vous soutient. Vous réussissez dans un poste à responsabilités, votre autorité est reconnue, vous gagnez en assurance.

Si vous êtes à votre compte, vos projets se concrétisent de façon satisfaisante, vous décrochez un contrat intéressant et pérenne.

En recherche d'emploi, vous trouvez un poste dans une administration ou une entreprise solide.

La réussite à un examen ou l'obtention d'une formation constituent une excellente base pour l'avenir.

Si vous traversez une période de turbulences, vous pouvez consolider votre position et stabiliser vos revenus.

V. Le Pape en position 4 (la réponse)

Le Pape favorise votre parcours professionnel et vous permet d'obtenir une situation enviable, même si elle peut rester discrète. Vos capacités sont appréciées, des personnes influentes vous protègent et soutiennent votre évolution. Les tensions s'estompent, les obstacles se lèvent, les problèmes se résolvent.

L'ambiance est harmonieuse, la diplomatie bien comprise permet une progression sans heurts. Vous transmettez vos connaissances avec bonheur, vos conseils sont écoutés et suivis. Si vous occupez un poste d'encadrement, votre expérience et votre autorité tranquille vous valent le respect.

Si vous êtes à votre compte ou recherchez un emploi, le Pape annonce la signature d'un contrat avantageux.

Vous avancez sans difficulté dans vos études, votre cursus vous convient, un enseignant bienveillant vous aide à trouver le chemin de la réussite.

VI. L'Amoureux en position 4 (la réponse)

Avec cette lame de multiplicité, diverses voies s'offrent à vous. Vous pouvez exercer avec bonheur différentes activités en parallèle, travailler en intérim, être intermittent du spectacle…

Si vous hésitez à prendre une décision, sachez que l'Amoureux privilégie les situations les plus harmonieuses. C'est en vous tournant vers vos aspirations les plus profondes que vous ferez le meilleur choix.

L'ambiance professionnelle est agréable, vous vous entendez avec vos collègues ou associés, une négociation s'annonce bien, une réunion va permettre d'échanger des points de vue. Vous pouvez nouer de nombreuses amitiés au travail, ou même y rencontrer l'amour.

Si vous cherchez un emploi, plusieurs propositions d'embauche sont possibles.

Si vous étudiez, vous pouvez hésiter entre différentes options ou choisir de mener deux sujets de front. Un résultat à un examen est soumis à discussion ou nécessite une session de rattrapage.

De façon générale, l'Amoureux est très favorable aux domaines liés à la beauté, à l'art et à la diplomatie. Toutefois, rien n'est totalement acquis avec cette lame fragile : tirer une carte supplémentaire complétera utilement le tirage.

VII. Le Chariot en position 4 (la réponse)

Si vous avez traversé une période d'incertitudes, le Chariot insuffle un élan positif. Cette lame annonce un succès qui récompense la volonté et l'enthousiasme. Vous bénéficiez d'une promotion, décrochez un poste à responsabilités ou faites aboutir positivement un projet personnel ambitieux.

Le Chariot parle d'indépendance et de confiance en soi. Vous gagnez en popularité, votre autorité est reconnue. Cette lame de mobilité favorise également les déplacements, les mutations et toutes les formes d'évolution.

Si vous cherchez un emploi, vos initiatives sont heureuses, vous trouvez un poste correspondant à vos attentes.

Votre énergie porte ses fruits, vous réussissez vos études et obtenez vos examens.

VIII. La Justice en position 4 (la réponse)

Avec la Justice, votre situation est nette et sans ambiguïté. Une lame supplémentaire en dira plus sur sa qualité.

Si le contexte est positif, votre vie professionnelle retrouve son équilibre. Vous évoluez dans une structure stable, un choix équitable vous permet d'obtenir un poste adapté à vos compétences, votre situation est régularisée, une décision que vous attendiez tombe enfin. La qualité de votre travail est appréciée, un jugement vous est favorable, vous êtes réhabilité si vous aviez été calomnié. Si vous cherchez du travail, un contrat d'embauche est signé. Si vous étudiez, vous obtenez un diplôme officiel.

Si la carte supplémentaire signale un contexte difficile, préparez-vous à une décision défavorable à votre encontre : vous risquez d'être licencié ou d'échouer à un examen.

VIIII. L'Hermite en position 4 (la réponse)

Le temps fait son œuvre, mais tout se met en place lentement. Une évolution espérée ou une réponse importante se fait attendre. Dans cette période de pause apparente, votre patience est mise à l'épreuve. Une lame supplémentaire renseigne sur l'évolution de votre question.

Si elle est favorable, vos projets à long terme sont en bonne voie, bien que les résultats ne soient pas immédiatement visibles. Une promotion s'accompagne de responsabilités supplémentaires, vous accédez à un poste d'éminence grise, votre expérience est appréciée, un départ à la retraite est envisagé sereinement. Avec l'Hermite, des recherches approfondies, une spécialisation ou des études longues vous passionnent. Si vous cherchez un emploi, vous pourrez avoir une surprise agréable, mais tardive, provenant d'une entreprise contactée longtemps auparavant.

Dans un contexte difficile, un emploi vous fatigue à l'excès, il est difficile d'assumer seul une tâche, un travail s'annonce long et ingrat, vos efforts ne rapportent pas les fruits escomptés.

X. La Roue de Fortune en position 4 (la réponse)

Un nouveau cycle s'amorce, une situation se débloque. Tirer une lame supplémentaire renseignera sur la qualité de ce changement.

Si celle-ci vous est favorable, la Roue de Fortune évoque une évolution professionnelle rapide, marquée par une indépendance accrue. Un changement de direction, le déménagement d'un service ou une modification de la politique de la société vous est propice. Une mutation vous ravit, une nouvelle orientation de votre activité s'avère rentable. Si vous cherchez du travail, vous savez rebondir, le hasard vous apporte un contrat inespéré. Un nouveau cycle d'études ou une orientation différente vous enthousiasme.

Une lame supplémentaire défavorable parle d'une perte d'emploi ou d'une opportunité qui fait long feu. Votre entreprise connaît des revers, et si vous cherchez un travail, des rendez-vous bien avancés s'avèrent décevants. Si vous étudiez, vous redoublez ou devez repasser certaines matières.

XI. La Force en position 4 (la réponse)

Avec la Force dans votre jeu, votre volonté triomphe de l'adversité. Vous pouvez gravir les échelons de la réussite sociale et parvenir à une position enviable. Des projets importants voient le jour grâce à votre énergie et votre ténacité. Vos compétences sont reconnues, vous avez assez de confiance en vous pour assumer des responsabilités notables. Avec cette lame sensuelle, une liaison amoureuse peut survenir dans un contexte professionnel. Tout en puissance maîtrisée, la Force favorise les professions indépendantes, vous pouvez envisager de vous mettre profitablement à votre compte.

Si vous cherchez du travail, votre détermination porte ses fruits. Vous trouvez un poste rémunérateur qui valorise vos qualités. Vos études sont un succès, elles vous permettent de réaliser vos ambitions.

Si le contexte de la question est très conflictuel, vous faites face aux événements avec un courage tranquille. À l'image du personnage qui maîtrise le fauve, vous pouvez contrôler la situation.

XII. Le Pendu en position 4 (la réponse)

Cette lame est favorable aux métiers d'aide aux autres, à la spiritualité ainsi qu'à toute démarche désintéressée.

Dans des domaines plus concrets, votre situation ne connaît pas d'évolution rapide, l'énergie manque pour rebondir, les efforts n'aboutissent pas. Les projets restent à l'état d'ébauche, les ambitions sont déçues, le stress vous paralyse. Un sacrifice sera nécessaire, il faudra probablement abandonner un dessein, changer d'objectif ou de tactique.

Si vous cherchez un emploi, les contrats se font attendre. Si vous faites des études, les résultats ne sont pas encore à la hauteur de vos espérances. Ne cédez pas au découragement, car le Pendu incite au lâcher-prise. Profitez de cette période de latence pour revoir votre stratégie et redéfinir vos attentes les plus profondes, au-delà des apparences et de la pression sociale.

Une lame supplémentaire vous renseignera sur l'évolution à plus long terme de votre situation. Si celle-ci ne vous est pas favorable, il est préférable d'abandonner le projet en cours. Sinon, gardez confiance et persévérez.

XIII. L'Arcane sans Nom en position 4 (la réponse)

Cette lame annonce un changement irréversible de votre vie professionnelle. Une situation prend fin, une crise débouchera sur une renaissance. Une lame supplémentaire complétera le tirage.

Si celle-ci est favorable, vous vivez une libération qui ouvre sur une progression personnelle. Votre approche du travail se modifie radicalement, des préoccupations professionnelles prennent fin, un licenciement était désiré, vous démissionnez avec bonheur ou vivez heureusement un départ à la retraite. La mise à l'arrêt de votre entreprise vous soulage, certains projets sont liquidés ou complètement modifiés. Si vous cherchez du travail, vous cessez de postuler pour des emplois ou des domaines qui ne vous conviennent pas. Si vous étudiez, vous changez d'orientation, un échec salvateur vous permet de repartir à zéro.

Si la lame supplémentaire est défavorable, ne refusez pas le changement qui vous est imposé. Le cours des événements vous pousse à perdre vos illusions. Vous pourrez vous fixer des objectifs plus authentiques qui vous conduiront sur la voie de la réussite.

XIIII. Tempérance en position 4 (la réponse)

L'ange de Tempérance vous accorde sa protection, votre situation professionnelle trouve un équilibre. Vous évoluez à votre rythme et atteignez des objectifs raisonnables en ce qui concerne un poste, des conditions de travail ou de salaire. L'ambiance est amicale et sereine, les informations circulent librement. Votre créativité et votre intuition sont reconnues et demandées.

Si vous vous trouviez dans une position délicate, vous négociez un arrangement acceptable avec votre employeur, vos associés ou vos relations d'affaires. Vos projets personnels aboutissent positivement. Vous nouez d'agréables liens avec des personnes susceptibles de favoriser votre réussite et de développer votre notoriété.

Si vous cherchez du travail, d'excellents contacts facilitent les prises de rendez-vous, votre attitude souple et équilibrée est très appréciée, une embauche surviendra au bon moment.

Si vous étudiez, votre progression est régulière, vos examens se déroulent de façon satisfaisante.

XV. Le Diable en position 4 (la réponse)

Le Diable favorise la réussite matérielle, il insuffle assez d'assurance et d'autorité naturelle pour franchir les obstacles. Vous trouvez l'audace de défendre vos intérêts professionnels comme d'aller au bout de vos passions. Avec cette lame intense, des tensions et des luttes vous offrent l'occasion de mobiliser avec succès votre puissance personnelle. Le Diable évoque le pouvoir et l'emprise que vous pouvez avoir sur votre entourage. À vous d'en faire bon usage.

Si vous êtes à votre compte, la volonté et la ténacité triomphent de la concurrence. Si vous cherchez du travail, vous accédez de haute lutte à un poste élevé et financièrement intéressant. Si vous étudiez, votre ambition est un puissant moteur ; en cas de concours, la compétition vous galvanise.

XVI. La Maison Dieu en position 4 (la réponse)

Avec la Maison Dieu, des changements imprévisibles bouleversent votre vie professionnelle. Les structures dans lesquelles vous évoluez sont considérablement modifiées, un événement inattendu vous déstabilise, les émotions s'expriment violemment. Cette lame, qui a valeur d'avertissement, exhorte à être souple et réaliste.

Un projet professionnel s'écroule – excessivement ambitieux ou victime de fortes oppositions –, à moins qu'une idée géniale n'en change complètement la teneur.

Si vous cherchez un emploi, mieux vaut réviser vos prétentions à la baisse. Si vous étudiez, un échec vous oblige à consolider vos bases et à modifier votre façon de travailler. Une vocation subite balaie vos certitudes.

Un arcane supplémentaire en dira plus sur l'évolution de la situation. Si celui-ci est difficile, vous essuyez une désillusion, votre quantité de travail explose, vous subissez un licenciement rapide, un contrat est rompu, vous craquez. Si l'arcane supplémentaire est favorable, ce bouleversement se révèle libérateur. Une bonne nouvelle modifie brusquement le cours des événements, ce qui semblait négatif s'avère salvateur ; vous pourrez repartir sur de nouvelles bases.

XVII. L'Étoile en position 4 (la réponse)

Le destin vous est favorable, votre vie professionnelle prend une orientation positive, une amélioration s'amorce. Vous avez toutes les raisons d'être optimiste, si vous prenez votre réussite en main.

L'Étoile parle d'un travail intéressant qui valorise votre créativité et votre intuition. Vos espoirs se réalisent, vous bénéficiez d'un avancement ou vous trouvez un poste plus adapté à vos qualités. L'ambiance est détendue, vous nouez d'agréables liens avec votre entourage. Vos projets personnels sont en bonne voie de réalisation. Vos idées sont originales et séduisantes sans être excentriques. Votre tempérament confiant rassure vos partenaires et vos clients.

Si vous cherchez un emploi, vous avez toutes les chances de décrocher le travail idéal. Votre bonne étoile veille sur vos études, vous réussissez vos examens ou vos concours. L'appel de la vocation peut vous amener à réaliser un rêve.

XVIII. La Lune en position 4 (la réponse)

La Lune favorise les domaines liés au passé, au monde de l'enfance et de la famille. Elle évoque aussi de bons contacts avec le public. Mais cette carte étant souvent ambiguë, il est nécessaire de la compléter par une autre lame afin de préciser la réponse.

Si celle-ci est favorable, votre vie professionnelle prend de l'ampleur. Votre créativité et votre imagination s'expriment dans un environnement chaleureux. Un projet indépendant bénéficie d'une réelle popularité, vos affaires se développent. Si vous cherchez du travail, vous trouvez un emploi à domicile ou dans un contexte rassurant. Votre mémoire et votre intuition facilitent vos études.

Si la lame supplémentaire est défavorable, vous subissez des désillusions. Le passé vous entrave, vos émotions vous submergent, des opportunités vous échappent. Des objectifs flous et un manque de rigueur ralentissent l'évolution de votre carrière ou de vos études. Un bilan vous permettrait de cerner vos potentialités et de trouver un emploi où vous vous sentiriez bien.

XVIIII. Le Soleil en position 4 (la réponse)

Le Soleil est l'indice d'une réussite éclatante. Votre personnalité et vos talents sont appréciés. Un avancement est acquis, vous obtenez un poste à responsabilités, vous réalisez vos ambitions et réussissez dans un domaine qui vous convient parfaitement. Une évolution sociale et financière se concrétise. Cette lame peut aussi évoquer la naissance d'un amour sincère au travail ou l'exercice d'une profession en couple.

Un projet indépendant connaît une concrétisation heureuse et lucrative. Vous concluez des contrats intéressants et rencontrez des partenaires de confiance. Une illumination profite à vos recherches, vos créations connaissent un vrai succès, vous acquérez de la notoriété.

Si vous cherchez un emploi, vous trouvez un travail captivant et gratifiant. Vous réussissez brillamment dans vos études et obtenez aisément vos diplômes. Vous suivez votre vocation avec bonheur.

XX. Le Jugement en position 4 (la réponse)

Le Jugement signale une modification brusque de votre vie professionnelle. Une lame supplémentaire renseignera sur la qualité de ce changement.

Si celle-ci est favorable, de bonnes surprises vous attendent. Vos mérites sont reconnus et récompensés publiquement, vous bénéficiez d'une promotion rapide. Vous sortez brusquement d'une situation difficile, de nouvelles possibilités s'offrent à vous, une mutation ou un changement d'orientation vous fait progresser sans attendre. Une idée géniale change le cours de votre carrière. En cas de litige, votre bon droit est reconnu. Un travail indépendant connaît une réussite soudaine. Des idées fulgurantes vous inspirent des projets originaux, votre succès vous apporte la liberté d'action, vous bénéficiez d'une agréable notoriété. Une offre d'embauche inattendue ou un contrat inespéré vous surprennent. Vos études connaissent un succès notable, votre vocation vous appelle.

Si la lame supplémentaire est défavorable, vous devez faire face à des contrariétés. Des choix trop rapides et mal pensés, des attitudes incontrôlées, des paroles malheureuses, vous sont préjudiciables. Un contrat est dénoncé, des bruits défavorables courent sur vous, un jugement est rendu en votre défaveur. Pour dépasser cet état de fait, le Jugement vous invite à vous ouvrir aux messages de la vie, en toute lucidité.

XXI. Le Monde en position 4 (la réponse)

Le Monde vous accorde un succès légitime. Cette lame, sur laquelle figurent les lauriers de la réussite, évoque une belle réussite professionnelle.

Vos efforts sont récompensés, votre compétence est reconnue, et vous parvenez à la position espérée. Votre carrière évolue dans le sens souhaité, vous obtenez une promotion, vous recevez une récompense, un prix vous est attribué. Vos relations professionnelles sont excellentes, et vous bénéficiez d'appuis solides ; toutes les démarches liées à l'étranger sont favorisées.

Un projet en indépendant connaît une réussite d'envergure, particulièrement à l'international. Votre activité est solide et rentable, vous atteignez vos objectifs. Vos créations sont appréciées, votre œuvre est couronnée de succès, vous bénéficiez d'un certain renom.

Si vous cherchez un emploi, vous décrochez un contrat intéressant, débouchant sur un travail épanouissant. Vos études vous conviennent parfaitement, vous obtenez vos diplômes avec les honneurs.

Le Mat en position 4 (la réponse)

Cet arcane de liberté extrême doit être complété d'une autre lame afin de préciser l'évolution du tirage.

Si celle-ci est favorable, une nouvelle dynamique vous entraîne hors de votre univers habituel. Des initiatives heureuses sont prises sur un coup de tête, des choix d'apparence irrationnels se révèlent pertinents, des déplacements improvisés vous procurent un sentiment grisant de liberté, vous quittez sans regret un système trop contraignant.

Un projet en indépendant bénéficie d'éclairs de génie, votre originalité vous mène au succès. Si vous cherchez un emploi, votre autonomie et votre créativité sont appréciées. Vous pourrez intégrer une structure souple où vous vous sentirez libre de mener votre travail à votre guise.

Si la lame supplémentaire est défavorable, des changements rapides et incohérents vous déstabilisent. Votre entreprise est désorganisée, des promesses ne sont pas tenues, un contrat est rompu inopinément, vous manquez à vos responsabilités, vous êtes licencié.

Un projet personnel doit être abandonné, des affaires avec l'étranger tournent court. Si vous cherchez un emploi, vous n'êtes pas adapté au marché du travail, vous ne rassurez pas les recruteurs. Si vous étudiez, il faudra repasser vos examens, recommencer votre année ou modifier votre orientation. Dans tous les cas, il est nécessaire de retrouver plus de cohérence dans vos choix et dans votre parcours.

FINANCES

I. Le Bateleur en position 1 (favorable à la question)

Avec le Bateleur, vous jonglez avec votre budget sans vous soucier outre mesure de l'avenir.

Une situation nouvelle est potentiellement favorable, elle pourrait permettre d'améliorer ou de valoriser votre position matérielle. Un changement d'interlocuteur financier ou administratif, des éléments inédits dans votre dossier ou une proposition inattendue semblent prometteurs. Votre présence d'esprit et votre sens du risque vous poussent vers des initiatives hardies.

Si vous disposez d'argent, il serait dommage de l'immobiliser, car le Bateleur aime les projets innovants. La spéculation est un jeu où vous déployez rapidité et habileté. Vous avez parfois des coups de génie et n'hésitez pas à foncer quand une opération vous semble intéressante.

II. La Papesse en position 1 (favorable à la question)

La Papesse est généralement plus concernée par les richesses spirituelles que par le monde matériel.

Cette lame évoque un budget d'apparence modeste, géré avec prudence. Sous sa houlette, vous évitez les dépenses exagérées et ne nourrissez pas d'ambition démesurée. Vous savez vous montrer d'une extrême discrétion sur vos revenus.

Certaines intuitions peuvent vous orienter vers des investissements peu spectaculaires, mais lucratifs à long terme. Vous attendez patiemment le moment propice pour vendre ou acheter. Un placement modeste rapporte modérément, mais sûrement.

III. L'Impératrice en position 1 (favorable à la question)

Vous gérez votre budget avec décontraction et montrez une certaine habileté à jongler avec l'argent. Les risques sont calculés, mais, avec cette lame, l'instabilité n'est jamais loin. Vous appréciez les jeux de l'esprit et mettez volontiers votre sens subtil de la négociation au service de vos affaires.

Si vous avez des projets, vous vous adressez avec la même conviction aux représentants d'organismes bancaires qu'à des amis susceptibles de vous soutenir.

Bien que l'Impératrice ne soit pas fondamentalement tournée vers la spéculation, votre curiosité vous aide à dénicher des placements originaux et rapidement rentables.

IIII. L'Empereur en position 1 (favorable à la question)

L'Empereur est très favorable au bien-être matériel. Avec cette lame, votre situation est confortable et semble stable. Économe sans être avare, vous connaissez la valeur des choses et montrez une certaine rigueur dans la gestion de vos avoirs. Vous organisez votre budget à la perfection, sans écarts notables. Toutefois, vous n'oubliez pas de vous offrir quelques belles pièces de temps en temps.

Vous avez le sens de l'argent qui rapporte et savez faire des placements rentables, particulièrement dans l'immobilier. Vous privilégiez la sécurité en évitant les choix hasardeux et optez en priorité pour des revenus à moyen terme.

V. Le Pape en position 1 (favorable à la question)

La vie matérielle n'est pas une priorité absolue, mais le Pape évoque une gestion sage et prudente. Le budget apparaît équilibré, les dépenses sont maîtrisées.

Les placements et les opérations financières sont basés sur la raison. Vous conduisez vos affaires avec maturité et savez demander conseil aux personnes compétentes. Dans tous les cas, vous veillez à ne pas vous écarter de vos valeurs morales et à respecter la légalité.

VI. L'Amoureux en position 1 (favorable à la question)

Si votre nature raffinée vous rend assez prodigue, des rentrées financières sont susceptibles de protéger, pour l'instant, l'équilibre de votre budget. En cas de souci, vous pouvez recevoir une aide provenant de personnes qui vous apprécient, mais ne perdez pas de vue que cette carte reste assez instable.

Intuitivement, vous formez des alliances utiles à vos affaires et vous savez vous tourner vers ceux qui vous permettent de valoriser vos avoirs. Vos investissements sont plutôt dirigés vers l'art et l'esthétique.

Avec l'Amoureux, lame d'incertitude, vous pouvez avoir à choisir entre plusieurs options financières.

VII. Le Chariot en position 1 (favorable à la question)

Avec cette lame impulsive, vous avez parfois tendance à suivre vos envies et à dépenser sans compter. Si une protection vous est acquise pour l'instant, un minimum de prudence est nécessaire pour conserver cet avantage.

Le Chariot bien géré évoque des objectifs financiers ambitieux et clairement définis. Vous pouvez viser une augmentation, réclamer votre dû ou entamer sans attendre une transaction commerciale.

En affaires, vos réflexes, votre rapidité et votre sang-froid vous permettent de tenter des opérations risquées, mais prometteuses.

VIII. La Justice en position 1 (favorable à la question)

C'est une période de bilan, votre budget paraît équilibré. Vous savez vous adapter aux nécessités quotidiennes et gérer votre argent avec rigueur. Vous évitez les dépenses inutiles, vos investissements sont prudents et rapportent à moyen terme.

En affaires, vous vous montrez d'une honnêteté absolue et optez pour les choix les plus judicieux en prenant le temps de la réflexion.

Si vous faites des démarches pour l'obtention d'un prêt ou d'une aide financière, la qualité de votre dossier a toutes les chances de rassurer votre interlocuteur.

VIIII. L'Hermite en position 1 (favorable à la question)

L'Hermite parle d'une gestion de budget prudente et sage. La période est propice aux économies, les dépenses importantes et les petites fantaisies sont momentanément écartées.

Cette lame évoque la capacité à prévoir et à épargner. La circonspection est privilégiée, une réflexion approfondie est menée avant toute décision financière. La prudence invite à mener vos affaires sans hâte excessive. Vous optez pour des placements à long terme et sans risque, mais qui rapportent peu.

X. La Roue de Fortune en position 1 (favorable à la question)

Avec la Roue de Fortune, les cadeaux de la providence doivent être saisis au vol. Les circonstances sont favorables à une amélioration de votre budget, une situation peut se débloquer, les initiatives sont généralement heureuses.

Vous visez une augmentation, une prime, ou vous bénéficiez d'un soutien surprenant. Vous gagnez au jeu, un héritage inattendu vous renfloue.

Des opportunités se présentent, des affaires intéressantes vous sont proposées, des opérations risquées paraissent profitables, des contrats juteux sont conclus rapidement.

XI. La Force en position 1 (favorable à la question)

La Force évoque une bonne maîtrise des revenus et des dépenses.

Avec cette lame, l'argent ne vous fait pas peur, et vous assumez parfaitement votre aisance financière si tel est le cas. Sinon, vous vous lancez sans crainte à la conquête du confort matériel auquel vous pensez avoir droit.

Vous avez assez d'assurance et de ténacité pour tenter de décrocher une affaire importante ou une augmentation notable.

L'audace et le courage favorisent les démarches commerciales, des spéculations risquées se révèlent généralement fructueuses. Les domaines du tourisme et du spectacle semblent particulièrement rentables. Les jeux de hasard vous réussissent, à condition de ne pas vous laisser déborder.

XII. Le Pendu en position 1 (favorable à la question)

Le Pendu n'est pas très concerné par la vie matérielle. Il l'aborde plutôt sous l'angle du sacrifice, aime à faire des dons et à mener des actions désintéressées.

Si vous n'avez pas la main sur votre situation financière, vous pouvez prendre du recul vis-à-vis de l'argent, reconsidérer ce que vous en attendez et la façon dont vous le gagnez.

Pour l'instant, vos affaires n'évoluent qu'imperceptiblement, vos actions ne portent pas leurs fruits. De l'argent immobilisé ne rapporte rien, une augmentation attendue ne vient pas ou se révèle insignifiante, une somme dont vous espériez disposer reste bloquée. Autant de limitations que vous pouvez utiliser pour écouter vos intuitions au lieu d'élaborer des stratégies.

XIII. L'Arcane sans Nom en position 1 (favorable à la question)

L'Arcane sans Nom oblige à un certain détachement à l'égard de l'argent et de ce qu'il représente.

Votre vie financière traverse un changement profond et libérateur. Une situation extrême ou une prise de conscience vous incite à modifier radicalement la gestion de votre budget et votre rapport à la vie matérielle.

Une perte importante vous pousse à définir une approche plus saine et plus lucide de vos affaires, vous supprimez des postes de dépenses inutiles, vous vous séparez de certains biens, vous investissez sur des bases nouvelles, vos dettes sont effacées, vous touchez ou souscrivez une assurance vie, vous héritez, vous vous libérez d'une dépendance au jeu.

XIIII. Tempérance en position 1 (favorable à la question)

Avec cette carte de modération, un budget équilibré est le fruit d'une gestion harmonieuse. Vos revenus vous permettent de vous offrir quelques plaisirs et d'en faire profiter ceux que vous appréciez.

L'argent circule avec fluidité, les dépenses sont libres sans être excessives. Les placements tranquilles – à moyen terme et au rapport correct – sont favorisés. Cette lame met l'accent sur les secteurs de la communication et des nouvelles technologies.

Avec Tempérance, les affaires suivent leur cours, vous abordez sereinement les relations avec les administrations et les établissements bancaires. Cette carte évoque également des dons accordés à des causes humanitaires ou sociales qui vous touchent particulièrement.

XV. Le Diable en position 1 (favorable à la question)

Le Diable est favorable aux questions matérielles, et toute votre volonté est mobilisée au service d'une réussite concrète ou financière.

L'argent apparaît comme un instrument de conquête, permettant de remporter une victoire sur le destin.

Vous flairez les opportunités de loin, vous savez dénicher les placements intéressants comme oser des investissements audacieux. En affaires, vous êtes d'une redoutable efficacité.

Cet arcane peut indiquer une augmentation de salaire conséquente, des rentrées d'argent importantes, un gain au jeu ou un héritage.

XVI. La Maison Dieu en position 1 (favorable à la question)

Votre situation financière connaît une modification inattendue qui vous oblige à déployer des capacités d'adaptation. Des événements font exploser vos idées sur la vie matérielle ou sur votre capacité à gagner de l'argent.

Un gain au jeu ou un apport inattendu d'argent vous déstabilise et vous libère d'un certain nombre de contraintes. Si, *a contrario*, une sortie d'argent imprévue ou une mauvaise surprise de dernière minute déséquilibre brusquement votre budget, vous savez en tirer des conclusions constructives.

Des affaires qui traversent une mauvaise passe ou des modifications brusques du marché qui nuisent à vos projets financiers sont autant d'occasions de réflexion. Vous pouvez reconsidérer votre rapport à l'argent, vous fixer des objectifs plus réalistes ou rectifier vos projets d'investissement.

XVII. L'Étoile en position 1 (favorable à la question)

Sous la protection de l'Étoile, votre rapport à la vie matérielle est très détendu. Votre budget semble équilibré, et vos relations avec les organismes financiers et administratifs sont fluides.

Une rentrée d'argent, une prime ou l'amélioration de vos revenus vous permettent de réaliser l'un de vos rêves. Vous avez l'occasion de vous faire plaisir et de gâter ceux que vous aimez.

Cette lame subtile accorde l'intuition des bonnes affaires. Des inspirations lumineuses vous soufflent des idées de placements, vous vous dirigez naturellement vers des options intéressantes, vous rêvez parfois des combinaisons gagnantes de votre jeu préféré.

XVIII. La Lune en position 1 (favorable à la question)

Avec la Lune, vous pouvez percevoir des revenus issus d'une source familiale, liés à une communauté ou à une association. De l'argent peut également provenir d'un héritage, d'un passé oublié, d'une affaire liée à une personne connue dans l'enfance.

La sécurité matérielle apparaît très importante, elle incite à une gestion prudente et pleine de bon sens. Le moment semble bien choisi pour un investissement immobilier.

Avec cette lame sensible, vous bénéficiez d'intéressantes intuitions concernant les affaires, en particulier les placements, et pouvez déployer une imagination fertile dans vos spéculations. Vous pouvez même rêver les chiffres du loto !

XVIIII. Le Soleil en position 1 (favorable à la question)

Cette lame d'abondance évoque une situation matérielle favorisée, votre niveau de vie semble plus que satisfaisant. Si vous rencontrez des soucis ponctuels, une personne chère vous offre une aide désintéressée.

Vous traversez une période de prospérité et en faites généreusement profiter ceux que vous aimez… à commencer par vous-même. Trop, peut-être ?

Une augmentation s'annonce, vous touchez une récompense, une association semble prometteuse, vos placements apparaissent rentables, vous bénéficiez d'une certaine chance au jeu ou dans vos spéculations, votre mariage vous soulage financièrement.

XX. Le Jugement en position 1 (favorable à la question)

Un changement financier impromptu vous est favorable. Une rentrée d'argent inattendue, une augmentation imprévue ou une aide pécuniaire inespérée améliore l'équilibre de votre budget.

La lucidité et la rapidité d'esprit vous inspirent des idées originales et lucratives. Une spéculation pourrait donner de bons résultats, des placements rapportent rapidement, une action remonte en flèche, votre participation à un jeu vous réserve une bonne surprise.

XXI. Le Monde en position 1 (favorable à la question)

Votre situation financière semble favorisée. Le Monde évoque une approche détendue de l'argent et une certaine prescience des choix les plus profitables.

Votre optimisme et votre créativité aident à aplanir les difficultés ; les relations avec votre banquier sont cordiales. Vos créations s'avèrent rentables, un voyage à l'étranger ou des activités d'import-export peuvent ouvrir sur un avenir fructueux, vous faites des investissements lucratifs hors de vos frontières.

Vous venez d'être augmenté, vous bénéficiez d'une bourse ou recevez une aide méritée. Vos projets trouvent des soutiens financiers d'apparence solide, en particulier venant de l'international. D'agréables contacts pourraient déboucher sur des affaires avantageuses.

Le Mat en position 1 (favorable à la question)

Cet arcane, peu concerné par la vie matérielle, signale un besoin de liberté dans ce domaine. La gestion rigoureuse n'est pas votre fort, l'argent file… ce qui ne vous soucie pas.

Avec le Mat, votre regard original et très personnel sur le monde financier peut se traduire par des initiatives surprenantes. Vos impulsions se révèlent souvent payantes, des spéculations inattendues et des affaires audacieuses peuvent être favorables.

Un changement brusque de situation, déconcertant en apparence, est perçu comme une opportunité. Si c'est nécessaire, vous ne craignez pas de repartir à zéro.

I. Le Bateleur en position 2 (défavorable à la question)

Un projet financier commence mal ou repose sur des bases trop fragiles ; des éléments nouveaux vous déstabilisent ; un manque de discrétion ou de vigilance attire des personnes sans scrupule. Un problème de vol ou d'escroquerie est à redouter.

Dans certains cas, l'imprudence ou l'inexpérience font prendre des risques inutiles, l'argent vous file entre les doigts. Un optimisme excessif conduit vers des options hasardeuses, certaines décisions sont trop hâtives, une personne essaie d'esquiver ses responsabilités financières, une pirouette ne suffit pas pour vous sortir d'embarras.

II. La Papesse en position 2 (défavorable à la question)

Vérifiez soigneusement l'évolution de votre compte ou de vos placements afin d'éviter que des éléments indépendants de votre volonté ne vous portent préjudice. Méfiez-vous, un découvert peut se creuser silencieusement et vous placer à terme dans une situation difficile.

Si vous avez fait une demande auprès d'un organisme financier ou administratif, le dossier est encore à l'étude. Renseignez-vous, car des pièces peuvent manquer sans que l'on vous le signale.

Si vous devez prendre une décision importante, assurez-vous d'avoir bien accès à toutes les informations, une dissimulation est possible. Réfléchissez à deux fois avant d'accepter une proposition financière alléchante.

Enfin, la Papesse conseille d'éviter toute tentative de dissimulation de revenus.

III. L'Impératrice en position 2 (défavorable à la question)

Ne vous fiez pas trop aux informations qui circulent dans ce domaine, la plupart sont incomplètes ou erronées. Si vous disposez d'argent à placer, vous vous perdez dans une multiplicité de propositions.

Certains projets sont trop précipités, vous n'approfondissez pas assez votre sujet avant de conclure une affaire ou de signer un contrat. Une personne amicale peut se révéler peu fiable, trop désinvolte, ou même malhonnête.

Cette lame met en garde contre un manque de rigueur dans la tenue de vos finances. Des dépenses irréfléchies, même ponctuelles, peuvent déséquilibrer votre budget. La nervosité et l'irréflexion sont mauvaises conseillères, et elles entraînent des erreurs de gestion.

IIII. L'Empereur en position 2 (défavorable à la question)

Votre vie matérielle se heurte à un obstacle. Vous devez faire face à un créancier intraitable, à une administration ou une banque peu disposée à vous proposer des arrangements.

Un besoin excessif de sécurité vous empêche de faire un placement intéressant ou d'investir dans une affaire prometteuse. Vous vous crispez sur une position, vous ne vous autorisez pas à sortir d'un chemin tout tracé pour trouver une solution créative, vous refusez une négociation qui pourrait s'avérer fructueuse.

Un manque de souplesse et de réactivité risque de bloquer un projet financier bien engagé.

V. Le Pape en position 2 (défavorable à la question)

Qu'il s'agisse de la gestion de votre budget ou de choix d'investissement, la prudence s'impose. Des personnes peuvent se révéler moins honnêtes ou moins compétentes qu'elles le paraissent, ne suivez pas tous les conseils les yeux fermés.

Certaines de vos sollicitations ne trouvent pas d'oreille attentive pour l'instant, une personne influente ou un organisme financier ne peut pas ou ne veut pas vous accorder son soutien.

Une gestion déséquilibrée de votre budget ou un manque de discernement dans vos choix financiers affaiblit votre position.

Avec le Pape, vous devez être irréprochable : toute pratique illicite risquerait de se retourner contre vous.

VI. L'Amoureux en position 2 (défavorable à la question)

Il vous semble difficile de prendre une décision financière. Une affaire en suspens, une situation confuse ou une multiplicité d'options vous place dans une position inconfortable.

Ne vous fiez pas totalement à votre entourage, des amis ou des connaissances pourraient vous entraîner dans des choix financiers malavisés. Ne prenez pas de décisions sous l'emprise des émotions ou pour faire plaisir à votre entourage.

L'Amoureux met aussi en garde contre la prodigalité. Des dépenses inconsidérées, des cadeaux d'amour ruineux ou de mauvais placements artistiques risquent de déstabiliser votre budget.

VII. Le Chariot en position 2 (défavorable à la question)

Des obstacles inattendus risquent de compromettre vos projets financiers ou de fragiliser votre position matérielle.

Être trop sûr de soi peut se révéler dangereux : ne foncez pas tête baissée, même si vous vous sentez en confiance.

Des objectifs déraisonnables, certains investissements hâtifs peuvent s'avérer dangereux. Vos prises de risque sont mal contrôlées, vous vous engagez dans des voies hasardeuses. Un retour sur investissement est peu probable, et votre budget risque de déraper.

Évitez les jeux de hasard, et ne dépensez pas tous vos avoirs sur un coup de tête.

VIII. La Justice en position 2 (défavorable à la question)

Votre situation paraît momentanément bloquée ou déséquilibrée. La loi ou l'administration compliquent vos démarches financières. Des dossiers sont incomplets ou mal remplis, vous pouvez être victime d'erreurs et de tracasseries administratives. Vous avez du mal à vous faire comprendre, votre interlocuteur est de mauvaise foi ou inflexible.

Un créancier vous presse de rembourser, vous subissez les conséquences d'affaires mal gérées, on vous refuse un prêt, un contrat est rompu, un projet immobilier repose sur de mauvaises bases. Des litiges surviennent, un risque d'indélicatesse ou de vol est possible.

Dans certains cas, cet arcane évoque une commission de surendettement, un redressement fiscal, ou même une faillite. Si vous avez fait preuve de légèreté ou de dissimulation, vous risquez d'être rattrapé par la loi.

VIIII. L'Hermite en position 2 (défavorable à la question)

Quelle que soit votre situation actuelle, l'Hermite vous engage à surveiller votre budget. Une rentrée d'argent est retardée, un projet est freiné, une aide financière tarde à se débloquer, des affaires s'avèrent malchanceuses ou mal conduites, une prudence excessive risque de vous faire passer à côté de bonnes affaires.

Cette lame peut indiquer une période de restrictions. Vous devez attaquer vos économies, une austérité imposée vous frustre, un travail semble mal rétribué.

X. La Roue de Fortune en position 2 (défavorable à la question)

Quelle que soit votre situation, la Roue de Fortune annonce un tournant difficile à négocier. Des dépenses imprévues, des retards de paiement, des échéances mal anticipées ou un changement de vie professionnelle déstabilisent votre position financière.

Le gaspillage et un manque de sérieux dans la tenue de vos comptes vous pénalisent. Des pertes au jeu, des spéculations hasardeuses ou des affaires conclues imprudemment vous placent en fâcheuse posture. Une personne de confiance s'envole avec la caisse, un contrat est annulé en dernière minute, vos partenaires financiers sont injoignables. Ce qui est monté trop vite redescend aussi rapidement.

XI. La Force en position 2 (défavorable à la question)

Un blocage de taille, un litige inattendu, une dépense considérable ou un créancier agressif mine votre situation financière. Un emprunt ou une aide vous est fermement refusé, vous vous entêtez dans de mauvais choix, vous refusez une négociation pourtant nécessaire.

Dans certains cas, des dépenses inconsidérées, un goût pour les plaisirs coûteux, des spéculations trop risquées, des imprudences et des pertes au jeu minent votre budget. Des conflits d'intérêts ou des contrats douteux vous font perdre de l'argent. Une personne vénale sévit dans votre entourage.

La Force met en garde contre les abus de pouvoir, le manque d'éthique et toutes les manœuvres illégales.

XII. Le Pendu en position 2 (défavorable à la question)

Une déception est à craindre, une affaire est bloquée par des événements extérieurs, vous ne maîtrisez pas votre budget. Une rentrée d'argent est retardée ou s'avère insuffisante. Vous ne pouvez pas disposer rapidement des sommes dont vous avez besoin, des obligations financières vous empêchent d'atteindre vos objectifs. Vous devez réduire vos dépenses et renoncer à certains projets.

Un flou règne dans votre comptabilité, vos dossiers financiers sont mal structurés, vous risquez de mauvaises surprises dans ce domaine.

Votre crédulité peut vous conduire à des engagements douteux, des opérations approximatives. Une générosité mal placée, des projets irréalistes ou une fuite devant la réalité pourraient vous mettre dans une situation délicate.

XIII. L'Arcane sans Nom en position 2 (défavorable à la question)

Vous traversez une période de rupture financière, votre budget subit des coupes radicales, vous acceptez mal de devoir modifier en profondeur votre approche de l'argent.

Une source de revenus se tarit brusquement, une aide vous est retirée, une allocation diminue drastiquement, vous subissez une saisie sur salaire, un emprunt est refusé par votre banquier.

Vous ne touchez pas l'héritage ou l'assurance vie escomptés, une personne qui devait vous soutenir financièrement se rétracte, votre débiteur disparaît, un placement se révèle désastreux, un projet doit repartir de zéro.

XIIII. Tempérance en position 2 (défavorable à la question)

Une rentrée d'argent est retardée, un changement de conjoncture diminue vos revenus, vos demandes d'aide ou de prêt tardent à aboutir, une mauvaise compréhension aboutit à des erreurs d'investissement.

Un laisser-aller dans la gestion de votre budget risque de le déséquilibrer, l'argent vous file entre les doigts. Vos relations avec les organismes financiers ou administratifs manquent de fluidité, la confiance est remise en question.

Les affaires sont un peu molles, vos échanges avec un partenaire financier se compliquent, des contacts prometteurs vous échappent, un conflit d'intérêts vous oppose à une personne chère. Évitez de mêler l'argent et l'amitié, certaines personnes peuvent se révéler ambivalentes.

XV. Le Diable en position 2 (défavorable à la question)

Votre situation financière traverse une mauvaise passe, une complication imprévue surgit, un projet subit une opposition forte, vous devez faire face à une dépense importante. La gestion d'un litige s'avère onéreuse : votre adversaire est offensif et tenace.

Une spéculation décevante vous met dans une situation angoissante, un créancier devient agressif, votre banquier vous tient la dragée haute, vous devez souscrire un prêt à un taux usuraire afin d'apurer vos comptes. L'avidité entraîne des erreurs de gestion, les jeux de hasard déstabilisent votre budget, vous êtes prisonnier de votre goût du luxe et des plaisirs.

Ne sous-estimez pas les risques d'abus de confiance de la part de votre entourage ou de vos associés, des propositions alléchantes peuvent cacher des escroqueries. Ne vous laissez pas exploiter ni intimider, ne cédez pas aux sirènes de la corruption ou de l'argent douteux.

XVI. La Maison Dieu en position 2 (défavorable à la question)

Cette lame évoque une dégradation inattendue de votre situation financière, une sortie d'argent imprévue, l'interruption brusque d'une aide, un créancier explosif, une perte au jeu ou une diminution soudaine de revenus.

Un prêt ou un soutien financier sont refusés sans explication ; vous subissez un inquiétant contrôle fiscal ; une spéculation audacieuse se révèle désastreuse.

Une affaire aux bases trop fragiles menace de s'écrouler, votre imprudence vous conduit au bord de la faillite.

La Maison Dieu lance un avertissement puissant. L'orgueil, la démesure et la folie des grandeurs risquent de vous faire tomber de haut. Prévoyez des solutions de repli.

XVII. L'Étoile en position 2 (défavorable à la question)

La chance vous oublie momentanément, une aide financière est retardée, une protection vous lâche, de mauvaises intuitions vous font perdre de l'argent.

L'Étoile vous met en garde : les dépenses tendent à devenir plus importantes que les rentrées. Vous gaspillez votre capital en achats inutiles ou en investissements irréfléchis.

Vous vous laissez tenter par des projets invraisemblables, une affaire risque d'échouer par manque de réalisme, vous ne vous battez pas assez pour défendre vos intérêts. Votre naïveté attire les escrocs, certaines personnes tentent de vous imposer de mauvais choix.

XVIII. La Lune en position 2 (défavorable à la question)

Quelles que soient les apparences, des zones d'ombre subsistent dans votre budget. Vous devez faire face à une dépense concernant le foyer ou les enfants, une spéculation immobilière s'avère décevante, une somme promise tarde à venir, des revenus fluctuent, un placement est soumis à une baisse imprévisible. Ne vous précipitez pas pour conclure une affaire dans un cadre familial, associatif ou communautaire.

Votre gestion financière manque de cohérence et de suivi, des affaires sont embrouillées, il y a trop de gaspillage. Surveillez vos comptes de près, surtout si vous en avez confié la gestion à une personne extérieure.

Vos intuitions dans ce domaine ne sont pas toujours fiables, le besoin de sécurité ne vous conduit pas vers les meilleures options, vous êtes victime de votre naïveté. Méfiez-vous des affaires prétendument exceptionnelles, ne vous lancez pas tête baissée dans un investissement immobilier.

XVIIII. Le Soleil en position 2 (défavorable à la question)

Un gain vous échappe, une rentrée d'argent que l'on vous avait fait miroiter s'avère hypothétique, un accord financier est rompu, un proche vous demande une somme démesurée ou refuse de vous rembourser, vous dépensez trop.

Le gaspillage, des pertes au jeu ou une générosité excessive peuvent menacer votre équilibre financier. Désir d'éblouir ou refus de compter… vous vivez au-dessus de vos moyens.

Des perspectives de gains importants vous aveuglent et vous entraînent dans une impasse. Ne donnez pas toute votre confiance à vos partenaires ou associés. L'amour se révèle parfois vénal.

Quelle que soit votre situation, ne ramenez pas votre valeur personnelle au montant de votre compte en banque. Tournez-vous vers des valeurs plus authentiques.

XX. Le Jugement en position 2 (défavorable à la question)

Vous recevez une mauvaise nouvelle financière ou subissez un changement de dernière minute. Un prêt ou une aide qui semblaient acquis sont brusquement refusés. Un remboursement vous est réclamé inopinément, vous devez faire face à des frais inattendus ou à des pertes au jeu.

Le Jugement met aussi en garde contre les dépenses impulsives, les choix hasardeux, les spéculations et les prises de risque inconsidérées.

Un débiteur s'éclipse, une affaire est annulée au dernier moment, un associé tente de vous escroquer, un jugement est rendu en votre défaveur, vous suivez un mauvais conseil, vous êtes victime d'un délit d'initié, un important secret est éventé.

XXI. Le Monde en position 2 (défavorable à la question)

Une rentrée d'argent est retardée, vous exagérez certains obstacles financiers, on vous écarte d'une affaire intéressante, vous percevez des aides insuffisantes, les organismes bancaires ou administratifs ne vous soutiennent guère. Un déplacement est annulé ou reporté, faute de moyens ; un voyage pèse lourd sur votre budget.

Votre travail vous paraît mal rémunéré, une augmentation vous est refusée, une prime est trop faible. Vos attentes financières sont en décalage avec la réalité.

Une affaire peut se révéler risquée ou décevante, particulièrement si elle est en lien avec l'étranger. Ne déséquilibrez pas votre budget pour sauver les apparences ou maintenir à flot un projet condamné.

Vous traversez un passage à vide, vous vous repliez sur vous-même ou faites semblant de paraître plus fortuné que vous l'êtes.

Le Mat en position 2 (défavorable à la question)

Un événement imprévisible fragilise votre budget, une opération financière satisfaisante vous échappe, une dépense inattendue met à mal votre compte, une aide vous fait défaut au dernier moment, une spéculation se révèle malheureuse.

Avec le Mat, les prises de risque sont mal calculées, les décisions sont trop hâtives. L'irréflexion et l'impulsivité sont mauvaises conseillères, les initiatives sont souvent malheureuses.

Cette lame met en garde contre une gestion désorganisée, une fuite en avant. Des dépenses ou des investissements ne devraient pas être faits sur un coup de tête, vous sortez d'une affaire avant qu'elle rapporte, une imprudence risque de vous coûter cher, des associés vous lâchent brusquement, l'argent sort des caisses sans contrôle.

Vous avez tendance à fuir vos responsabilités, un rapport marginal au monde matériel risque de vous entraîner trop loin.

I. Le Bateleur en position 3 (le conseil)

Le Bateleur invite à un rapport plus libre et optimiste avec l'argent. Prenez des initiatives, mobilisez votre ingéniosité, suivez vos envies, et des idées lucratives surgiront. Vous avez plus d'atouts que vous le pensez.

Accueillez les propositions inattendues avec ouverture d'esprit. Des opportunités pourraient améliorer votre situation financière : ne passez pas à côté de la chance, mais conservez votre indépendance.

Si vous possédez quelque argent, ne le laissez pas dormir. Avec le Bateleur, vous avez tout intérêt à tenter de nouvelles stratégies, à investir dans les technologies innovantes ou à vous pencher sur des entreprises fraîchement cotées en bourse.

II. La Papesse en position 3 (le conseil)

Avec la Papesse, la richesse est avant tout spirituelle, ce qui ne doit pas vous faire totalement renoncer aux plaisirs de la vie matérielle.

Cette lame de modération conseille d'éviter tout risque financier et de gérer prudemment votre budget. Fixez-vous des objectifs modestes, évitez les dépenses inutiles et prenez votre temps avant d'agir. Cette carte signale que vous ne disposez peut-être pas de toutes les informations ou qu'une situation n'est pas mûre : une décision hâtive pourrait compromettre un projet. Quoi qu'il en soit, restez discret sur votre situation financière.

Si vous voulez faire un placement, misez sur des produits peu spectaculaires et à évolution lente. Votre intuition vous guide avec sûreté, ce qui ne vous dispense pas d'approfondir vos connaissances dans ce domaine.

Une personne de bon conseil peut également vous dispenser des indications de qualité.

III. L'Impératrice en position 3 (le conseil)

Utilisez votre logique et votre esprit de synthèse pour gérer votre budget, mais sans rigueur excessive.

Si vous rencontrez des difficultés financières, votre esprit fertile pourra vous apporter des éléments de solution. Vous trouverez aussi des conseils et parfois un soutien matériel auprès de vos amis. En cas de litige, contactez une personne médiatrice qui portera un regard calme et objectif sur la situation. Détendez-vous et faites confiance à votre intelligence.

Si vous disposez d'un peu d'argent, utilisez-le pour soutenir vos projets, et si vous avez la primeur de certaines informations économiques, réagissez rapidement – mais en toute légalité – pour profiter de l'aubaine.

IIII. L'Empereur en position 3 (le conseil)

Gérez votre budget avec bon sens, en évaluant les risques et en préservant vos intérêts. Si vous devez faire des achats, évitez de suivre vos impulsions et de vous laisser entraîner dans des emplettes superflues. Recentrez-vous sur les articles indispensables, privilégiez leur qualité et leur durabilité.

Si vous désirez faire un investissement, optez pour des valeurs solides comme la pierre. N'hésitez pas à immobiliser votre argent dans des placements intéressants à long terme. Une personne fiable pourra vous communiquer des indications pratiques ou vous signaler des affaires fructueuses.

V. Le Pape en position 3 (le conseil)

Faites preuve de sagesse et de discernement dans la gestion de votre budget comme dans le choix de vos éventuels placements. Dépensez ce qu'il faut, mais sans excès ; soyez généreux en toute connaissance de cause et préparez soigneusement les affaires et les contrats que vous devez traiter.

Soyez à cheval sur l'éthique, surtout si vous devez signer des documents officiels.

Le Pape insiste sur la prévoyance financière. Ne prenez pas de décision irréfléchie. Au besoin, tournez-vous vers une personne expérimentée ou disposée à user de son influence à votre égard. Formulez vos demandes avec diplomatie, et vous récolterez des conseils de qualité. De votre côté, ne soyez pas avare : faites profiter votre entourage de vos connaissances.

VI. L'Amoureux en position 3 (le conseil)

Offrez-vous quelques plaisirs et faites des cadeaux à ceux que vous aimez, mais sans déséquilibrer votre budget : l'affection ne s'achète pas.

Si vous êtes dans une situation difficile, faites profil bas et usez de diplomatie pour négocier auprès de votre banquier. Avec l'Amoureux, vous pouvez également déployer tout votre charme pour demander une aide ponctuelle à des personnes qui vous apprécient.

Si vous désirez investir, réfléchissez avant de vous décider, et si vous sollicitez des avis, veillez à garder votre libre arbitre. Évaluez toutes les options et ne confiez votre argent qu'à des personnes de confiance. Des placements dans le domaine artistique ou culturel peuvent se révéler rentables.

VII. Le Chariot en position 3 (le conseil)

Cette lame d'ambition vous incite à prendre des initiatives financières, à viser une augmentation ou à nourrir des projets vous permettant d'améliorer notablement vos revenus.

Le Chariot invite au sang-froid et à la volonté. Fixez-vous des objectifs et tenez-vous-y, mais sans vous arc-bouter sur vos positions.

Des transactions audacieuses, des associations judicieuses et des risques calculés se révéleront fructueux si vous évitez le gaspillage d'argent et d'énergie.

Si une situation tarde à se débloquer, vous avez tout intérêt à réagir rapidement. Vous pouvez recevoir une aide inattendue, mais le Chariot conseille de compter avant tout sur vos propres capacités et de privilégier votre indépendance financière.

VIII. La Justice en position 3 (le conseil)

Le moment est venu de plonger le nez dans vos comptes. Un bilan sérieux permettra de mieux cerner votre situation et de redresser la barre si c'est nécessaire.

Cette lame de stabilité invite à une gestion rigoureuse de votre budget. Évaluez bien les risques avant d'engager une dépense superflue, d'emprunter ou d'investir.

Veillez à ce que tout dossier destiné à l'administration ou à un établissement bancaire soit parfaitement rempli. Ne laissez aucune prise à un examen pointilleux. Quoi qu'il arrive, soyez intègre et mettez-vous en règle avec le fisc.

VIIII. L'Hermite en position 3 (le conseil)

L'Hermite est une lame de prudence et d'organisation, donnez-vous les moyens de conserver un budget qui soit équilibré à défaut d'être exceptionnel.

Oubliez pour un temps les achats sur un coup de cœur, les investissements risqués, les spéculations rapides ou les jeux. Prenez le temps d'éplucher votre compte en banque, privilégiez les choix économiques, mettez de l'argent de côté.

Cette lame incite à envisager une épargne solide et un placement prudent sur le long terme. Réfléchissez mûrement toute décision financière importante et restez discret sur vos investissements. Montrez-vous responsable et ne comptez que sur vous.

X. La Roue de Fortune en position 3 (le conseil)

De surprenantes opportunités peuvent vous amener à modifier votre rapport à l'argent, autorisez-vous à accéder à un niveau supérieur de revenus.

La chance est à vos côtés, n'hésitez pas à réclamer une augmentation ou une prime, à souscrire un emprunt ou à réclamer une aide financière en cas de besoin.

Les cadeaux du destin sont imprévisibles, aussi n'abusez pas des jeux de hasard. Si vous êtes tenté par des actions audacieuses, soyez rapide mais avisé.

Si une mauvaise nouvelle survient, ne perdez pas la foi et sachez rebondir. Faites confiance à votre esprit inventif et aventureux.

XI. La Force en position 3 (le conseil)

Avec cette carte, prendre conscience de sa puissance personnelle permet de conserver son sang-froid, indispensable pour préserver une clarté de jugement.

En cas de difficultés financières, vous pouvez garder le contrôle des événements. Rassemblez toute votre énergie et prenez les décisions qui s'imposent sans camper sur vos positions. Évaluez méthodiquement les obstacles et les façons d'y remédier, sachez que vous avez la capacité de faire face à la situation.

De façon générale, la Force vous invite à faire des choix personnels courageux et à les assumer. N'attendez pas particulièrement d'aide extérieure. C'est par la volonté, le travail et la ténacité que vous rétablirez la situation ou atteindrez vos objectifs.

XII. Le Pendu en position 3 (le conseil)

Le Pendu est peu concerné par le domaine matériel. Si vous traversez une période difficile ou incertaine, ne vous épuisez pas en luttes inutiles. Restez souple et prudent, faites confiance à la providence.

Le moment n'est guère favorable à l'action concrète et aux prises de risque. Ne vous pressez pas de conclure une affaire importante, de signer un contrat décisif ou de prendre une décision cruciale pour votre avenir financier.

En revanche, une introspection sincère, en vous permettant de changer votre regard sur l'argent, vous libérera de tout sentiment de contrainte et d'impuissance. Un sacrifice financier est peut-être nécessaire, il se révélera favorable à terme. Sachez ouvrir les cordons de la bourse au profit d'une cause généreuse.

XIII. L'Arcane sans Nom en position 3 (le conseil)

Il est temps de surveiller vos comptes de près et d'examiner lucidement votre situation financière. Faites des coupes drastiques dans votre budget et limitez-vous aux dépenses incontournables.

L'Arcane sans Nom vous invite à vous séparer de tout ce qui n'est pas indispensable et à gérer vos avoirs avec réalisme. Évitez les frais inutiles, libérez-vous de vos dépendances, et particulièrement de votre goût du jeu.

Réglez les malentendus en vous séparant des mauvais conseillers, liquidez vos dettes, changez de banque, arrêtez les placements qui ne rapportent rien et quittez une affaire qui périclite. Pensez à faire votre testament ou à souscrire une assurance vie.

XIIII. Tempérance en position 3 (le conseil)

Tempérance vous engage à retrouver un rapport simple et fluide avec l'argent, qui peut être apprécié sans pour autant occuper une place centrale.

Avec cette lame, une attitude réfléchie et modérée favorise un équilibre financier. En cas de problème, faire appel à vos qualités relationnelles vous aidera à négocier avec votre banquier ou, à défaut, à trouver des soutiens dans votre sphère amicale.

Tempérance évoque des flux financiers, des transferts d'argent entre des comptes ou des individus. La générosité doit s'empreindre de discernement ; elle se tournera vers des associations fiables, à but humanitaire ou social.

Si vous désirez faire un placement, optez pour un investissement peu risqué et rapportant à moyen terme. Les secteurs de la communication, des télécommunications et des nouvelles technologies sont favorisés, vos intuitions s'avèrent souvent payantes. Un ami peut également vous dispenser d'excellents conseils ou vous proposer une affaire intéressante.

XV. Le Diable en position 3 (le conseil)

Le Diable, qui domine le jeu, vous exhorte à considérer l'argent comme une valeur positive. Acceptez de lutter pour améliorer sensiblement votre bien-être matériel. En entreprise, n'hésitez pas à aller négocier une augmentation ou une participation aux bénéfices.

Si vous traversez une période difficile, ne vous découragez pas. Utilisez votre charisme pour convaincre un banquier, un créancier. En mobilisant votre astuce et votre sens pratique, vous pourrez trouver des solutions concrètes. Si une personne puissante vous apporte son aide, sachez qu'elle ne sera pas désintéressée.

Avec cette carte, rien ne réussira sans un minimum d'audace. Si vous voulez améliorer votre situation financière, prenez des risques calculés ; agissez avec correction, mais sans être scrupuleux à l'extrême. Votre flair vous aidera à déceler les bonnes affaires ou à éviter les escroqueries. Ne soyez pas confiant à l'excès envers vos associés ou partenaires.

XVI. La Maison Dieu en position 3 (le conseil)

Il est temps de bousculer vos certitudes sur l'argent et la façon de le gagner. Si votre équilibre budgétaire explose, voyez qu'il reposait sur des bases fragiles et qu'une remise en question est nécessaire.

Acceptez que des événements surprenants, favorables ou difficiles, balaient certains de vos choix financiers. Vous pouvez aussi être à l'origine de la déflagration. Quoi qu'il arrive, laissez-vous porter par ce grand déploiement d'énergie sans chercher à conserver ce qui n'est plus viable.

Si des inspirations spéculatives hors normes vous traversent, écoutez-les tout en conservant un minimum de réalisme. Si vous voulez faire un achat immobilier, attendez d'avoir le coup de foudre puis vérifiez la solidité de votre future acquisition.

XVII. L'Étoile en position 3 (le conseil)

Votre bonne étoile vous protège, faites-lui honneur en vous montrant optimiste mais réaliste. Suivez votre intuition, elle vous inspirera des idées subtiles.

Votre sincère cordialité pourra vous attirer des relations agréables, susceptibles de vous offrir une aide financière si nécessaire ou de vous proposer des affaires intéressantes. Mettez votre modestie de côté, acceptez que certaines de vos créations puissent vous rapporter de l'argent.

Cette lame vous incite à vous faire plaisir, à gâter ceux que vous aimez et à aider ceux qui en ont besoin. Elle évoque une générosité désintéressée et bien placée.

XVIII. La Lune en position 3 (le conseil)

Avec la Lune, une gestion imaginative peut vous permettre d'améliorer vos gains. Mais vous devrez équilibrer votre budget avec souplesse, en évitant les approximations dangereuses.

Privilégiez votre sécurité matérielle et apprenez à vous faire plaisir sans jeter l'argent par les fenêtres. Cette lame évoque des dépenses consacrées à la famille (y compris dans son sens élargi) et à l'amélioration du foyer.

Portez une attention particulière aux investissements immobiliers, aux affaires qui vous sont proposées dans un contexte familial ou au sein de votre communauté. Si vous traversez une passe difficile, vous pouvez faire appel à la solidarité d'un groupe auquel vous appartenez. De façon générale, suivez votre intuition qui vous soufflera des choix pertinents.

Laissez planer un certain flou sur vos revenus et prenez de sérieux renseignements si vous désirez confier la gestion de vos finances à une personne extérieure.

XVIIII. Le Soleil en position 3 (le conseil)

Ayez confiance en votre capacité à gagner de l'argent. Pour stabiliser votre situation financière ou améliorer vos revenus, n'hésitez pas à solliciter une augmentation, à renégocier des conditions avec votre banquier… Un associé ou un partenaire fiable pourraient vous être particulièrement précieux.

Avec le Soleil, voyez large tout en conservant la clarté de votre jugement. De tels atouts favoriseront des choix judicieux de placements, des spéculations brillantes. Vous pouvez aussi bénéficier d'une certaine chance au jeu – si vous conservez un comportement responsable.

Si votre budget est au beau fixe, cette lame invite à faire preuve de générosité envers des personnes moins chanceuses. Offrez des cadeaux à ceux que vous aimez et n'oubliez pas de vous faire plaisir. Un petit luxe est excellent pour le moral !

XX. Le Jugement en position 3 (le conseil)

Laissez-vous surprendre, des opportunités inattendues pourraient se révéler très lucratives.

Ne refusez pas d'emblée une affaire ou un projet d'association imprévu. Le Jugement conseille d'agir sans trop tergiverser, calculez les risques et lancez-vous.

Le moment est idéal pour prendre des initiatives. Suivez vos inspirations, réclamez une augmentation, présentez un projet novateur à votre banquier. Investissez dans des valeurs originales ou des technologies modernes, examinez sans réticence une proposition rapide de vente ou d'achat. Une aide inattendue peut vous permettre de monter un projet audacieux.

Dans tous les cas, le Jugement vous incite à évaluer lucidement votre situation financière. Si une personne ou un événement vous alerte à ce sujet, acceptez de l'entendre.

XXI. Le Monde en position 3 (le conseil)

Avec le Monde, l'argent doit être considéré comme un facteur de bien-être, permettant de réaliser d'agréables projets. Sachez apprécier ce que vous possédez, mais autorisez-vous à saisir les opportunités susceptibles d'améliorer votre situation financière.

N'hésitez pas à demander une augmentation, une aide conséquente, ou à souscrire l'emprunt dont vous avez besoin. Briguez un poste mieux rémunéré.

Pour vos éventuels placements, pensez à des banques étrangères ou à des valeurs ouvertes sur l'international. Des affaires liées à l'import-export ou des investissements dans le domaine de l'art peuvent se révéler lucratifs.

Abordez avec décontraction vos relations avec des organismes bancaires ou administratifs. Des échanges de qualité vous permettront d'obtenir des renseignements très utiles.

Le Mat en position 3 (le conseil)

Cet arcane de liberté absolue conseille de se détacher momentanément des valeurs matérielles et de ne pas se focaliser sur son confort. Vous pouvez être amené à constater que certains choix de vie ne valent pas les contraintes qu'ils engendrent.

Dégagez-vous des responsabilités financières que vous n'avez pas à prendre en charge et liquidez certains avoirs inutiles. Si vous êtes amené à repartir de zéro, n'écoutez que vous-même et n'attendez rien d'autrui.

Ne bridez pas vos impulsions ou vos initiatives financières, même insolites. Oubliez un temps la logique, vos intuitions seront bonnes si elles sont vraiment personnelles. Des chances fugaces doivent être saisies au vol.

Ne vous laissez pas déstabiliser par des changements brusques ; une situation d'apparence difficile peut se révéler enrichissante en vous permettant de lâcher ce qui vous pesait.

I. Le Bateleur en position 4 (la réponse)

C'est la lame de tous les possibles, et vous avez tous les atouts en main pour atteindre vos objectifs financiers. Si vous êtes en difficulté, une amélioration potentielle se profile, un renouveau se présente et vous ouvre de rafraîchissantes opportunités financières.

Avec cette carte, votre rapport à la vie matérielle devient plus ludique, vous découvrez la meilleure façon de jongler avec un budget, vous prenez confiance dans vos aptitudes à gagner de l'argent ou vous découvrez une façon inédite de vous en procurer.

Une action habile et preste pourra déboucher sur une excellente opération financière. Avec le Bateleur, la balle est dans votre camp.

II. La Papesse en position 4 (la réponse)

Avec la Papesse, plus spirituelle que matérielle, les revenus sont modestes, mais une gestion prudente peut apporter un certain équilibre budgétaire.

Pour l'instant, votre situation financière n'est guère évolutive. Vous n'avez pas toutes les informations pour prendre une décision importante ; il manque certains documents pour recevoir une aide, toucher votre dû ou mettre un projet au point.

Des investissements ne rapportent que très faiblement dans un premier temps.

De façon générale, vous devez faire preuve de patience si vous attendez une augmentation ou une rentrée d'argent, car la Papesse ne favorise pas une concrétisation rapide. Même si votre argent travaille dans l'ombre, les résultats ne sont pas encore visibles.

Ajouter une lame vous renseignera sur l'évolution de votre situation.

III. L'Impératrice en position 4 (la réponse)

Avec cette lame de fluidité, l'argent circule sans heurts, mais d'intéressantes opportunités de placement peuvent également se présenter. Votre habileté vous permet de conclure rapidement de bonnes affaires, parfois dans un contexte amical.

Vous négociez adroitement une augmentation, vous obtenez l'argent nécessaire pour lancer un projet qui vous tient à cœur, vous saisissez de lucratives opportunités qui améliorent votre situation financière.

La vie matérielle ne vous pèse pas, vous savez vous offrir régulièrement des petits plaisirs.

IIII. L'Empereur en position 4 (la réponse)

Cette lame concrète est très favorable au bien-être matériel. Si vous avez connu des difficultés, elle montre le rétablissement d'un équilibre budgétaire.

Avec l'Empereur, vous vous organisez de façon à bénéficier d'un confort financier durable. Vous obtenez une augmentation, vos spéculations sont rentables, vos affaires sont florissantes, vous réalisez un investissement immobilier.

Vous dépensez judicieusement votre argent pour acquérir des produits de qualité qui se bonifieront avec le temps.

Une agréable période de sécurité et de stabilité économiques s'ouvre à vous.

V. Le Pape en position 4 (la réponse)

Le Pape protège votre position financière. Si vous avez connu des tempêtes, votre budget retrouve son équilibre.

Vous gérez vos finances avec compétence, vos placements sont avisés, la prudence naît de l'expérience. La raison et le discernement portent leurs fruits. Votre persuasion sereine fait merveille auprès des organismes financiers ou lors des rendez-vous d'affaires.

Si vous hésitez sur une voie à suivre, une personne influente peut vous accorder une aide concrète, vous offrir sa tutelle ou vous dispenser d'utiles indications. Vous pouvez aussi être amené à partager votre expérience pour soutenir ceux qui traversent des moments difficiles.

Le Pape évoque également la générosité et le désintéressement. Sa forte connotation spirituelle invite à relativiser les valeurs matérielles.

VI. L'Amoureux en position 4 (la réponse)

Votre budget apparaît fluctuant, son équilibre peut être fragilisé par les tentations… et l'Amoureux n'a guère envie de se restreindre dans ses dépenses. L'affection et l'argent se mêlent étroitement, et vous pouvez vous retrouver confronté à un choix délicat.

Avec cette lame, des possibilités d'association pourraient vous permettre d'améliorer votre position financière. Votre facilité de contact favorise des alliances commerciales profitables.

Vos revenus proviennent de différentes sources, diversifier vos investissements s'avère rentable, les domaines de l'art et de la création vous rapportent, vous vous offrez des plaisirs d'esthète.

Toutefois, l'Amoureux reste une lame ambiguë : une carte supplémentaire complétera utilement le tirage.

VII. Le Chariot en position 4 (la réponse)

Le Chariot est une lame de réussite qui soutient vos projets et favorise vos finances. Si vous étiez dans une situation difficile, une rentrée d'argent rapide vous renfloue provisoirement. Des placements rapportent rapidement, des affaires audacieuses sont profitables, et des associations se révèlent rentables. Votre entreprise connaît une expansion, un voyage d'affaires est particulièrement fructueux, vous décrochez un contrat avantageux, vous êtes augmenté.

VIII. La Justice en position 4 (la réponse)

Avec la Justice, vous récoltez ce que vous avez semé. Ajouter une lame supplémentaire vous dira de quel côté penche la balance.

Si celle-ci est favorable, votre situation financière retrouve sa stabilité grâce à une gestion rigoureuse. La logique et le bon sens vous permettent de vous extirper d'une position difficile. Des dettes sont remboursées, vous bénéficiez d'une augmentation de salaire méritée, vous signez des contrats commerciaux avantageux. Un arbitrage administratif ou un arrêt de justice sont rendus en votre faveur, une dette est effacée.

Si vous ajoutez une carte difficile, une décision défavorable fragilise votre position matérielle, vous n'arrivez pas encore à équilibrer vos comptes.

VIIII. L'Hermite en position 4 (la réponse)

Ce n'est pas encore la fortune. L'Hermite annonce des limitations matérielles, des restrictions qui risquent de durer quelque temps encore. Cette lame présente un rythme lent. Vous ne récoltez pas immédiatement le prix de vos efforts, une aide tarde à venir, vous êtes seul à assumer d'importantes responsabilités, une somme attendue s'avère bien faible. Un projet financier doit être approfondi, un travail n'est pas encore rentable, un investissement est envisagé sur le long terme.

Tirer une carte supplémentaire en dira plus sur l'évolution à moyen terme de votre situation financière.

X. La Roue de Fortune en position 4 (la réponse)

Votre situation financière connaît une évolution rapide. Le destin intervient et vous entraîne dans un nouveau cycle, tirer une lame supplémentaire vous en donnera la qualité.

Si celle-ci est favorable, la chance permet d'améliorer nettement votre budget et de le rétablir s'il était en danger. Une réussite matérielle s'annonce, vous êtes augmenté, vous touchez un héritage ou les dividendes d'un placement, un débiteur vous rembourse, une affaire se conclut heureusement, vous gagnez au jeu.

Si la lame supplémentaire est défavorable, sachez que rien n'est acquis et que la situation peut encore se retourner en votre faveur. En attendant, adaptez-vous et utilisez les atouts de la première carte de votre tirage pour rétablir l'équilibre.

XI. La Force en position 4 (la réponse)

La Force accorde une réussite matérielle notable. Vous maîtrisez votre situation financière et bénéficiez d'une agréable aisance. Avec cette lame, votre courage vous permet d'atteindre vos objectifs, vos coups d'audace sont bien calculés. Vous visez haut et ne vous contentez pas du minimum. Vos capacités de discernement, votre volonté et votre ténacité vous assurent des succès commerciaux ; des contrats sont signés de haute lutte ; un prêt vous est accordé après d'intenses négociations. L'amour et l'argent sont étroitement liés. Les spéculations et les jeux sont également favorisés si vous conservez la tête froide.

Si vous avez connu de grandes difficultés financières, cette carte signifie que vous avez la capacité de vous renflouer et de rééquilibrer votre budget.

XII. Le Pendu en position 4 (la réponse)

Le Pendu évoque une situation financière qui tarde à s'améliorer et impose des sacrifices. Votre rapport au monde matériel est flou, vous avez bien du mal à limiter vos dépenses et à assainir vos comptes. Votre budget peine à s'équilibrer, des rentrées d'argent se font attendre, une somme attendue reste immobilisée, vos placements se révèlent décevants, une bonne affaire s'avère douteuse, vous subissez le manque de réactivité de votre entourage, vous risquez l'interdit bancaire.

De façon générale, cette lame vous incite à changer votre regard sur l'argent en vous libérant des fonctionnements qui vous enchaînent. Avec le Pendu, vous n'avez pas encore la maîtrise de la situation, tirer une carte supplémentaire vous renseignera sur son évolution.

XIII. L'Arcane sans Nom en position 4 (la réponse)

Votre situation matérielle et votre rapport à l'argent sont profondément modifiés. Une lame supplémentaire en dira plus sur ce changement.

Si celle-ci est favorable, une arrivée d'argent inattendue aide à remettre les compteurs à zéro, vous liquidez vos dettes, vous changez radicalement la gestion de votre capital, vous vous libérez de la dépendance au jeu, un héritage ou une assurance vie améliore notablement votre budget.

Si la carte supplémentaire confirme une difficulté, il faut rester lucide et jouer de prudence. Un changement inconfortable mais nécessaire s'amorce. Des restrictions et des pertes sont inévitables, des dépenses inopinées déséquilibrent votre budget, une aide financière est supprimée, les relations avec la banque se compliquent, vous perdez en bourse ou voyez flancher vos affaires. Repensez complètement vos méthodes de gestion et n'oubliez pas qu'une fin ouvre sur un renouveau.

XIIII. Tempérance en position 4 (la réponse)

Sous la protection de ce bel ange, l'argent n'apparaît pas comme un souci. Vous pouvez assurer ou retrouver votre équilibre financier, ou encore bénéficier d'une agréable amélioration de vos revenus. Vos relations avec votre banquier ou avec l'administration se normalisent, vous négociez un accord intéressant avec un partenaire, vous réglez vos dettes, un débiteur vous rembourse. Vos initiatives se révéleront rentables à moyen terme, des informations bienvenues vous permettent de faire des choix lucratifs, vos intuitions sont fructueuses.

En cas de grosse difficulté ou de surendettement, vous parvenez à un arrangement correct avec les créanciers ; vous pouvez vous détendre.

XV. Le Diable en position 4 (la réponse)

Cette lame est particulièrement à l'aise dans le domaine matériel. Vous pouvez bénéficier d'une notable rentrée d'argent ou d'une augmentation substantielle de revenus. Le Diable évoque également un héritage, le revenu d'une assurance vie, un gain au jeu… Vos investissements rapportent largement, vous avez l'instinct des affaires fructueuses et des spéculations avantageuses. Des choix audacieux vous permettent d'atteindre vos objectifs financiers. La passion et l'argent se mêlent, sur fond de pouvoir. S'il faut lutter, vous mobilisez assez de volonté et de ténacité pour défendre vos intérêts.

Le Diable n'étant pas d'une moralité irréprochable, il est préférable de rester dans les limites de la légalité. Ne vous fiez pas aveuglément à votre entourage ou à vos partenaires financiers.

XVI. La Maison Dieu en position 4 (la réponse)

Avec la Maison Dieu, votre situation financière est très instable, la prudence est recommandée. Des audaces inutiles, des décisions trop hâtives ou des ambitions qui ne s'étayent sur rien risquent de tout faire basculer. Une lame supplémentaire complétera utilement le tirage.

Si celle-ci est difficile, vous recevez une mauvaise nouvelle financière, une dépense inattendue déséquilibre votre budget, des lettres pressantes de votre banque ou de vos créanciers vous stressent, des spéculations se révèlent décevantes, la perte d'un emploi vous place dans une posture difficile, une aide est annulée. Soyez adaptable et examinez la situation avec réalisme.

Si la carte supplémentaire est positive, une rentrée d'argent inattendue, un gain subit ou une augmentation inopinée vous déstabilise heureusement.

XVII. L'Étoile en position 4 (la réponse)

Vous bénéficiez d'une protection céleste. La période financière s'annonce faste, à condition de ne pas se laisser aller ni d'abuser de cette chance. Avec cette lame, vos intuitions sont payantes, vos placements fructifient, vous avez de la chance en bourse et au jeu. Vos relations avec les banques ou les administrations s'améliorent, un prêt se débloque, vous avez droit à une aide, un apport financier vous facilite la vie. Des connaissances vous proposent des affaires intéressantes qui œuvrent pour le respect de l'environnement.

Si vous êtes dans une période difficile, le destin vous envoie un soutien amical qui vous rassérène. Une amélioration se fait sentir.

XVIII. La Lune en position 4 (la réponse)

La Lune étant d'une nature instable, une lame supplémentaire permettra de clarifier la réponse.

Si celle-ci est favorable, c'est l'indice d'une sécurité financière. Vous recevez de l'argent de vos proches ou de votre communauté, des affaires familiales vous rapportent, votre argent fait des petits, un placement immobilier se révèle lucratif. C'est le moment idéal pour investir dans la pierre ou agrandir votre foyer.

Si la lame supplémentaire est difficile, votre budget apparaît mal équilibré. Des dépenses excessives et souvent réalisées sur un coup de tête vous placent dans une situation inconfortable. Vos revenus sont aléatoires ; vous subissez les fluctuations économiques ; un placement immobilier est décevant. Le gaspillage vous entraîne sur une mauvaise pente, vous pouvez être victime d'une escroquerie : vigilance et rigueur sont requises.

XVIIII. Le Soleil en position 4 (la réponse)

Le Soleil éclaire votre vie financière. Cette lame de prospérité vous accorde une situation confortable, voire brillante. Vous augmentez votre niveau de vie et vous en faites profiter généreusement ceux que vous aimez.

Vous êtes à l'aise avec l'argent, vos finances sont gérées dans le sens de vos intérêts. Des opportunités se présentent, vous les saisissez au bon moment. Des rentrées financières vous comblent, vous êtes augmenté, un prêt est accepté, vous gagnez au jeu ou vous réussissez dans vos spéculations. Un mariage vous procure l'aisance, des associés fiables vous permettent de conclure des affaires fructueuses.

Si vous partez d'une situation difficile, le Soleil indique une nette amélioration de votre budget.

XX. Le Jugement en position 4 (la réponse)

Avec le Jugement, vos finances subissent une soudaine modification. Tirer une lame supplémentaire renseigne sur sa qualité.

Si celle-ci est favorable, votre situation s'améliore rapidement. Une rentrée d'argent inattendue, une augmentation inespérée, un gain au jeu, un brevet lucratif, des affaires qui prennent un brusque essor, un prêt enfin débloqué, des aides sociales auxquelles vous ne croyiez plus, une vente rapide ou une succession vous soulagent. Vous retrouvez votre liberté d'esprit.

Si la lame supplémentaire est défavorable, vous pouvez subir des pertes, un vol ou une escroquerie, y compris de la part d'un proche. Des dépenses inattendues ou le refus d'une aide déstabilisent votre budget, une dette ancienne vous est abruptement réclamée. Dans tous les cas, n'entreprenez rien à la légère et regardez en face votre rapport à l'argent.

XXI. Le Monde en position 4 (la réponse)

Cette lame très épanouie montre une agréable réussite financière. Si vous avez connu des difficultés, vos efforts sont récompensés, vous rééquilibrez largement vos comptes. Des revenus confortables vous permettent de sortir, de voyager et de mener une plaisante vie sociale.

Avec le Monde, vous êtes augmenté à la suite d'une promotion, vous touchez une gratification, vous gagnez un prix, vous obtenez un emprunt ou une aide substantielle. Des montages financiers aboutissent heureusement, des affaires conclues à l'international sont fructueuses, les spéculations sur des valeurs étrangères se révèlent avantageuses. Les investissements sont rentables et vous permettent d'envisager de plaisants projets personnels.

Durant cette période très positive, vous pouvez bénéficier d'appuis solides et recevoir des gains inespérés.

Le Mat en position 4 (la réponse)

Avec cette lame sans concession, il est nécessaire de compléter le tirage par une autre carte.

Si celle-ci est favorable, votre situation financière est positive, mais instable. Vous vous dégagez de contraintes matérielles qui vous emprisonnaient ; vous liquidez tout pour partir au loin ; vous quittez une position confortable, mais ennuyeuse ou trop pesante ; vous repartez de zéro avec exaltation. Vos initiatives sont généralement heureuses, et certaines décisions aventureuses se révèlent géniales. Mais avec l'imprévisible Mat, ne jouez pas trop avec le feu…

Si la carte supplémentaire est difficile, votre budget est mis à mal par une gestion chaotique, une attitude irresponsable, des choix imprudents, des impulsions hasardeuses, du gaspillage ou une confiance mal placée. Vos revenus baissent brusquement, vos actions plongent, une aide attendue vous fait défaut, vous êtes victime d'une malhonnêteté, vous devez partir en abandonnant ce à quoi vous teniez, votre entreprise est en liquidation. Acceptez de vous poser pour réfléchir avec objectivité.

FORME, SANTÉ

I. Le Bateleur en position 1 (favorable à la question)

Avec le Bateleur, votre enthousiasme devant la vie influe positivement sur votre forme.

Votre jeunesse de corps ou d'esprit vous permet de ne pas vous laisser arrêter par les éventuels incidents de parcours. En cas de souci, une thérapie inédite ou un nouveau praticien vous offre tous les espoirs.

À l'image de cette lame ouverte à la nouveauté, vous pouvez commencer un sport ou de nouvelles activités physiques, entamer un régime, concevoir un enfant ou simplement choisir d'aborder l'existence avec plus de gaieté et d'insouciance.

II. La Papesse en position 1 (favorable à la question)

La Papesse sait que se recentrer en douceur sur son univers intérieur favorise le bien-être physique. Elle accorde l'intuition des attitudes justes dans le respect du corps et de l'esprit, elle aide à limiter les excès et à mobiliser sa patience quand c'est nécessaire.

Votre énergie, pour être discrète, n'en est pas moins intense. Si vous ne prisez pas les sports trop toniques, des activités douces pratiquées en plein air vous apportent le rose aux joues.

Mais vous êtes plus à l'aise dans un univers un peu retiré. La maîtrise de techniques de méditation ou de yoga, au même titre qu'un travail introspectif, vous ouvre la voie d'un approfondissement personnel. Cette lame évoque également une période de gestation.

III. L'Impératrice en position 1 (favorable à la question)

Vous disposez d'une bonne énergie, due à un tempérament enjoué et enthousiaste. Avec l'Impératrice, l'esprit est en prise directe avec le corps. Vos nombreux projets vous impulsent un dynamisme nerveux.

Cette lame favorise la curiosité, et vous avez plaisir à améliorer votre forme en testant des activités ou des sports inédits, de préférence en amicale compagnie. De même, votre ouverture d'esprit vous permet de vous intéresser à des approches thérapeutiques variées et originales.

En cas de baisse de forme ou de moral, vous avez le bon réflexe d'aller rapidement recontacter une personne compétente.

IIII. L'Empereur en position 1 (favorable à la question)

L'Empereur représente la robustesse et la puissance physique. Votre énergie est forte et concentrée, vous habitez complètement votre corps.

Avec cette lame, les satisfactions matérielles prennent toute leur importance. Les plaisirs de la vie sont bien tentants, mais votre bon sens vous permet de poser quelques limites.

Le besoin d'une vie stable, clef de voûte d'un bon équilibre personnel, vous incite à mobiliser toute votre volonté dans ce sens. Quand vous avez pris une décision ferme, qu'il s'agisse d'entamer un régime, de suivre un traitement ou de faire du sport, vous vous y tenez sur le long terme avec sérieux et assiduité.

V. Le Pape en position 1 (favorable à la question)

Le Pape vous accorde sa protection. Un rapport équilibré au corps comme à l'esprit est propice au bien-être. Vous aspirez au calme et à la détente, et vous faites intuitivement les choix de vie qui les favorisent. Avec sa tempérance naturelle, le Pape dispense une assurance sereine qui rejaillit sur votre forme. L'énergie circule librement, en harmonie avec celle de l'univers.

Une évolution personnelle est en cours. Dans cette voie de sagesse, vous pouvez être accompagné par un maître spirituel ou un thérapeute de qualité.

VI. L'Amoureux en position 1 (favorable à la question)

Vous trouvez le bien-être au travers d'une vie relationnelle de qualité ; être entouré de sentiments chaleureux influe positivement sur votre moral.

Si vous passez un cap difficile ou subissez une baisse de forme, la discussion et les échanges vous offrent d'excellents soutiens. Cette lame évoque un groupe ou une association qui favorise l'expression des émotions et permet de répondre à vos interrogations.

Avec l'Amoureux, lame d'hésitation, diverses options s'offrent à vous, un choix s'annonce compliqué. Êtes-vous sûr de vous poser les bonnes questions ?

VII. Le Chariot en position 1 (favorable à la question)

Cette lame pleine de dynamisme insuffle un excellent moral. Vous savez profiter de la vie et considérer les éventuels incidents de parcours comme autant de défis à relever.

Dans sa grande puissance, le Chariot signale un besoin de défoulement qui peut vous attirer vers des activités très physiques, des sports intenses où la rapidité compte.

La compétition et les prises de risque vous attirent, mais vous pouvez prendre plaisir à vous fixer des objectifs personnels élevés dans tous les domaines. Avec cette carte, vous vous dépassez avec bonheur.

VIII. La Justice en position 1 (favorable à la question)

Avec la Justice, le corps et l'esprit s'équilibrent. La compréhension des liens de cause à effet vous incite à vous comporter avec respect envers votre organisme.

Votre discipline de vie est rigoureuse sans être spartiate. Votre attitude est conforme à vos paroles, vous suivez scrupuleusement une prescription, vos choix personnels sont marqués du sceau de la raison.

Cette lame de bilan évoque la nécessité de porter un regard objectif sur votre état physique et psychologique. En cas de souci particulier, vous évaluez lucidement la situation et n'hésitez pas à vous adresser à des professionnels expérimentés.

VIIII. L'Hermite en position 1 (favorable à la question)

Des habitudes de modération et une attitude prudente aident à conserver une solidité intérieure.

Votre vie bien réglée et un régime frugal vous dotent d'une forte capacité de résistance, vous assumez parfaitement d'avancer en âge, le temps vous a permis de savoir ce qui vous convient vraiment, la grande expérience d'un thérapeute vous met en confiance.

Cette lame signale une préférence pour des exercices physiques en solitaire ou au sein d'un groupe réduit. Son rythme lent évoque aussi un sport d'endurance qui vous permet de vous surpasser à votre façon.

Avec l'Hermite, arcane d'introversion, la solitude et le recueillement sont source de bien-être.

X. La Roue de Fortune en position 1 (favorable à la question)

C'est le début d'un nouveau cycle. Le destin vous est favorable, une heureuse nouvelle vous remonte le moral, un traitement récent semble vous réussir, votre optimisme influe sur votre tonus.

Si vous êtes en convalescence, votre forme s'améliore. Un projet de déplacement ou de voyage fait renaître l'enthousiasme.

La Roue de Fortune, lame très tonique, favorise les sports qui demandent une grande dépense d'énergie.

XI. La Force en position 1 (favorable à la question)

La Force accorde une vitalité intense. L'énergie circule avec vigueur, de bonnes ressources physiques et psychiques permettent de faire face aux éventuels soucis.

En cas de baisse de forme ou de problèmes de santé ponctuels, vous avez les moyens de faire face en conservant votre sang-froid. Toute votre volonté est mobilisée alors vers un mieux-être.

La Force, lame charnelle, évoque les plaisirs des sens. Elle valorise l'épanouissement physique, source d'équilibre. Un sport très tonique ou toute autre activité stimulante permettent de libérer les tensions.

XII. Le Pendu en position 1 (favorable à la question)

Cette lame, peu dynamique en apparence, annonce une période de pause. Une lente transformation intérieure s'amorce, le Pendu vous offre l'occasion d'accompagner en conscience cette évolution.

Une immobilisation favorise l'introspection et vous permet de modifier votre rapport au corps, de repenser votre approche de la vie et de la santé en vous tournant éventuellement vers des thérapies alternatives.

La posture du personnage montre que le bien-être peut naître de la pratique du yoga ou de toute discipline proposant le lâcher-prise. Une spiritualité bien intégrée est source de félicité.

XIII. L'Arcane sans Nom en position 1 (favorable à la question)

Vous traversez une période de changement radical et libérateur, vous modifiez totalement vos habitudes de vie et reprenez tout à zéro. Vous réalisez que votre rapport au corps ne peut plus être le même, vous vous dégagez des relations et des influences qui nuisent à votre santé, vous vous battez pour votre mieux-être.

Vous rompez avec un style de vie ou un régime alimentaire déséquilibrés. Vous choisissez de vous libérer définitivement de la cigarette, de la boisson et de toutes vos dépendances.

Vous prenez la décision de vous faire opérer, d'entamer une psychothérapie ou une psychanalyse.

XIIII. Tempérance en position 1 (favorable à la question)

Tempérance, l'ange du tarot, vous protège. Cette carte vous accorde une souplesse d'esprit qui vous permet de conserver votre équilibre intérieur sans vous laisser déstabiliser par les contrariétés.

Vous êtes à l'aise avec des sports doux, peu traumatisants pour les articulations et qui vous procurent de la détente. Des activités collectives valorisent votre sens de la solidarité et votre goût pour les échanges.

Cette lame évoque un tempérament réceptif aux médecines douces. La naturopathie, l'homéopathie et les cures thermales vous réussissent particulièrement. Votre intuition vous dirige naturellement vers les thérapies qui vous conviennent le mieux.

XV. Le Diable en position 1 (favorable à la question)

Il signale une énergie et une endurance exceptionnelles, une grande puissance physique et morale. Vous montrez un grand appétit de vivre et de jouir de vos sens. Avec le Diable, la tentation est grande de dépasser ses limites, mais votre résistance permet à votre organisme de supporter les excès… jusqu'à un certain point.

En cas d'incident de parcours, votre volonté vous permet de lutter efficacement et de surmonter les difficultés. Rien ne vous décourage, vous désirez dominer votre destin.

XVI. La Maison Dieu (favorable à la question)

Cette lame vous incite à ne pas prendre trop de risques avec votre santé. Une chute, un accident ou un souci de santé vous lancent un très utile avertissement. Le diagnostic précoce d'un désordre ou d'une maladie permet d'anticiper un problème. Vous percevez la fragilité de l'être humain et prenez conscience de la valeur de l'existence.

L'impact de la qualité de vie sur la santé vous apparaît brusquement ; vous revoyez votre alimentation, votre rythme de vie ou même vos choix médicaux.

À la faveur d'un choc, d'un coup de foudre, d'une explosion de colère, vous faites sauter un carcan moral ou physique. Les personnages qui semblent danser évoquent également le goût d'une discipline acrobatique et ludique.

XVII. L'Étoile en position 1 (favorable à la question)

Avec l'Étoile, vous savez apprécier la beauté et l'harmonie de la vie, et y puiser une source de bien-être. L'affection sincère des personnes qui vous entourent agit heureusement sur votre moral. Votre capital énergétique est moyen, mais habilement géré.

Si vous avez connu des soucis de santé, votre bonne étoile veille sur vous. L'optimisme et la quiétude vont dans le sens d'une guérison. Une grossesse désirée peut s'annoncer.

Votre intuition vous souffle les choix de vie les plus favorables à votre équilibre physique et psychique. Le contact de la nature vous régénère ; des activités de plein air, ludiques et détendues, vous conviennent parfaitement.

XVIII. La Lune en position 1 (favorable à la question)

Le sommeil est un élément important de votre équilibre. Il vous permet de tirer un excellent parti de votre capital énergétique. De nombreux rêves, souvent révélateurs, vous dispensent des conseils de qualité.

Si vous pratiquez un sport, vous aimez faire partie d'une équipe soudée et en défendre les couleurs. L'eau vous relaxe et vous inspire ; vous appréciez les bienfaits de la natation, de la gymnastique aquatique ou de séances de thalassothérapie. La Lune met aussi l'accent sur un rapport équilibré à la nourriture, votre intuition vous guide judicieusement dans vos choix alimentaires.

Si vous traversez un problème de santé, vous bénéficiez d'un entourage attentif. Votre excellente mémoire, votre sensibilité et votre imagination vous aident aussi à trouver des solutions créatives.

Cette lame peut également signifier que vous attendez un enfant avec bonheur.

XVIIII. Le Soleil en position 1 (favorable à la question)

Le Soleil, lame rayonnante, évoque un excellent moral. Vous êtes à l'aise dans votre corps, et votre belle énergie attire les regards. Votre mental équilibré et votre capacité de recul vous permettent d'aborder sereinement toutes les situations.

Cette carte montre la capacité de profiter des bonheurs de la vie. Elle favorise l'optimisme, important agent de régénération si vous traversez un souci de santé.

Vous mobilisez aisément votre volonté pour atteindre des objectifs sportifs – surtout si vous êtes en position de meneur –, améliorer votre silhouette ou retrouver la forme. Votre cœur s'ouvre à l'amour, un projet de couple fait briller vos yeux.

XX. Le Jugement en position 1 (favorable à la question)

Votre santé bénéficie d'un revirement très favorable, vous entendez parler d'un remède inattendu, original ou innovant dont vous pouvez attendre beaucoup. Vous rencontrez un thérapeute dont le discours hors normes vous inspire confiance.

Une bonne nouvelle dissipe la fatigue et favorise le retour de l'énergie, un changement d'air vous régénère. Exprimer vos inquiétudes ou révéler un secret vous libère et vous soulage.

Si une période de déprime vous a coupé du monde, cette lame montre la capacité à retrouver la joie de vivre, à sortir et à recontacter votre cercle social et amical.

Une agréable nouveauté arrive dans votre vie ; votre état psychologique ou physique s'en ressent avantageusement.

XXI. Le Monde en position 1 (favorable à la question)

Avec cet arcane, vous bénéficiez d'un très bon équilibre général : vous vous sentez léger, mais stable.

Le corps et l'esprit sont en phase, les énergies circulent souplement, les organes fonctionnent en harmonie, une convalescence se déroule bien. Vos efforts pour prendre soin de votre santé sont couronnés de succès, un traitement venu de l'étranger vous réussit, les conditions sont réunies pour une stabilité physique et morale, la conception d'un enfant peut être envisagée.

Le bien-être naît de la qualité de votre entourage. Votre ouverture au monde et l'accès à des cultures différentes concourent à votre détente et à votre épanouissement.

Le Monde favorise la danse ou toute activité associée à la beauté et à l'harmonie. Les sports d'équipe vous réjouissent, le plaisir du jeu l'emporte sur la compétition.

Le Mat en position 1 (favorable à la question)

Vous cherchez à vous dégager des contraintes qui brident votre vraie nature. Certains de vos choix peuvent paraître irrationnels, mais votre liberté est garante de votre bien-être.

Cette lame très dynamique évoque une grande énergie gérée par à-coups, teintée d'un fond de nervosité. Un changement intérieur, une prise de conscience concernant votre santé vous font lâcher un système mal adapté à la personne que vous êtes. Vous quittez un mode de vie qui ne vous convient plus et nuit à votre équilibre. Vous assumez parfaitement de changer brusquement de régime, de praticien ou de thérapie.

Un déménagement, un départ impromptu pour une destination lointaine ou tout agréable imprévu vous stimulent et ravivent votre enthousiasme.

I. Le Bateleur en position 2 (défavorable à la question)

Un élément nouveau perturbe momentanément votre bien-être, un praticien inexpérimenté ne vous inspire pas confiance, la prise d'un traitement est trop récente pour en tirer des conclusions, une thérapie inédite ne convient pas.

Vous avez du mal à canaliser votre enthousiasme ; des actions sans suite gaspillent votre énergie et fatiguent l'organisme. Avec le Bateleur, l'agitation, la nervosité et l'impulsivité peuvent conduire au surmenage et générer des petits accidents de la vie quotidienne.

Vous découvrez un sport, un régime ou une thérapie, mais prenez conscience que seule l'assiduité vous permettra d'en tirer des bénéfices. Se précipiter sans réflexion vers la nouveauté entraîne des déceptions et d'inutiles volte-face.

II. La Papesse en position 2 (défavorable à la question)

Ne refusez pas de prendre en compte certains signaux que vous envoient votre corps ou votre esprit, vous risqueriez de laisser un problème se développer en silence. Si vous consultez un praticien, vérifiez qu'il vous explique clairement ce qu'il en est et qu'il vous transmet bien tous les documents.

Quelle que soit l'apparence que vous donnez, des blocages intérieurs, un secret trop lourd ou une difficulté à communiquer en profondeur ne favorisent pas votre épanouissement.

La Papesse induit la tentation du repli sur soi et de la passivité : ne vous laissez pas envahir par le découragement.

Une grossesse est déniée, non désirée ou compliquée sur les plans physique ou psychologique.

III. L'Impératrice en position 2 (défavorable à la question)

Attention à la tension nerveuse. Un trop-plein d'idées, de projets, de rencontres… ou, simplement, une discussion animée peut mettre votre cerveau en surchauffe.

L'Impératrice met en garde contre une énergie trop dispersée, un rythme de vie excessivement trépidant et l'incapacité de se détacher des sollicitations extérieures qui fragilisent les nerfs. Dissocier l'esprit du corps empêche de percevoir ce qui est bon pour sa santé. Les sorties trop fréquentes, les écrans, le manque de plein air et d'exercice, les repas avalés trop rapidement, nuisent au sommeil et fatiguent l'organisme.

Évitez de tester sans arrêt les sports ou les régimes à la mode. Changer systématiquement de thérapeute ou arrêter les traitements à mi-chemin ne résoudra pas vos problèmes.

IIII. L'Empereur en position 2 (défavorable à la question)

Un obstacle se dresse sur le chemin de votre mieux-être. Des blocages, un manque de souplesse ou une baisse de forme passagère ne doivent pas être négligés. Avec l'Empereur, tout besoin d'aide, physique ou morale, doit être reconnu et accepté. Si vous consultez un thérapeute, vous pouvez vous heurter à une personne ou à un système dénué d'empathie et de souplesse.

Il semble difficile de remettre en question certains acquis. Pourtant, si des choix de vie nuisent à votre santé, il faut accepter de modifier vos habitudes ou de revoir votre rythme de travail.

Écoutez votre corps : des excès de table combinés à un manque d'exercice ou à des activités physiques inadaptées ne lui conviendront pas.

V. Le Pape en position 2 (défavorable à la question)

Avec le Pape, il est parfois difficile de se mettre en lien avec son corps. Un manque d'objectivité ou une approche dogmatique des situations vous empêchent de faire les meilleurs choix pour votre santé et votre bien-être. Vous avez tendance à suivre les avis de personnalités charismatiques. Pourtant, il serait préférable d'essayer de percevoir quelles activités physiques, quel praticien ou quel traitement vous conviendraient le mieux.

Prenez garde à ceux qui sont susceptibles de vous faire perdre votre libre arbitre. Assurez-vous de l'humanité, de l'honnêteté et de la compétence de ceux qui vous conseillent. Ne vous perdez pas dans des thérapies improbables – même si elles sont officiellement reconnues – ni dans des recherches spirituelles douteuses.

VI. L'Amoureux en position 2 (défavorable à la question)

Un choix difficile se présente, des avis contradictoires vous embarrassent, vous hésitez entre plusieurs praticiens ou diverses options thérapeutiques. Vos émotions vous font perdre votre libre arbitre, vous ne pensez pas être capable de décider ce qui est bon pour vous.

Votre forme a tendance à fluctuer au rythme de vos émois affectifs. Des déchirements intérieurs vous épuisent, votre manque de confiance en vous entraîne une fragilité psychologique.

Des problèmes d'anémie peuvent survenir, une perte d'énergie risque de tourner en déprime, vous vous focalisez trop sur votre personne et sur votre santé. Ne montez pas en épingle les petits maux du quotidien et évitez de compenser vos soucis par des excès sucrés.

VII. Le Chariot en position 2 (défavorable à la question)

Des écueils de la vie surgissent brusquement et vous déstabilisent, une dépense énergétique inattendue vous épuise, un événement rapide vous arrête dans votre élan.

L'impatience et l'imprudence vous font courir des risques. Un manque de mesure dans le travail, le sport ou les plaisirs menace votre équilibre. Vous faites trop confiance à vos capacités de récupération : le surmenage, les excès de table ou une conduite trop rapide sont autant d'attitudes à risque que vous pourriez regretter ensuite. N'attendez pas un choc pour reprendre les rênes de votre vie.

VIII. La Justice en position 2 (défavorable à la question)

Un déséquilibre intérieur latent, un fonctionnement dysharmonique des organes fatiguent votre organisme. Verrouiller vos émotions tend à accentuer les problèmes. L'inquiétude empêche de faire face à la réalité et de prendre des décisions justes.

Votre thérapeute vous semble froid et tranchant, un traitement apparaît trop rigoureux, vous êtes en conflit judiciaire avec votre médecin.

Vous acceptez mal les lois de la nature, vous risquez de subir les conséquences de comportements irresponsables ou excessifs. Il est difficile de trouver un juste milieu, vous êtes trop exigeant ou trop arrangeant avec vous-même.

VIIII. L'Hermite en position 2 (défavorable à la question)

La fatigue se fait sentir, vous dissimulez votre mélancolie, des idées noires vous poussent à vous replier sur vous-même, vous acceptez mal d'avancer en âge. Un souci chronique vous pèse, un traitement vous semble fastidieux, votre guérison est ralentie.

Dans certains cas, un manque de souplesse corporelle ou des blocages physiques signalent une difficulté à se détendre. Vous êtes trop dur avec vous-même, votre régime est excessivement strict, vous travaillez trop.

Se désintéresser de son corps peut entraîner de l'épuisement ou un vieillissement précoce.

X. La Roue de Fortune en position 2 (défavorable à la question)

Quelles que soient les apparences, votre forme et votre moral connaissent des hauts et des bas. Un nouveau cycle de vie semble difficile à aborder, un voyage vous fatigue, un changement est source d'anxiété et de stress.

Un tourbillon d'activités vous entraîne dans une fuite en avant. La fébrilité et l'instabilité épuisent votre organisme. Votre énergie est difficile à gérer : tantôt bloquée, tantôt irrépressible.

Vous changez trop souvent de thérapeute ou vous manquez d'assiduité dans votre traitement. Certaines décisions sont prises sur un coup de tête, vous vous laissez aller aux excès de vitesse. Ne jouez pas avec votre santé.

XI. La Force en position 2 (défavorable à la question)

Une énergie intense mais difficile à canaliser risque de se retourner contre vous. Vous présumez trop de vos forces, un blocage physique ou psychologique entrave votre épanouissement. Des frustrations vous pèsent, vous vous crispez devant une situation, vous vivez mal un rapport de force avec un thérapeute.

Des instincts mal maîtrisés vous entraînent dans de mauvaises directions. Vous avez du mal à lâcher certains choix de vie, pourtant néfastes à votre santé. Colère, violence, imprudence ou excès de plaisirs risquent de provoquer des blessures physiques et morales.

XII. Le Pendu en position 2 (défavorable à la question)

Le Pendu parle de fatigue, signale un manque d'énergie et une difficulté à activer sa volonté. La vie vous impose une immobilisation, vous devez renoncer momentanément à certains projets, un sentiment d'impuissance vous démoralise. Vous avez l'impression de dépendre d'une relation ou d'une substance potentiellement dangereuse.

Une sensibilité excessive vous rend vulnérable, vous pouvez ressentir de l'anxiété ou traverser une déprime. Vous perdez parfois contact avec la réalité, des expériences spirituelles ne vous réussissent pas, vous avez du mal à porter un regard objectif sur votre état de santé, vous acceptez mal d'être responsable de votre bien-être.

XIII. L'Arcane sans Nom en position 2 (défavorable à la question)

Cette carte incite à un minimum de prudence dans vos choix et vos options de vie. L'existence impose peut-être un changement important, mais les décisions radicales ne sont pas toujours les meilleures. Si vous décidez de vous libérer d'une dépendance, ne vous sevrez pas trop brutalement.

L'Arcane sans Nom met aussi en garde contre les risques de blessure et de choc, prenez vos renseignements avant toute décision importante concernant votre santé.

Vous avez des idées noires, un travail sur votre inconscient vous déstabilise profondément. Si vous suivez une thérapie, vérifiez qu'elle vous convient réellement.

XIIII. Tempérance en position 2 (défavorable à la question)

Un processus de mieux-être est retardé, un trouble se fait sentir, un désordre intérieur se révèle, vous attendez trop longtemps avant d'aller consulter, votre praticien ne vous délivre pas les informations attendues.

Tempérance évoque parfois une diminution du tonus. La fatigue ou le manque d'entrain ne vous incite guère à bouger. Votre énergie intérieure circule mal, votre équilibre est instable. Des malaises nerveux et un manque de recul face aux petits ennuis de la vie fatiguent l'organisme. Vous peinez à vous libérer de certaines obsessions, la conception d'un enfant est retardée.

Le moment n'est pas idéal pour un soin énergétique. Si vous cherchez un praticien ou une thérapie particulière, ne vous fiez pas uniquement à vos intuitions.

XV. Le Diable en position 2 (défavorable à la question)

Des problèmes matériels vous minent : l'argent manque pour suivre un traitement ou subir une intervention. Des angoisses remontent, un souci de santé se prolonge et vous stresse, une maladie vénérienne ou un problème hormonal vous fatigue.

Une mauvaise maîtrise de votre énergie ou un déséquilibre nerveux engendre de l'agressivité. Vos excès se retournent contre vous et attaquent votre organisme. Vous vivez un harcèlement qui vous épuise.

Vous éprouvez des difficultés à vous libérer d'une dépendance à l'égard du jeu, du sexe, de la nourriture, de l'alcool… Ne laissez pas un thérapeute prendre le pouvoir sur vous.

XVI. La Maison Dieu en position 2 (défavorable à la question)

Un brusque renversement de situation, une mauvaise nouvelle vous stressent. Une rechute vous fatigue, vous sortez de vos gonds, vous craquez nerveusement. Avec cette lame, prenez garde aux chutes ou aux accidents de toutes sortes qui pourraient entraîner un traumatisme. Si vous avez eu une alerte, il serait bienvenu de faire un bilan de santé.

Ne surestimez pas vos capacités physiques et psychiques. Certains mouvements ne vous conviennent plus pour l'instant. Un manque de souplesse du corps ou de l'esprit risque de se retourner contre vous.

Attention aux choix de vie imprudents et désordonnés, aux prises de risque excessives. Si vous avez abusé de votre résistance, trop d'efforts, de stress et de tension peuvent mener à un écroulement dépressif.

XVII. L'Étoile en position 2 (défavorable à la question)

Vous subissez une petite baisse d'énergie, un ennui de santé freine un projet personnel, une amélioration espérée est retardée, une occasion de mieux-être vous échappe, vous vous découragez trop vite.

Paresse, lymphatisme ou fatigue… les activités physiques demandent trop d'efforts, et vous vous laissez un peu aller. Si vous suivez une thérapie, vous manquez d'assiduité, votre praticien ne vous semble ni très fiable ni assez solide.

L'abus de bonnes choses, une attirance pour les plaisirs faciles fatiguent l'organisme. En cas de souci, évitez de vous perdre dans un monde idéal ou de rejoindre des paradis artificiels.

Cette lame parle également d'une grossesse retardée ou non désirée.

XVIII. La Lune en position 2 (défavorable à la question)

Une guérison tarde à venir, un traitement risque de décevoir, un diagnostic doit être précisé, un thérapeute reste flou dans ses explications. Le rapport à la nourriture est souvent compliqué, vous avez des problèmes de poids, l'estomac est fragile.

La Lune évoque aussi la mélancolie, un risque de déprime. Des angoisses surgissent, votre inconscient vous envahit, les émotions sont incontrôlables. Vous somatisez facilement, des petits maux récurrents vous agacent. Votre sommeil est troublé : vous avez des insomnies, des cauchemars vous réveillent. Vous souffrez de phobies ou d'obsessions, votre mémoire vous fait faux bond. Vous êtes tenté de vous réfugier dans vos rêves pour éviter la réalité.

Un traumatisme de l'enfance ou du passé remonte, un problème familial vous épuise, vous craignez une maladie génétique. Une grossesse est compliquée, les rapports avec les enfants sont difficiles.

XVIIII. Le Soleil en position 2 (défavorable à la question)

Vous vous fixez des objectifs personnels excessivement ambitieux, un succès attendu vous échappe, une contrariété affective ou familiale vous fatigue, votre thérapeute semble autoritaire ou paternaliste. Vous attendez trop d'un traitement, le praticien le plus cher ou le plus célèbre n'est pas toujours le plus efficace. Ne vous laissez pas aveugler par les apparences…

Cette lame signale aussi une tendance à abuser de ses forces. Des exploits inutiles, un tempérament compétitif à l'excès, le besoin de prouver votre valeur épuisent votre organisme. N'abusez pas du soleil, surveillez votre vue et ne fatiguez pas votre cœur. Évitez les excès alimentaires, les abus de boisson ou les émotions fortes.

Un désir d'enfant est compliqué ou retardé.

XX. Le Jugement en position 2 (défavorable à la question)

Une nouvelle imprévue provoque un choc nerveux, un stress inattendu fatigue votre organisme, un mieux-être ne dure pas, une thérapie vous déstabilise trop.

Vous manquez de mesure, vos paroles dépassent votre pensée. La nervosité, l'impatience et une réactivité excessive peuvent entraîner un épuisement physique et psychique.

L'abus de substances excitantes est mauvais pour votre santé. Évitez les propos inconsidérés et les comportements imprudents, ne vous précipitez pas tête baissée sur un traitement prétendument innovant. En déplacement comme à la maison, prenez toutes vos précautions contre les accidents.

XXI. Le Monde en position 2 (défavorable à la question)

Une amélioration se fait attendre, vous surestimez les obstacles à votre rétablissement, un échec est difficile à accepter, un rendez-vous médical est reporté, un traitement venu de l'étranger vous déçoit, votre thérapeute vous semble distant.

Ne pas vous sentir à votre place vous déstabilise, vous manquez de confiance en vous et en votre potentiel de guérison. Un souci vous incite à vous replier sur vous-même ou, à l'inverse, à adopter des attitudes extravagantes.

Si vous partez pour un lointain voyage, respectez toutes les précautions sanitaires.

Avec le Monde, la conception d'un enfant est parfois retardée ou source de complications.

Le Mat en position 2 (défavorable à la question)

Votre forme est fluctuante, une situation instable vous fragilise, un remède est trop irrégulièrement suivi pour être efficace, une convalescence s'avère chaotique. Le stress inspire de mauvais choix, une décision importante est prise trop rapidement. Vous quittez un praticien, vous cessez un traitement ou arrêtez de vous soigner sans prendre le temps de la réflexion.

Le Mat évoque un problème d'instabilité, un manque de contrôle, une nervosité excessive ou même une dépression. Si vous avez des soucis physiques ou psychologiques, ne vous précipitez pas sur des thérapies approximatives.

Des conduites à risque sont à craindre, vous ne respectez pas assez votre corps et votre esprit. Restez prudent lors de vos déplacements, et si vous partez dans un pays lointain, prenez toutes les précautions sanitaires.

I. Le Bateleur en position 3 (le conseil)

Ce personnage joyeux et actif vous incite à prendre conscience de votre faculté à influer sur votre forme. En cas de baisse de vitalité ou de petit moral, ne vous laissez pas aller. Voyez que vous possédez des réserves de dynamisme qui ne demandent qu'à s'exprimer et ayez confiance en vos capacités d'autoguérison.

Autorisez-vous à suivre vos envies et vos goûts, à faire des choix spontanés qui vous remettront dans le flux de l'existence.

Avec le Bateleur, un nouveau départ est toujours stimulant. Pratiquer un sport ludique, changer vos habitudes alimentaires, modifier votre rythme de vie, opter pour un traitement inédit, choisir un praticien qui vous convient mieux ou concevoir un enfant sont autant de moments de découverte qui agiront favorablement sur votre bien-être.

II. La Papesse en position 3 (le conseil)

La Papesse, qui domine le jeu, parle de patience et de discrétion. Oubliez les sports violents, les régimes alimentaires riches ou trop stricts, privilégiez la qualité de votre vie intérieure. C'est dans le calme et le silence que vous puiserez votre énergie.

Il est temps de retrouver la personne que vous êtes vraiment. Une introspection de qualité vous donnera les clefs d'un mieux-être physique et moral. Suivez vos intuitions, pratiquez la méditation ou toute discipline d'intériorisation. Une personne d'expérience pourra vous guider utilement dans cette voie, mais acceptez que la plupart des réponses soient en vous.

Des recherches, une réflexion approfondie, vous permettront d'acquérir un savoir personnel sur les questions de bien-être et de santé. Avec cette lame de gestation, vous pouvez envisager une grossesse.

III. L'Impératrice en position 3 (le conseil)

L'Impératrice vous conseille de garder la tête froide. Ne vous laissez pas dépasser par vos émotions et relativisez vos contrariétés. Avoir l'esprit libre et le cœur léger favorise le bien-être physique et psychique.

Si le moral flanche, sortez, appelez vos amis et partagez avec eux des moments agréables qui vous requinqueront. Faites des projets, testez une activité ou un sport qui vous tente.

Si vous avez un souci concernant votre santé, ne le gardez pas pour vous. Parlez-en à votre entourage et prenez contact avec une personne ouverte et compétente.

IIII. L'Empereur en position 3 (le conseil)

Avec l'Empereur, le bien-être naît de la stabilité. Ne boudez pas les plaisirs de la vie, mais évitez les excès ; votre bon sens est votre meilleur guide.

Si vous avez décidé de reprendre votre forme en main, ne vous lancez pas à l'aveuglette. Prenez le temps de bien vous organiser avant d'opter pour un régime alimentaire, un sport ou toute autre bonne résolution.

Dans tous les cas, oubliez les remèdes miracles et choisissez des méthodes qui agissent sur la durée. Privilégiez la régularité, tenez-vous à vos décisions et ne vous découragez pas. Quand vous suivez un traitement, faites-le avec sérieux et sans vous écarter des prescriptions.

Si vous cherchez un thérapeute, dirigez-vous vers une personne solide et rassurante, consciente des réalités concrètes.

V. Le Pape en position 3 (le conseil)

Le Pape prône la prudence et la modération. Avancez à votre rythme, mais sans faiblesse.

Une attitude sereine et des options de vie équilibrées renforcent vos énergies et favorisent votre santé. Ayez confiance en vous et en votre capacité à trouver le bien-être, acceptez aussi de voir que ce que vous traversez vous offre une occasion d'évoluer.

Mettez-vous à l'écoute des vibrations qui vous entourent, votre intuition vous soufflera les réponses à de nombreuses questions. Si vous avez la foi, sachez que c'est un puissant agent de guérison. N'hésitez pas à vous relier à votre maître spirituel.

Si vous cherchez un thérapeute, veillez à ce que sa compétence s'accompagne d'une écoute sincère. De votre côté, n'hésitez pas à lui demander des explications. Vous pouvez aussi participer ou assister à des réunions publiques sur un problème de santé qui vous concerne.

VI. L'Amoureux en position 3 (le conseil)

Entourez-vous de personnes chères à votre cœur. Une ambiance harmonieuse et des sentiments sincères préservent votre moral et votre forme. Au quotidien, soyez souple : une attitude conciliante vous évitera de vous épuiser en disputes stériles.

L'Amoureux conseille également de développer les aspects créatifs de votre personnalité et de vous tourner vers les jolies choses. Leur contemplation présente d'indéniables vertus apaisantes, favorables au mieux-être.

Si vous traversez un moment difficile, si vous êtes en pleine interrogation, n'hésitez pas à rejoindre une association ou un groupe de parole. Si vous devez faire un choix important, sollicitez plusieurs avis puis essayez de vous centrer pour laisser venir la solution.

VII. Le Chariot en position 3 (le conseil)

Cette lame enthousiaste et pleine d'énergie vous incite à prendre immédiatement le chemin de la santé. Si vous avez besoin de retrouver une bonne condition physique et psychique, bougez, faites du sport et lancez-vous des défis personnels.

Pour améliorer votre forme, votre silhouette ou retrouver votre bien-être, définissez clairement vos objectifs. Établissez un plan d'action et tenez-vous-y avec détermination.

En cas de souci de santé, n'hésitez pas à vous déplacer pour consulter une personne qui vous semble compétente. Ayez confiance en votre capacité à guérir et unissez toutes vos forces dans ce but.

Mais le Chariot vous invite avant tout à profiter de la vie et des bonheurs qu'elle vous offre. N'attendez pas, prenez l'existence à bras-le-corps.

VIII. La Justice en position 3 (le conseil)

La période est propice à un bilan personnel. Si vous avez eu de petites alertes physiques ou psychologiques, ne pratiquez pas la politique de l'autruche. Regardez-vous fonctionner et consultez un professionnel pour bénéficier d'un avis objectif.

Avec la Justice, une attitude responsable à l'égard de votre corps comme de votre esprit favorise le rétablissement d'un équilibre énergétique. Si vous avez besoin de retrouver la forme et d'améliorer votre silhouette, fixez-vous un programme adapté à votre mode de vie et respectez-le à la lettre.

Si vous cherchez un thérapeute, privilégiez une personne neutre qui vous parlera clairement. Si vous suivez un traitement, la rigueur et la régularité sont indispensables.

VIIII. L'Hermite en position 3 (le conseil)

Prudence est mère de sûreté. L'Hermite vous conseille de traiter votre corps avec sagesse et respect. Sans mener une existence d'ascète, il est préférable d'éviter les excès, la vitesse et toutes les activités frénétiques. Des habitudes régulières, des repas frugaux et des sports d'endurance vous conviendront parfaitement.

En cas de souci de santé, faites le nécessaire sans vous étendre sur le sujet et privilégiez votre autonomie.

Si vous cherchez un thérapeute, tournez-vous vers une personne d'expérience. Un traitement de fond, sur le long terme, pourra vous raffermir si vous le suivez sérieusement.

L'Hermite engage à une démarche introspective. Si la méditation vous attire, sachez qu'elle ouvre sur une dimension spirituelle de qualité. Cette pratique peut également se révéler très favorable à votre santé et à votre longévité.

X. La Roue de Fortune en position 3 (le conseil)

La Roue de Fortune encourage à faire preuve d'optimisme et à saisir toutes les occasions de mieux-être. La spontanéité et la joie de vivre attireront la chance !

Allez de l'avant en confiance et accueillez les imprévus ; certaines situations pourraient se débloquer par un déplacement. Soyez actif et adaptable, souriez à votre destin en acceptant que le changement fasse partie de votre vie.

Cette lame évolutive vous incite à entamer un nouveau cycle en changeant votre approche de la santé et en modifiant vos habitudes de vie.

XI. La Force en position 3 (le conseil)

La Force, lame puissante et indépendante, vous invite à prendre votre forme en main sans attendre que d'autres s'en chargent. Fixez-vous des objectifs de mieux-être et comptez sur votre volonté et votre opiniâtreté pour les atteindre, mais sans vous crisper.

Restez à l'écoute de votre corps et privilégiez votre épanouissement physique. Ouvrez-vous aux plaisirs des sens et n'hésitez pas à canaliser votre énergie avec des sports ou des activités intenses.

En cas de souci de santé, prenez conscience de votre force intérieure. Vous possédez assez de courage pour faire face à la situation et lutter efficacement.

XII. Le Pendu en position 3 (le conseil)

Ne forcez pas votre nature, des efforts physiques ou psychiques excessifs ne vous conviendront pas. Le Pendu vous invite à préférer le yoga, le stretching et toutes les activités posturales favorisant la souplesse et le lâcher-prise.

Apprenez à vous détendre, car l'apaisement de l'esprit est un facteur important de mieux-être et de guérison. En acceptant ce qui ne peut être changé, vous éliminerez les contrariétés mentales sources d'angoisse, de fatigue et de maux divers.

Ouvrez-vous à la dimension spirituelle de la vie. Vous trouverez la sérénité en changeant votre regard sur vous-même, sur votre parcours autant que sur le monde qui vous entoure.

XIII. L'Arcane sans Nom en position 3 (le conseil)

Il est temps de procéder à des modifications en profondeur. L'Arcane sans Nom vous conseille de prendre une décision personnelle ou professionnelle radicale qui favorisera considérablement votre bien-être.

Changez de régime alimentaire, arrêtez de fumer ou de boire, abandonnez un sport qui fragilise vos articulations, coupez-vous d'un environnement néfaste à votre santé, acceptez une opération pratiquée par un professionnel de confiance ou entamez un travail sur votre inconscient.

Si vous traversez un moment difficile ou si vous devez suivre un traitement pénible, acceptez-le pleinement en ayant conscience du renouveau qui suivra.

XIIII. Tempérance en position 3 (le conseil)

Cette lame vous invite à être attentif à votre équilibre intérieur, facteur de régénération et pierre angulaire de votre bien-être.

Pour rétablir le dialogue entre le yin et le yang au sein de votre organisme, vous pouvez exercer un sport qui améliore la coordination, augmente votre souplesse et favorise la bonne circulation des fluides. L'ostéopathie – ou tout système qui rééquilibre le corps et l'énergie – est également recommandée.

Si vous consultez un thérapeute, veillez à la qualité de vos échanges. Si vous pouvez choisir votre traitement, privilégiez la douceur et laissez-lui le temps d'agir.

De façon générale, ne forcez pas votre rythme. Faites-vous plaisir tout en modérant votre consommation d'agréables poisons tels que le tabac et l'alcool. Si vous traversez une petite déprime, sortez et partagez des moments plaisants avec vos amis. Les sports collectifs ludiques, les promenades au sein de la nature et toutes les formes de naturopathie vous sont favorables.

XV. Le Diable en position 3 (le conseil)

Dépensez-vous sans compter, prenez conscience qu'une immense réserve d'énergie brûle en vous. Si vous êtes en petite forme, ne restez pas à broyer du noir, appuyez-vous sur votre volonté et votre puissance personnelle. Il est possible que vous ayez besoin de toucher le fond pour mieux remonter la pente, gardez à l'esprit que ce n'est qu'un passage.

Si vous avez des rapports conflictuels avec un praticien, n'hésitez pas à monter au créneau pour défendre vos intérêts et votre santé. Peut-être devrez-vous casser votre tirelire pour résoudre un problème particulier. Mais avec le Diable, vous avez les moyens de prendre votre destin en main.

Cette lame incite également à jouir de la vie. Assumez vos instincts et votre goût des plaisirs sensuels. Si vous pratiquez un sport, choisissez une discipline à la fois physique et stratégique vous permettant de libérer votre agressivité.

XVI. La Maison Dieu en position 3 (le conseil)

Secouez-vous, ne vous endormez pas sur vos habitudes de vie ou de pensée. Avec la Maison Dieu, il est temps de les bousculer, de faire sauter les carcans qui vous emprisonnent physiquement et moralement.

Si la période est compliquée, considérez qu'il s'agit d'un avertissement sérieux. Une alerte doit vous inciter à faire un bilan de santé, mais aussi un retour sur vos choix de vie.

Laissez tomber ceux qui ne vous ressemblent pas et renoncez aux conduites à risque. Prenez conscience du fait que vos attitudes et vos choix personnels influent sur votre forme. Vous pouvez ressentir le besoin de vous dégager sans attendre de ce qui vous oppresse, car la Maison Dieu propose une puissante libération d'énergie. Acceptez d'être déstabilisé.

XVII. L'Étoile en position 3 (le conseil)

Si vous voulez que la vie vous sourie, croyez en votre bonne étoile. Comme votre forme passe par votre bien-être, vous avez tout intérêt à privilégier un environnement plaisant, à vous entourer d'affections sincères et à exprimer vos capacités créatives. L'amour et l'amitié sont d'excellentes thérapies.

Promenez-vous dans des endroits paisibles et ouvrez-vous aux bienfaits des échanges avec la nature. Si vous faites du sport, soyez à l'écoute des besoins de votre corps et préférez la détente à la performance.

Suivez votre intuition, qui se révélera d'excellent conseil sur vos choix de vie et votre alimentation, et préférez les produits naturels dans tous les domaines.

Avec l'Étoile, être optimiste et confiant attire la chance et favorise la santé.

XVIII. La Lune en position 3 (le conseil)

Acceptez de plonger dans votre inconscient ou d'explorer certaines parties troubles de votre passé pour aller ensuite de l'avant sur des bases saines. Vous pourrez vous libérer d'angoisses pesantes ou d'attachements excessifs qui vous fragilisent. Si des prémonitions se présentent, accueillez-les avec simplicité.

Cette lame vous invite aussi à trouver un rapport équilibré à la nourriture, qui ne doit pas servir à combler des manques affectifs ou à camoufler une hypersensibilité.

Prenez le temps de vous relaxer. Offrez-vous un massage dans un endroit douillet, nagez, faites une cure thermale… La Lune évoque aussi un sport agréable et détendant, comme le yoga ou la gymnastique douce. Des moments en famille ou au sein d'un cercle intime sont source de bien-être. Si vous avez des soucis de santé, une ambiance affectueuse et des échanges avec des personnes partageant le même problème vous seront profitables.

La Lune, astre fécond, encourage également les souhaits de maternité ou de paternité.

XVIIII. Le Soleil en position 3 (le conseil)

Tout ce qui contribue à votre vitalité et votre rayonnement est bon à prendre ! Mettez-vous en valeur, aimez et respectez votre corps. Et si vous le pouvez, offrez-vous un bain de lumière et de chaleur solaire.

Le Soleil incite à goûter à la beauté de la vie et de l'amour. Ne vous laissez pas empoisonner par les regrets et les ressentiments, faites le choix de la générosité. Si vous avez des soucis de santé, choisissez un thérapeute de bonne renommée et entourez-vous des personnes que vous aimez. Elles vous insuffleront l'optimisme indispensable à votre mieux-être.

Une activité physique bien choisie vous apportera un bel équilibre. Fixez-vous des objectifs abordables ou participez à quelques compétitions, le plaisir de se dépasser sera très revigorant.

Si tel est votre désir, sachez que la période est favorable à la conception d'un enfant.

XX. Le Jugement en position 3 (le conseil)

Saisissez sans attendre toutes les occasions d'un mieux-être. Avec le Jugement, les décisions sont rapides. Il est temps d'envisager un changement de mode de vie, d'opter pour un traitement innovant ou un nouveau thérapeute.

Si une question particulière vous préoccupe, parlez-en autour de vous. Certains conseils judicieux vous aideront à éclaircir la situation. Laissez aussi venir en vous des éléments de compréhension qui pourraient contribuer à trouver une solution.

En cas de souci de santé, ne cachez rien à votre médecin. En vous exprimant clairement, vous l'aiderez à faire le bon diagnostic. Si vous suivez une psychothérapie, le moment est venu de libérer votre parole. Révéler un secret de famille ou un traumatisme vous soulagera considérablement.

Pour vous détendre, n'hésitez pas à pratiquer un sport ou une activité intense permettant d'expulser les tensions. Le chant ou la musique vous sera également bénéfique.

XXI. Le Monde en position 3 (le conseil)

Ne restez pas dans votre coin, ouvrez-vous au monde qui vous entoure et accueillez toutes les opportunités d'épanouissement. Profitez de la vie, sortez, voyagez, initiez-vous à d'autres cultures. Offrez-vous des petits moments d'évasion qui apportent une bouffée d'air frais. Si vous avez des soucis de santé, croyez en vos capacités de guérison et ne refusez pas d'essayer des thérapies venues de loin si elles vous inspirent confiance.

Entourez-vous de personnes positives, rencontrez de nouveaux amis et valorisez-vous au travers d'activités collectives. Pratiquez la danse, qui allie grâce et puissance, ou tout sport dans lequel vous vous sentez à l'aise. Découvrez le plaisir de vous dépasser, de gagner ou simplement d'améliorer votre équilibre.

Le Monde encourage aussi toute création, y compris la conception d'un enfant.

Le Mat en position 3 (le conseil)

Cet arcane qui ne connaît pas de limites incite à ne faire que des choix personnels. Vous pouvez prêter l'oreille aux conseils qui vous sont dispensés, mais donnez la priorité à vos envies et à vos ressentis.

Avec le Mat, le comportement le plus rationnel n'est pas forcément le meilleur, et vous vous dégagerez avec délices de situations contraignantes qui minent votre santé. Assumez-vous tel que vous êtes, osez exprimer votre fantaisie et votre spontanéité.

Si vous avez des soucis physiques ou psychologiques, ne vous laissez pas enfermer dans des procédures toutes faites. Laissez tomber ce qui ne vous convient pas et intéressez-vous à des thérapies inédites ou venues d'un autre continent.

Ne vous mettez pas en danger, mais ne transigez pas non plus avec votre liberté. Enfin, si vous le pouvez, partez quelque temps à l'aventure. Vous verrez la vie d'un œil neuf, et votre forme s'en ressentira.

I. Le Bateleur en position 4 (la réponse)

Si vous aviez perdu votre énergie, celle-ci revient au grand galop. Un nouveau départ personnel ou professionnel s'amorce, d'heureuses initiatives vous permettent de récupérer une forme éblouissante. Un traitement qui débute offre tous les espoirs, un praticien porte un regard neuf sur vos problèmes.

Vous vous reprenez en main après une déprime, des projets nouveaux et enthousiasmants sont à l'ordre du jour, un enfant s'annonce.

Vous retrouvez une seconde jeunesse, vous parvenez à aborder la vie comme un jeu, votre fraîcheur d'âme rejaillit favorablement sur le corps et l'esprit.

Avec le Bateleur, tout devient possible : à vous de tirer parti du potentiel de vitalité qui vous est offert.

II. La Papesse en position 4 (la réponse)

L'énergie de la Papesse est bien présente, mais intériorisée : une évolution se produit discrètement, vous traversez une période de gestation physique ou morale.

Avec cette lame secrète, la patience est de mise, car tous les éléments de la réponse ne sont pas encore en place. Une lame supplémentaire permettra de compléter le tirage.

Si celle-ci est favorable, votre forme connaît une amélioration progressive, vous dissimulez un doux secret, un praticien vous permet de progresser dans la connaissance de vous-même, vous avez l'intuition des choix de vie et des thérapies qui vous conviennent vraiment.

Avec une lame défavorable, un secret vous mine, vous avez du mal à explorer votre intériorité, un savoir mal utilisé ou des blocages intérieurs se répercutent négativement sur votre équilibre. Assurez-vous que votre médecin vous donne toutes les informations, et, de votre côté, ne lui dissimulez rien. Ne laissez pas un problème se développer en silence.

III. L'Impératrice en position 4 (la réponse)

Cette lame confirme une évolution rapide et positive. Le moral revient, le bien-être s'installe.

Une nouvelle agréable fait pétiller vos yeux, vous évoluez dans une ambiance détendue, vous retrouvez la légèreté.

Avec l'Impératrice, l'esprit est clair et objectif. Le corps et le mental dialoguent avec bonheur, l'énergie circule librement, la communication passe bien avec votre thérapeute.

Les idées s'expriment sans contrainte, vous retrouvez des envies et renouez des contacts, une nouvelle dynamique se met en place. De multiples projets vous ouvrent un avenir passionnant.

IIII. L'Empereur en position 4 (la réponse)

La confiance revient, vous retrouvez une solidité à toute épreuve. Une stabilité physique et morale se met en place, vos projets personnels se concrétisent. Vous habitez pleinement votre corps et montrez une réelle détermination à profiter de la vie et de ses plaisirs.

Si vous vous sentiez fragile, cette lame évoque le retour d'un équilibre durable, la restauration d'une confiance en soi. Votre volonté est raffermie, votre énergie est puissante et concentrée.

Avec l'Empereur, l'amélioration est concrète et durable, mais elle prend le temps de se mettre en place. Un peu de patience est nécessaire.

V. Le Pape en position 4 (la réponse)

Le Pape vous offre sa protection. Avec cette lame qui évoque un soulagement, une évolution très positive apporte une amélioration notable. Vous renouez un lien de qualité avec vous-même et avec votre entourage, la paix intérieure qui s'installe influe favorablement sur votre forme.

L'énergie revient, un nouvel équilibre physique et psychique se met en place. Le calme et la confiance favorisent votre mieux-être.

Suivre un cours ou des conférences vous permet de mieux comprendre ce que vous traversez ; un thérapeute de qualité, humain et compétent, vous accompagne dans votre parcours. Si vous avez la foi, vous trouverez un soutien puissant en vous reliant à votre maître spirituel.

VI. L'Amoureux en position 4 (la réponse)

Cette lame souligne l'importance d'un entourage de qualité sur votre bien-être. Des relations sociales ou affectives sereines, des manifestations de tendresse, vous procurent beaucoup de réconfort. Le corps et l'esprit vibrent à l'unisson, les différents organes fonctionnent en harmonie. Si vous traversez une période difficile, la rencontre avec un groupe ou une association vous permet d'échanger sur des sujets qui vous concernent et d'y trouver un appui.

L'Amoureux évoque généralement des possibilités multiples et votre capacité de vous centrer pour percevoir ce qui vous convient vraiment. Prendre plusieurs avis vous aide aussi à trouver une solution à un problème de santé, une thérapie classique est utilement complétée par une méthode naturelle ou expérimentale.

Toutefois, cet arcane instable ne délivre pas de réponse définitive, et il peut être utilement complété par une carte supplémentaire. Si celle-ci est favorable, vous retrouvez une harmonie physique et psychologique. Sinon, elle accentue la fragilité et l'incertitude : faire un choix important pour votre mieux-être semble très compliqué.

VII. Le Chariot en position 4 (la réponse)

Avec le Chariot dans votre jeu, vous possédez beaucoup d'assurance et de l'énergie à revendre. Toute votre volonté est mobilisée vers votre mieux-être, et cette lame de victoire annonce un excellent moral.

Vos actions portent leurs fruits, votre forme s'améliore nettement, un déplacement vous redonne du tonus, une passion vous requinque. Vous atteignez vos objectifs corporels ou psychologiques, dépassez vos records ou remportez une compétition.

Très dynamique et toujours en mouvement, vous vous tournez vers des sports intenses, projetez des voyages palpitants… ou profitez tout simplement du tourbillon de la vie. Votre belle humeur influe positivement sur votre santé.

VIII. La Justice en position 4 (la réponse)

La Justice regarde en face et vous rappelle que vous récoltez ce que vous avez semé. Avec cette lame de bilan, vous pouvez porter un regard objectif sur votre forme physique et psychique.

Cette carte signale qu'il est probable que vous connaissiez déjà la réponse à votre question… ce qui n'empêche pas de tirer une lame supplémentaire.

Si elle est favorable, le corps et l'esprit fonctionnent en harmonie. Vous cernez parfaitement votre état de santé, vous savez ce qui convient ou pas à votre organisme, vous suivez votre traitement avec rigueur, votre attitude responsable vous permet de rééquilibrer votre organisme, votre thérapeute est clair et fiable, un choix bien tranché vous assure une meilleure santé morale ou physique, une décision de justice en lien avec ce domaine vous est favorable.

Sinon, subir une injustice est préjudiciable à votre santé, les relations avec l'administration hospitalière sont compliquées, un déséquilibre doit vous inciter à opter pour un choix de vie mieux adapté à votre situation.

VIIII. L'Hermite en position 4 (la réponse)

Ici, toute évolution est lente et discrète, et l'Hermite exhorte à la patience. Cette lame signale un repli sur soi pouvant être source de réflexion et d'introspection. Elle ouvre la voie à une démarche philosophique ou spirituelle.

Cet arcane de longévité, associé au grand âge, peut évoquer aussi bien une faible énergie que de grandes capacités d'endurance. L'expérience est une aide ou un frein, la prudence protège ou enferme…

Une lame supplémentaire permettra de préciser si cette lenteur cache une transformation intérieure favorable ou révèle inertie et régression. Dans ce dernier cas, la fatigue s'installe, un état mélancolique est à surveiller.

X. La Roue de Fortune en position 4 (la réponse)

Votre situation évolue rapidement, vous entamez un nouveau cycle. Une carte supplémentaire vous en dira plus sur la qualité de ce changement.

Si elle est favorable, le dynamisme revient, un déménagement ou un déplacement vous requinque, vous retrouvez des forces physiques et morales, vous accueillez cette nouvelle énergie avec enthousiasme. Vous êtes optimiste, un mieux-être se fait sentir sans attendre, une somme d'argent inattendue vous aide à mieux vous soigner, vous vous libérez de mauvaises habitudes et repartez sur de nouvelles bases.

Sinon, vous retombez dans vos travers, vous pouvez connaître une perte de vitalité ou d'équilibre, une déprime passagère, l'impression de connaître des hauts et des bas. Cette carte incite aussi à faire preuve de prudence lors de vos déplacements.

XI. La Force en position 4 (la réponse)

Avec cette lame intense, vous disposez d'une grande vitalité. Si vous traversez des épreuves, la Force montre la capacité de faire face avec beaucoup de volonté et de sang-froid. Vous avez confiance en votre force vitale et ne vous laissez pas emporter par vos émotions.

Votre énergie est bien gérée. La forme revient, vous retrouvez le goût des plaisirs et des divertissements, un sport vous permet de libérer et de canaliser votre puissance personnelle.

Votre thérapeute maîtrise parfaitement son sujet, il garde son calme et sait vous emmener dans la bonne direction.

Un choix de vie, un régime ou un sport donne des résultats très satisfaisants. Un traitement vous renforce et vous immunise, vous connaissez un grand épanouissement physique.

XII. Le Pendu en position 4 (la réponse)

Cette lame d'immobilité signale que la situation n'est guère évolutive dans l'immédiat.

Le Pendu, peu à l'aise dans le monde matériel, ne favorise pas le dynamisme physique, mais il encourage toute démarche d'ouverture spirituelle. Il peut toutefois signifier qu'un accouchement est proche. Tirer une carte supplémentaire permet de sortir de cette incertitude.

Si elle est favorable, un temps d'immobilisation favorise une importante évolution personnelle, vos perceptions sensibles s'accroissent, vous développez votre compassion envers vous-même comme envers le monde, vous changez votre regard sur votre corps et votre état de santé, vous vous laissez aller en confiance dans les mains du destin. Sinon, vous êtes rattrapé par la fatigue, vous luttez en vain contre une situation, une sensation d'impuissance vous fait traverser des moments de déprime.

XIII. L'Arcane sans Nom en position 4 (la réponse)

Avec cette carte, quelque chose doit prendre fin. Votre rapport à la santé physique ou psychique est radicalement modifié, vous traversez un changement important qui préfigure un nouveau départ. Une période difficile pourra déboucher à terme sur un mieux-être notable. Tirer une lame supplémentaire en dira plus sur cette évolution.

Si elle est favorable, c'est un changement profond d'habitudes de vie, un sevrage libérateur, une opération nécessaire, la fin d'un tourment ou un travail approfondi sur votre inconscient. Une rupture avec un thérapeute, l'arrêt d'un traitement vous soulagent.

Une lame difficile retarde la guérison d'une maladie ou d'une déprime. Elle peut également évoquer une fin de vie quand le contexte s'y prête.

XIIII. Tempérance en position 4 (la réponse)

Tempérance, l'ange gardien du tarot, vous protège et vous guide. Vous retrouvez la sérénité, un équilibre physique ou psychologique se met en place, l'énergie vitale est suffisante sans être excessive.

Cette lame parle d'apaisement, de guérison et de régénération. Un mieux-être se met en place progressivement, votre immunité s'améliore. Votre état connaît un adoucissement, un répit. Votre corps retrouve une certaine souplesse, une discipline sportive menée à votre rythme porte ses fruits.

Un bon moral et la confiance sont d'importants moteurs de guérison. L'amitié et les relations de qualité vous détendent et vous soutiennent, vos échanges avec votre thérapeute sont agréables et fluides.

Tempérance est en lien avec le pouvoir guérisseur de la nature et des énergies. Les médecines douces, le magnétisme, les thérapies par les plantes et les approches holistiques de santé vous sont favorables.

XV. Le Diable en position 4 (la réponse)

Il signale une énergie puissante, beaucoup d'audace et de volonté. Face à un éventuel souci de santé, votre force de résistance fait merveille, toute votre détermination est mise au service de votre guérison.

Des activités intenses, des sports toniques permettent d'évacuer le stress et l'agressivité. En cas de compétition, votre détermination et votre sens stratégique vous conduisent vers la victoire.

Le Diable, qui ne connaît pas les tabous, évoque également un épanouissement physique, vécu sans modération. Toutefois, cette carte reste ambiguë, surtout si un élément financier entre en ligne de compte ; une lame supplémentaire permettra d'en savoir plus.

Si celle-ci est défavorable, vous entamez un rapport de force ou subissez une manipulation de la part d'un thérapeute, un traitement vous nuit plus qu'il ne vous aide, vous luttez contre vous-même au lieu de pactiser avec la maladie, des soins de qualité sont trop onéreux.

XVI. La Maison Dieu en position 4 (la réponse)

C'est une lame d'avertissement, elle conseille de ne pas abuser de ses forces et de surveiller sa santé. Si vous êtes fragilisé et fatigué, ne forcez pas le destin, car vous subiriez des revers inattendus. Gardez-vous des imprudences, évitez de pratiquer des activités à risque. Si vous entamez une compétition sportive, cette lame indique des risques de chute et de claquage. Tirer une carte supplémentaire complétera le tirage.

Si elle est favorable, un choc salutaire vous recale dans la bonne direction, des émotions bloquées se libèrent et vous soulagent, une illumination vous montre le chemin du bien-être, des certitudes bien ancrées sur la santé s'écroulent. Si vous êtes dans une démarche d'évolution personnelle, vos repères explosent pour laisser place à une solidité intérieure.

Si la lame supplémentaire est difficile, un excès de travail ou une vie trop stressante nuisent à votre organisme, vous vous êtes fixé des objectifs trop élevés, ne pas tenir compte de vos limites se retourne contre vous. Un bilan de santé n'est pas inutile, surtout si vous avez déjà eu une alerte.

XVII. L'Étoile en position 4 (la réponse)

C'est une période de détente durant laquelle votre santé prend une orientation positive. Cette lame offre beaucoup de confiance et d'espoir. Votre bonne étoile veille sur vous, vous vous sentez protégé par la vie, un poids moral s'allège, le contact avec la nature vous régénère.

La sérénité revient, vous retrouvez le sourire et vous vous libérez des soucis qui vous déstabilisaient. Un bon moral influence positivement votre forme, votre quiétude vous permet d'affronter la vie avec une détermination douce. Votre thérapeute vous encourage, un traitement vous soulage, vous retrouvez une énergie suffisante et une sensualité épanouissante. Un enfant peut s'ensuivre.

XVIII. La Lune en position 4 (la réponse)

Cette Lune à la signification ambiguë demande à être complétée par une carte supplémentaire.

Si celle-ci est favorable, la détente s'installe, votre sommeil se rétablit, certains rêves répondent à des questionnements personnels, vous retrouvez un bon équilibre nerveux. Votre rapport à la nourriture s'améliore, votre poids se stabilise, un retour sur votre passé porte ses fruits, la famille ou les proches vous soutiennent quoi qu'il arrive, instaurer une routine vous rassure, vous trouvez une solution créative à un problème de santé, vous attendez un enfant désiré.

Sinon, la mélancolie s'installe, vos perceptions sensibles vous envahissent, vous perdez toute objectivité, vous retombez dans des comportements alimentaires problématiques, vous vous repliez sur vous-même et sur vos habitudes, vous dépendez trop de votre thérapeute ou d'un traitement. Des fragilités gastriques sont à surveiller, des intoxications sont possibles. Des problèmes de sommeil, des obsessions, mettent l'accent sur la nécessité de vous libérer d'émotions liées au passé et à l'enfance.

XVIIII. Le Soleil en position 4 (la réponse)

Cette lame très positive est l'indice d'une excellente forme physique ou psychique. La fatigue s'estompe, vous retrouvez vitalité et optimisme. Votre équilibre nerveux se rétablit, vous percevez clairement les choix de vie nécessaires à votre bien-être et vous savez vous y tenir sans effort.

Votre rayonnement attire les sympathies. Votre entourage, affectueux et sincère, vous aide à faire face aux éventuelles difficultés et à retrouver la joie de vivre. Un thérapeute charismatique vous soutient, un traitement s'avère très efficace, vous avez confiance en vous et en vos capacités de régénération.

Avec le Soleil, l'enthousiasme et la confiance en soi rejaillissent positivement sur les autres domaines de vie. Cette lame est également l'indice d'une heureuse naissance.

XX. Le Jugement en position 4 (la réponse)

Cette lame de renouvellement signale une modification rapide de votre situation. Ajouter une carte supplémentaire vous permettra d'en cerner la qualité.

Si celle-ci est positive, vous retrouvez un regain d'énergie, votre équilibre nerveux se rétablit, un problème de santé trouve une résolution rapide, vous renaissez. Des remèdes innovants ou une thérapie originale favorisent le mieux-être. Une activité physique vous défoule, une révélation vous permet de dépasser vos problèmes, vous parvenez à libérer votre parole, un secret est enfin dévoilé.

Si celle-ci est plus difficile, il faut éviter les imprudences et limiter le stress. La vie vous envoie des messages que vous n'écoutez pas, vous ne suivez pas des conseils pourtant judicieux, vos réactions nerveuses sont excessives, votre organisme gère difficilement un changement trop brusque.

XXI. Le Monde en position 4 (la réponse)

C'est une carte de bien-être et d'épanouissement. Des soucis de santé trouvent un apaisement, votre optimisme vous permet d'affronter victorieusement les difficultés. La forme revient, le corps et l'esprit vibrent en harmonie. Vous vous sentez à la fois stable et souple.

Une technique de soin venue de l'étranger vous réussit parfaitement, votre thérapeute vous accompagne sans vous envahir, vous accueillez avec bonheur le monde tel qu'il est.

Un grand voyage ou un contact avec des cultures différentes change agréablement votre quotidien, vous vous ouvrez à d'autres philosophies de vie.

Vous prenez le temps de vous reposer après une période d'efforts, une détente profonde s'installe et vous procure un regain d'énergie. La mélancolie s'estompe, vous renaissez au monde et retrouvez un bel équilibre intérieur. Vous renouez avec une vie sociale de qualité, vos amis vous entourent et vous soutiennent. Une naissance heureuse vous comble.

Le Mat en position 4 (la réponse)

Avec cette lame très libre, imprévisible et intransigeante, il est préférable d'ajouter une carte pour en savoir plus.

Si celle-ci est favorable, vous vibrez d'une énergie intense bien qu'un peu anarchique. En vous libérant des contraintes qui pesaient sur votre physique ou votre moral, votre situation s'améliore rapidement. Quitter vos repères, sortir d'un protocole de soin qui ne vous convient plus, vous dégager d'un thérapeute trop envahissant ou trop rigide, partir à l'aventure au loin vous soulagent : vous vous retrouvez.

Sinon, le Mat évoque un stress et une instabilité difficiles à gérer. Vous fuyez la réalité, vous manquez de discipline pour vous soigner, vous ne voyez pas que vous êtes en partie responsable de votre santé. Vous devez accepter de respecter votre corps et votre esprit pour les conduire à l'équilibre.

XXI
LE · MONDE

Du même auteur aux éditions Grancher

ET RETROUVEZ LES ARTICLES D'ÉMILIE PORTE SUR LES TAROTS ET LES ORACLES, AINSI QUE DES TIRAGES GRATUITS DE CARTES DE CONSEIL SUR : https://www.emilieporte.fr

Certifié PEFC
Ce produit est issu de forêts gérées durablement et de sources contrôlées.
PEFC™
10-31-1470
pefc-france.org

Achevé d'imprimer en janvier 2021 par SEPEC - France
N° d'impression : 11565201202
Dépôt légal : janvier 2021